商务英语跨文化翻译技巧与实践研究

刘 瑞 著

吉林大学 出版社

·长春·

图书在版编目（CIP）数据

商务英语跨文化翻译技巧与实践研究 / 刘瑞著. ——
长春：吉林大学出版社，2023.11
ISBN 978－7－5768－2671－5

Ⅰ. ①商… Ⅱ. ①刘… Ⅲ. ①商务－英语－翻译－研
究 Ⅳ. ①F7

中国国家版本馆 CIP 数据核字（2023）第 234233 号

书　　名　商务英语跨文化翻译技巧与实践研究
　　　　　SHANGWU YINGYU KUAWENHUA FANYI JIQIAO YU SHIJIAN YANJIU
作　　者　刘　瑞　著
策划编辑　李伟华
责任编辑　王宁宁
责任校对　柳　燕
装帧设计　万典文化
出版发行　吉林大学出版社
社　　址　长春市人民大街 4059 号
邮政编码　130021
网　　址　ttp:／www.jlup.com.cn
电子邮箱　jdcbs@jlu.edu.cn
印　　刷　北京荣玉印刷有限公司
开　　本　787 mm×1092 mm　1/16
印　　张　14
字　　数　300 千字
版　　次　2024 年 1 月第 1 版
印　　次　2024 年 1 月第 1 次印刷
书　　号　ISBN 978－7－5768－2671－5
定　　价　68.00 元

PREFACE 前言

　　商务英语在国际贸易中扮演着举足轻重的角色，从语言、认知、社交环境三个层面来考察，在语言、认知、社交环境等因素的影响下，产生了大量的文化差异，如数字、色彩词汇、广告语、动物认知和礼仪语。所以，在进行商务英语的跨文化翻译时，必须要有一个基本的原则，并运用适当的翻译策略，这就需要译者具备丰富的中西语言知识，对各种词语的意义进行深入的了解，同时还要学会各种翻译的技巧和方式，把两者之间的意思进行正确、全面的传递，从而达到很好的沟通与交流。

　　不同地区、不同文化背景、不同民族之间的文化交往是一种跨文化的交流，由于文化习俗、文化理解、文化传统等原因，彼此之间的理解存在着很大的差别，而我国加入WTO以后，由于外贸的频繁，商务英语的翻译工作人员若不能充分理解文化的差异，很难形成有效的沟通与共识，从而导致合作的失败。翻译是一种语言的复制品，它也促进了文化的发展与传播。商务英语翻译的首要目标就是要从增进双方的合作关系入手。执行时，也要有清晰的目标。

　　本书共十一章，首先对商务英语的基本理论、语言特征以及理论基础做了简要介绍；其次阐述了商务英语翻译的中英汉语言与文化差异，其中包括英汉语言对比、英汉文化差异、英汉思维模式的差异以及语言与文化的关系；再次分析了跨文化交际与商务英语翻译的关系以及商务英语跨文化翻译策略及方法，让读者对商务英语跨文化翻译的技巧和方法研究有了全新的认识；然后对商务广告跨文化翻译，旅游商务跨文化翻译，商务信函跨文化翻译，商务合同跨文化翻译，商标、品牌跨文化翻译、商品说明书跨文化翻译、商务名片跨文化翻译进行了技巧与实践，充分反映了21世纪我国在商务英语跨文化翻译应用领域的前沿问题，力求让读者充分认识商务英语跨文化翻译研究的重要性和必要性。本书兼具理论与实际应用价值，可供广大英语教师参考和借鉴。

　　为了提升本书的学术性与严谨性，在撰写过程中，笔者参阅了大量的文献资料，引用了诸多专家学者的研究成果，因篇幅有限，不能一一列举，在此一并表示最诚挚的感谢。由于时间仓促，加之笔者水平有限，在撰写过程中难免出现不足的地方，希望各位读者不吝赐教，提出宝贵的意见，以便笔者在今后的学习中加以改进。

　　本研究受到刘瑞主持的横向课题《互联网背景下商务英语翻译人才培养模式研究》的资金资助。

CONTENTS 目　录

第一章　商务英语概述

第一节　商务英语绪论

一、商务英语的定义

商务英语（Business English），顾名思义是指在跨文化商务交际过程中所使用的英语。一般来说有两个层次的含义：①指商务活动中所使用的语言；②指商务英语学科。在我国，商务英语主要应用于国际贸易与交流，因此又被称为"外贸英语"（Foreign Trade English）。商务英语在大学教育中指的是商务英语专业下的商务英语学科知识体系。在跨文化商务交际活动中，商务英语作为一种交际工具，主要用来传递知识与信息，能够突出反映国际商务学科领域的特征和发展情况，具有明显的学科性。

从字面意义上理解商务英语，可以发现其包含着"英语"和"商务"活动两部分。但是商务英语的含义不是这两部分的简单相加，而应该是两部分的互相融合。商务英语具有"商务"特色是因为它是在不同的商务场景运用的英语。"商务"是指在商业活动中使用英语进行商务活动的总称，这就是所谓的"传播"。两部分互相渗透，缺一不可。商务英语是一种职业语言，有其使用的特定语言环境。它是人们在商务活动中使用语言的产物。商务活动和语言是密不可分的，商务活动顺利进行需要商务活动参与人对语言的合理运用，以及对词汇语法资源的适当操控。

语言的特点是由商务活动本身的性质所决定的。商业英语最显著的特点是其专业、目标明确。它注重的是商务沟通中口语与书面语表达的准确、简练、规范。这就对商务英语的翻译提出了更高的要求。

二、商务英语的内涵

（一）商务英语的特点

商业英语不仅具有一般教学的特色，还具备语言学的特点，同时，商务英语还具备商科理论和知识的特点以及人文理论和知识的特点。

1. 商务英语的普通教育学特点

商务英语是有关商务语言教育一般问题的知识体系，即"语言知识+商务知识+技能操作+人文知识"这样一个体系，是国际贸易、国际商务和商务英语专业学生专业知识学习的基础，是这几个专业的学生的必修课程之一，它的目的在于帮助学生养成基本的商务理念、商务操作技能和商务环境下的语言使用技能，具有将学术性与实践性有机结合起来，体现基础性、实用性、通俗性与创新性的特点。从商业英语教学的运作逻辑出发，对商业英语教育的本质、作用、历史、目的、师生、教学、课程、班级管理、制度、评价等方面进行了论述，并从商业英语教育的基本内容出发，阐述了商业英语教学的基本问题。因此，它具备普通教育学的特点。

2. 商务英语的语言学特点

首先，英语教学是一种以语言为基础的教学。商业英语是以语言为基础，以其特定的应用为主要内容，是应用语言学的表现，因此，它具有语言学的特征。通过语言来学习专业知识，在学习专业知识的同时来巩固提升语言。

3. 商科理论知识的特点

商务英语专业课程主要包括西方经济学、商务道德、商务环境、商务策略、商务沟通、商务礼仪、人力资源、企业管理、市场营销、国际贸易、国际商法、国际金融、物流等，这些课程本身就是用语言来表述商科知识，同时还都要应用商科的理论原理，比如协同论和耗散论等。很明显，商务英语具有商科理论知识的特点。

4. 人文理论知识的特点

从商务英语的角度来看，除了对语言、商务知识和技能的需求，还应着重于对学生进行人文意识的培养、对人的人文关怀、对人文的理解、对人文知识的拓展、对人文技能的开发、对人才的开发以及对人文修养的提升，从而促进其在跨文化交流的过程中，体现出文明、科学、爱国、求真的良好品质和蓬勃的朝气。

（二）商务英语的核心

英国商业英语专业人士布雷格（Breger）提出的商业英语分类说。他认为商务英语的核心内容包括语言知识（language knowledge）、交际技能（communication skills）、专业知识（professional content）、管理技能（management skills）以及文化意识（cultural awareness）等。

1. 交际技能

商务交际技能指的是从事商务交际活动所需要的技能。这种技能既有语言方面的，又包括非语言方面的。

交际技能的基础是语言能力，但是商务交际者具备了语言能力并不意味着其完全具备了交际技能。美国的语言学家休姆斯认为，"交际能力不仅仅包括对一种语言的语言形式的理解和掌握，还应该懂得在何时何地、以什么方式去运用语言的形式"。随着人们研究的深入，交际技能被认为应该包括听的能力、说的能力、读的能力、写的能力以及社会能力五个方面。这五个方面的运用主要指的是表达得体、准确。

针对不同的商务活动和商务背景，所使用的商务语言也应有所差异。而商务参与者的交际技能便在这种语言间的使用与转换中体现出来。大体上说，在商业交往中，词汇、句型、篇章结构、文体风格、语调和节奏等方面的选择都是由商业交际内容所决定的。例如，有些词汇在不同的专业里可能具有不同的含义，甚至在不同的上下文中也有不同的表达。这就说明译者如果对相关专业知识的内容不熟悉，对词汇使用的不同情景不关注，就有可能难以精确地翻译出商务英语文体的文章。可见，商务英语是一门具有很强的实践性的学科，因此对交际能力的要求也相对较高。

2. 专业知识

商务背景和专业知识是商务英语的重要组成部分。这两个方面对于商务英语翻译尤其重要。只有掌握了文章的背景知识，才能精确、忠实地翻译出文章的意思。

商务英语中还含有很多的专业术语，有些词的含义在商务英语的文章中与我们日常所用到的含义不同。例如：

However, the rate shall not exceed the price margin resulting from dumping.

但（反倾销）税率不应该高于由倾销所得的毛利。

在上述英语例子中，dumping 这个动词的英文本意是"倒垃圾"，但在商业场合，它的意思就变成了"倾销"。

Should you find interest in any of the items in our catalogue, please do not hesitate to send enquiries.

如对目录中的任何项目感兴趣，请直接寄来询盘。

enquiry 经常被译为"询问、打听、调查"，但是在商务英语的文体中，其标准含义为"询盘"。如果译者没有对这种专业术语进行掌握，就很有可能曲解文字的意思。在进行翻译的过程中，如果遇到不熟悉或者不能确定含义的词汇、句型等，译者切不可望文生义，应该查询相关领域的专业书籍进行解决。

3. 文化意识

在商务英语活动中，要求交际者必须具备文化或跨文化意识。王佐良先生曾经指出："不了解语言中的文化，谁也无法真正掌握语言。"从这个表述中可以看出跨文化意识的重要性。

商务活动中要面对来自不同国家和地区的交际者，因此需要了解其文化背景和语言使用习惯。具备跨文化意识是保证商务活动成功的重要因素。众所周知，语言反映文化、文化孕育语言，商务活动是一种在不同文化背景下进行的语言活动，因此对交际者的文化意识有着极高的要求。这一点也给商务英语翻译带来了难题。例如：

New houses have mushroomed on the edge of the town.

城镇边缘的新建房犹如雨后春笋般不断增加。

在上面的英文例句中，形容新建房出现的数量多，使用的是 mushroom 一词进行修饰。但是在汉语中形容新生事物大量出现时，较为常用的表达是"雨后春笋"。这种文化差异在商务英语中经常出现，因此需要译者具有一定的跨文化意识。

在商业交际中，语言在理解和表达中都有其自身的问题。商务英语要求用英语去从事商务活动，语言是活动的基础，必须熟练掌握。译者在具备了双语交际技能的同时，还要了解交际双方甚至是多方的文化知识，尤其要了解两种或多种语言的民族心理、文化形成、历史传统、地域风貌等。也就是说，在进行商务英语文体的翻译过程中，译者只有具备了较强的跨文化意识，才能在商务英语文体翻译的过程中游刃有余、灵活翻译。

（三）商务英语的作用

英语在商品的进口和进口过程中，在交易员和合同这一过程中起着关键作用。起草一份书面的商务英语，按照较为定型的条款格式，尽量用成语，做到措辞准确、严谨、行话简练、不留下空子、不存在任何解释上的分歧。在这一进程中，准确地掌握和运用这些术语，将会影响到企业在贸易活动中的经济利益，乃至整个贸易的成功与否。

商务信件是商业活动中的一项重要内容，它是以邮件或其他通信方式（电话、电报、电传、互联网等）进行的商业谈话，通常作为商业行为或契约的证明。商务信件一般是为了达成某些特殊的目标，如销售商品、定价、咨询、索赔、商务问候等。21世纪是信息化的社会，要充分发挥函电的便捷、快捷的优势，以提升业务的规模和效率。商务英语在翻译中的应用，必须忠实于原文，不能随意删减，也不能删减（在此并不是指摘译），即要将原版的魅力完全还原出来。翻译中的语言必须标准化。就像鲁迅说的："任何翻译都要有两个方面，一是为了使它容易理解，二是为了保持它的魅力。"

随着中国外贸总量的快速增长，尤其是在 WTO 和世界经济一体化的形势下，商务英语人才的需求急剧上升，尤其是具有国际业务能力的人才，更是如此。面对国外广告的不断涌现，如何恰当地使用和了解英语的广告语，以达到广告效果，已经成为企业、广告工作者和广大消费者所面临的现实问题。广告英语是一门实用语言，它由于其特有的功能，已经从一般英语中逐步脱离，发展成为一种不规范的专门语言。它的用词和句法也与一般英语存在很大的不同，并且随着广告、技术和社会的变迁而发生了改变。因为广告的宗旨就是要打动受众，赢得受众的青睐，因此，很多广告都是经过反复斟酌而成，用词精妙，句式简洁，意蕴悠长，既有商业价值，又有语言研究和鉴赏价值。

（四）学习商务英语的必然性

随着外企数量的增加，中国人也越来越多地进入外国公司。虽然工作性质不同，工作地点不同，但在涉外经贸中，他们也面临着怎样在外资企业中占据一席之地的问题。毫无疑问，语言上的不同是他们最大的障碍，除了我们熟悉的英语和学术英语外，商业英语已经成为现代外国公司最主要的沟通手段。商务英语客观上更直接、更严格、更精确、更无趣味。但工作语言与工作是相互补充的，且每个人都要工作，所以，工作语言就成为了一种生存和发展的语言。在外国，将商务英语标准化，作为在本国以外的国家挑选非英语人员的标准，这也是一条通往国际市场的捷径。因此，要想解决这一问题，必须实现商业英语"专业化"。语言作为一种独特的人力资本，是人类获取其他技能所必需的前期投入和资本。商务英语的学习是一种财务上的投入。

三、商务英语翻译的流派

在对翻译进行研究的过程中，不同的学者由于观点不同形成了不同的学派。了解这些翻译流派对于商务英语的翻译也有着重要的借鉴作用。

（一）语文学派

语文学派（the philological school）是西方最早出现的翻译学派。该派认为，翻译是一种艺术，所以把译文看作是原始人对译文的重新创作，其研究方法主要是语文的。语文学派认为译文要和原文一样带给读者美的享受，翻译过程中应该注意译文的神韵，不应该死译、强译，保持译文的美学效应。语文学派在发展过程中比较著名的代表人物有德莱顿、泰特勒和塞弗瑞等。

德莱顿是 17 世纪著名的翻译理论家，其主张翻译应该以原文和原作者作为着眼点，尊重原作的思想，最大限度地使用译入语对原文进行表现。同时德莱顿对翻译的另一大贡献在于其提出了翻译的三大类别：逐字翻译、意译和拟作。这种分类方法打破了当时二分法的束缚，对于西方翻译理论史的发展有着重要的推动作用。

泰特勒是西方语言学派的另一代表人物，他在《论翻译原则》一书中指出："对于译者而言，除了忠实、审慎之外，并无其他的要求。"然而，由于必须认识到两种语言之间的差异，因此，人们普遍认为，译者的工作就是要深入理解原文的含义和本质，深入理解原作者的想法，并用自己认为合适的词语去表达。泰特勒在这方面给出了三条重要的西方译文法则。

塞弗瑞对西方语文学派的贡献在于其提出了著名的六对翻译原则。从总体上说，西方语文学派在研究过程中主要关注的是译文的忠实性。同时认为原文对译文有一定的主导作用，因此翻译时应该时刻以原文为标准，最大限度地追求原文和译文的契合性。但是需要指出的是，语文学派过分重视原文对译文的指导作用，在一定程度上限制了译文的创造性的发挥。

（二）诠释学派

由于个人思维方式的差异、语言使用习惯的不同以及认识世界角度的不同，在翻译实践过程中，对于语言的理解层面也带有差异性。在这种情况下，作为研究意义的一门学科——阐释释学应运而生。

阐释学在研究过程中主要关注的是语义，也就是要探索理解与解释之间的本质。在理解与解释过程中，文本和解释者是必不可少的两大因素，因此在研究过程中，最根本的任务是探索文本和解释者的本质特征。由于对理解与解释过程中两大因素本质特征的认识不同，阐释学派分为客观阐释学派和主观阐释学派。

客观阐释学派认为阐释学的主要任务是使读者能够把握原文作者的意图，从而避免阅读过程中的理解失误。学者赫施认为应该尊重原文作者的意图，将原文看作是"最合理的解释标准"。他认为作者的中心思想是对文本理解正确与否的关键。因此，在翻译过程中，应该重视对原文中心的关注。主观阐释学派主要以哲学阐释学和接受美学为理论基础。阐释学派对翻译也有所关注，并对翻译的发展有着积极的促进作用。很多翻译学家对于阐释翻译有着自己独特的看法。

英国的神学家汉弗雷提出了"翻译即解释"的命题，这种观点在一定程度上受到了阐释学观点的影响。翻译学研究过程中出现了很多著名的阐释学家，如海德格尔，他的观点引起了很多学者的关注。

阐释学派在翻译研究过程中十分重视阐释学和接受美学。这主要是因为翻译研究的成果能够为阐释学和接受美学提供充分而有力的例证；阐释学和接受美学可以为翻译研究提供丰富的理论依据。

从整体上看，阐释学派对翻译的贡献主要在于以下几个方面。

（1）翻译阐释学派认为译者在翻译过程中是信息的接受者，是处于主体性的地位。

（2）在翻译过程中应该重视读者的感受，应该以读者的反应为参照物。

（3）对翻译的本质进行了研究。

（4）通过阐释学和接受美学的相关原理，对翻译实践中的具体问题进行了分析。

（5）传统的翻译学理论认为要忠实于原作，而阐释学派的翻译对此进行了质疑，因此在一定程度上触动了传统翻译观点。

（三）语言学派

20世纪中叶，翻译语言学派产生。雅各布逊于1959出版的《论翻译的语言学问题》一书中，从语言学的角度阐述了翻译与语言的关系，翻译中的重要作用，以及翻译中的一些问题，为语言流派的翻译研究作出了开拓性的贡献。

作为语言流派的代表，尤金·奈达提出了"翻译的科学"这一重要理念。从语言学角度出发，运用信息理论对翻译进行了分析，并提出了著名的"动态对等"和"功能对等"翻译原则。纽马克在前人研究的基础上，提出了交际翻译与语义翻译的方法，对翻译研究也有着重要的影响作用。

卡特福德也是这一时期的重要代表人物，他从各个层面上对翻译的描述进行了分析，并把翻译看作是"用一种等价的文字材料来替代另外一种语言的材料"。"对等"在翻译理论与实践中一直是一个重要的问题。

从翻译理论的角度来看，这一阶段的翻译研究主要集中在翻译过程中的变化，也就是"对等"问题。

但是由于过分追求对等，因此翻译在一定程度上成为语言学研究的附属，无法真正体现出其科学价值。因此，很多学者在研究过程中开始从翻译的目的着手，对翻译进行研究。

从整体上说，翻译学中的语言学派主要从对等、功能、认知的角度进行翻译研究，通过使用语言学中的重要理论，如功能理论、认知理论、转换生成理论，对翻译的系统性和规范性有一定的指导作用。同时语言学派的翻译研究涉及语言的不同层面，同时也关注到了翻译中的功能与认知等因素，因此增加了翻译研究的系统性，是西方翻译理论发展的重要时期。

（四）目的学派

翻译目的学派主要强调翻译行为的目的性，认为翻译目的决定了翻译过程和翻译策略的使用。这种观点在一定程度上能够提高译者的主动性。翻译目的学派从 20 世纪 70 年代以来是德国最具影响力的翻译学派，同时对于世界翻译理论的发展也有着重要的贡献，其代表人物有凯瑟林娜·赖斯、汉斯·威密尔、贾斯塔·赫兹·曼塔利和诺德。

从一般意义上说，翻译目的指的是译文的交际目的，也就是说译者在翻译过程中应该首先考虑译文的功能特征，而不应该严格遵循对等原则进行翻译。翻译目的学派主张翻译应该具有行为性和文本加工性。这种行为性主要体现在对不同语言转换而进行的复杂的设计与构思。翻译的加工性主张不应该将原文作为翻译的唯一标准，原文的作用是为译者提供翻译所需要的各类信息。译者在翻译中的任务不再是进行严格对等的语言之间的转换，而应该是从原文中提炼符合翻译目的的信息进行翻译。

翻译目的学派重视译文在译入语中的接受程度和交际功能，强调在翻译过程中译者应首先考虑译文的功能特征，而不是对等原则，在一定程度上解放了传统翻译观点中以原文为硬性标准的翻译传统，为翻译带来了全新的视角，这对促进翻译理论和变体的发展具有重要意义，也能增强译者的主观能动性和积极性。但是目的学派过分夸张读者的主体性，否定了作者的主体性，因此其观点带有一定的主观性，未免有些极端，因此我们应该客观认识它，不能主观臆断。

（五）文化学派

翻译中的文化学派主要以 1972 年霍尔姆斯发表的《翻译研究的明与实》为发端。在这个时期，很多学者主要从文化层面对翻译进行研究。在研究过程中，文化学派的翻译研究力图打破文学翻译中的禁锢，试图在综合理论的指导下进行文学翻译研究。

霍尔姆斯对翻译中的文化学派的发展做出了突出的贡献。他首次将翻译作为一门学科的形式进行研究，并且对翻译学科的内容进行了详细的描述。他认为翻译学应该分为纯翻译学和应用翻译学。纯翻译学主要包括描写翻译研究和翻译理论研究。应用翻译学主要包括译者培训、翻译辅助手段、翻译批评，这一框架为翻译研究奠定了重要的基础。

20 世纪 80 年代末至 90 年代初，西方翻译研究逐渐转向了文化层面，并将其运用到了新的翻译理论中，其中以解构主义、女性主义、后殖民主义为代表。

翻译中文化学派的出现是文化发展的必然，其对于促进翻译研究的活力与应用性发挥着重要的作用。

（六）解构学派

19 世纪 60 年代后期，解构主义学派出现于法国。这种翻译理论是对传统翻译理论的质疑，其通过哲学问题、怀疑的态度去审视存在的翻译理论与标准。解构学派的代表人物为沃尔特·本雅明、雅克·德里达、麦克·福柯等。这些学者将解构主义的思潮带入了翻译研究过程中，并通过怀疑与批评的态度对翻译理论的问题进行探究。因此可以说，解构主义的出现为翻译研究带来了全新的视角与研究方向。

解构学派的代表人物沃尔特·本雅明提出，翻译中译文和原文没有忠实可言。他主张译文并不是去再现原文的含义，而应该是对原文的补充与延伸。

雅克·德里达认为，翻译的过程是不断对范文进行"播撒"和"异延"的过程，译文虽然可以接近原文，但是却不能等同于原文。这主要是因为意义带有不确定性，因此译文的中心是无法被完全体现出的，译文只是对原文的重新理解与创造，因此对原文再没有忠实可言。译者在翻译过程中应该对原文的观点进行解构，从而使译文具有延续和创新性。

解构主义的观点是对传统翻译观点的颠覆，这种逆向的思维模式为翻译研究带来了新的方向。但需要注意的是，解构并不是翻译的目的，而只是翻译的手段，因此不能完全取代传统的翻译理论。解构学派的观点能够对传统翻译观点进行改进，目的是更好地指导翻译工作，因此对其的理解不能本末倒置。

四、商务英语的发展

（一）商务英语的起源

从汉代丝绸之路伊始，我国与中亚、东亚、欧洲的对外的商贸交流越来越频繁，尤其是经历盛唐之后航海事业的发展，进一步扩大了海外航运贸易的发展范围。明清时期，在西方国家海上事业发展的影响下，国际贸易发展迅速，通商活动十分频繁，英语是与欧美各国进行商业交流的一种重要手段，它是一种"商务英语"。17 世纪后，英国在经历资产阶级革命以后，开始进行的不断对外扩张和掠夺。在一系列的商业贸易活动过程中，为了加强双方的语言沟通和交流，英国的英语随之进行了普及和扩散，就形成了当时的商务英语（business English），此时商务英语的特点是以当地母语为根本，并掺杂着许多英语词汇，这种语言在当时也被称之为"洋径浜英语"（pidgin English）。"洋径浜英语"反映了我国商务英语的历史发展起源。

（二）商务英语的发展

中华人民共和国建立以来，商务英语已逐渐发展为国际间的重要交际手段。商业贸易的教学在我国的中小学教育中逐渐形成。外贸信函已成为各个企业和高校培养商务人员的一门重要的学科，至今仍将《外贸函电》作为一门外语教学的必修课，并在此基础上进行了修改和改进，这对于当今的世界贸易专业人才的发展具有十分重大的意义。改革开放以来，随着外贸制度的变革，"贸易英语"逐渐被"商务英语"取代，在原来的国际英语进出口业务、函电英语等专业中也涌现出许多新的教学形式，比如国际市场英语、国际经济英语、国际金融英语等。在外商投资公司日益增多的今天，外国公司对英语专业的要求越来越高，专业技术人员的培训已成为当今国际商务贸易专业的一个主要任务，高职、经贸类专业也纷纷开设了与商务英语有关的专业。

商务英语是 20 世纪 60 年代以来的一种特殊英语，它的出现与美国等西方国家的经济和商业发展密切相关。在 20 个世纪 60 年代末和 70 年代初期，商务英语中有许多专业的词汇和专业术语，这些专业词汇与一般英语有很大的区别。在较早的教科书中，弗斯于 1971 所著的《银行实务英语》就是这样一种范例。早期商业英语教科书的教学方针是：按照具体的主题，用文字或会话的形式来完成作业，比如《银行实务英语》中的汇兑、汇兑管理、公司、帐户等，重点是课文理解、词汇练习和句子结构的练习。这套教科书需要具备一定的英语基础，无须具备商业知识；另外，在实际应用中，也没有对学员在实际工作中的运用和在商业活动中的运用技巧加以考量。第二种方法是 BBC 所播的视频和《商务英语教程》，着重于培养学生在商业环境中的听、说、读、写等交际技巧。本课程包括听力，句型练习，对话练习和人物模拟。尽管该方法仍然是"结构/音像"的范畴，但是却为商业英语的教学提供了一个新的思路。

20 世纪 80 年代，商务英语逐渐风靡全球。如今，全世界每年都有大批的应聘者报名参加英国剑桥商业英语测试（BEC）以及美国普林斯顿大学英语测试（TDEIC）。随着英语的发展，商务英语的课堂教学也逐渐转向了功能性的学习方法，它可以起到推荐、发表观点、取得共识等作用。功能法主要依据社会语言学家海姆斯（Hymes）的交际能力理论及韩礼德（Halliday）的系统功能语言学而形成，是一种以语言功能项目为纲、培养交际能力的教学方法。

1980 年代以后，商务英语的学习吸收了许多以往的教学方法的长处，但是在培养学生使用外语能力方面却越来越受到重视。商业英语应具备良好的商业交往能力，这一理念对商业英语的学习有很大的冲击。尽管商务英语老师并不一定要将其应用于商务英语教学，但是，优秀的职业操守在沟通中的作用却不容忽视。

五、商务英语发展趋势

当今，英语是国际上最常用的一种语言，在全球范围内，英语的运用也日益受到人们的关注。要想由经济来往与各国进行有效经济贸易，单单依靠英语沟通是不够的，所以商务英语渐渐形成一门独立的学科。自从中国加入世界贸易组织，越来越多的外资企业来到中国开设公司，中国的企业与国外的经济交流和贸易也越来越频繁，这对商务英语的专业人员需求也随之增长，现在企业对人才的需求要求越来越高，不再只是需求单一的语言专业毕业生。而是要努力培养复合型人才，这样才能够适应社会经济市场的发展，我国也逐渐在很多院校开设了商务英语专业。

就中国商务英语发展的现状来看，不仅要引起教育界的高度关注，而且高校对商业英语人才的培训计划也应进行及时、有效的更新。根据商业英语的发展趋势，可以看出，必须紧紧围绕着企业对英语人才的需求，以企业发展的需求为基本出发点，培养符合国际贸易发展要求的人才。本文认为，中国商务英语的发展方向应从以下几个方面进行。

首先，要不断提高和改进商业英语人才的培养方向，培养什么样的英语人才，如何进行人才的培养，是目前我国商业英语人才发展的一个主要问题，根据目前国内商业英语人才的发展状况，我们要把培养的目标放在外贸、服务第一线的商务人才上，既要有一定的理论基础，又要有一定的专业能力，以适应目前国际贸易和发展的实际需求。

其次，从目前的商业英语发展趋势来看，应加强对商务英语专业师资队伍的持续培养，努力在今后的发展中吸引更多的专门人才，并加大对现有英语专业教师的培训力度，使他们在经济发展的今天，不断提高自己的综合素质，从而为更好地适应国内的商业人才培养打下良好的基础。今后，商务英语教师队伍的发展需要更加重视。只有充分发展和完善教师队伍，我们的商务英语专业才能在今后的发展中真正实现自己的发展。从目前国内商业英语的发展趋势来看，要使商务英语专业在人才培养方面走上更高的发展道路，必须要有一支优秀的教师队伍。

最后，在今后的发展中，不仅要注重理论基础课的教学，还要加强高校与企业之间的沟通，为商业英语专业的学生搭建一个良好的实习平台，把实习工作作为商务英语专业的一项重要内容。从这一点可以看出，实习不仅可以提高日常教学中的基础知识，还可以让学员们将自己所学的东西应用到实际中去，更好地利用实习的优势。此外，应注重课程结构的优化和理论课程的设置，不断地扩大理论课程的开设，并在此期间选择商业英语技能类的课程，使其与技能类课程的设置相结合，使商务英语理论课程的设置更加合理，这样，商务英语的教学才能真正的体现出来。

六、商务英语的重要性

随着外商企业数量的增加，中国外贸的蓬勃发展，必然要求企业与各国之间的商业往来、交流、交易等，而语言则是最主要的中介和障碍。英语是世界上最重要的语言之一，它的重要性可想而知，同时，商务英语也是国际贸易的重要组成部分，很多地方和行业都离不开英语。商业英语渗透到了整个贸易过程，技术人员通过英语来获得有关商业知识的信息，直接关系到产品的质量和市场的销售。

（一）商务英语是对外贸易沟通的桥梁

英语是世界上唯一的通用语言，它作为一种世界范围内的语言媒介，它在世界范围内的传播中起着举足轻重的作用，长期以来一直根深蒂固。根据语言学家的估计，除了美、加、澳、英这些讲英语的国家以外，全世界有超过十亿人会说英语。此外，根据不完全数据，超过70%的世界贸易活动都是用英语进行交流、交易、谈判等。随着世界经济一体化和中国外贸的不断扩大，商务英语在贸易中的地位日益突出，一般英语已不能满足经济、社会的多样化要求，要求商务英语具有较高的应用性和创新性。商务英语是以商务知识为基础的，它所包含的交际技能、社会文化背景以及商务知识都不是一般英语能够比拟的。商业英语中既有商业交流的技巧，也有商业语言的应用。在进行商务活动前，运用商业英语，可以得体而不失礼仪地与人交流，可以迅速地增进彼此的友谊。因此，商务英语已成为国际经贸往来中不可或缺的一种手段，它能有效地降低和消除贸易中的误会，促进双方的友谊。

（二）通过商务英语获取商业新知识，分享新技术成果

当今社会飞速发展，已经进入了一个新的知识经济时代，知识经济的出现，使人们在商品中获得了更多的技术和知识。在外贸活动中，人们通过语言、信息和观念的交流，获得了新的知识和技术。译者运用精确而娴熟的商业英语，运用翻译技术，准确地翻译其他国家的商品，并对其进行处理，使其达到完美，并能及时、准确地获得最新的商业技术与信息。商务英语的应用，可以大大降低双方的语言交流费用，使企业更好地了解顾客的需要，掌握国内外同类产品的最新发展趋势，并通过学习、推广国外先进技术、新经验、新方法，达到共享、双赢的目的，提升公司的产品品质；对顾客而言，使用商务英语可以更好地理解公司的信息，全面判断公司的经营状况，对各国供应商进行统一的评价，有助于降低贸易风险，获取更高利润同时推动经济发展。

（三）商务英语的正确使用有利于促进商务谈判的成功

商务英语是企业了解世界、认识世界、开拓世界的一扇窗户，也是一种有效的对外销

售手段。因为各国的语言都有各自的特色，所以有的人会说得更直白一些，有的人则会说得含蓄一些。如果不熟悉另一个国家、地区的语言和习俗，就很难接受别人的做法。这种情况下，不同国家之间的文化和语言习惯就会导致公司失去机遇，导致公司的利润下降。商务英语最大的优点在于它的语言准确、专业。在全球的大市场中，一般采用英语电传或信件的方式进行商业活动和贸易洽谈。外贸信函中的商务英语应准确、严谨，并尽可能地使用行业术语和专业词汇，以免造成误解。在贸易活动中，人们利用商业英语进行各种形式的交流，进行各种形式的国际经贸活动，使各种交易活动变得简单快捷。在签订商业合同时，难免会有一些波折，商务英语的专业术语为双方的沟通提供了一种语言工具。商务英语的专业性恰好符合合同专业化的需要，可以更好地了解其他国家的法律条款的用语形式和习惯，并能有效地运用这些术语来维护自己的合法权益，为合同的订立提供了一种语言上的保证，加快了合同的签署。这对促进我国经济发展是有益的。商务英语在商务交流、商务知识、信息获取、技术引进、经济发展等方面具有重要意义，而且随着国际贸易的不断发展，商务英语的重要性也日益显现出来。

第二节 商务英语翻译研究

一、翻译的概念

商务英语翻译说到底是一种翻译活动，因此在了解商务英语翻译的概念之前，首先要理解的是，翻译是什么。

翻译是跨文化交流的桥梁，从人类的实际工作开始，已经给翻译做过很多定义。但是由于人们往往从不同的角度去理解和描述翻译，因此要达到完全统一的认识是不可能的。本文只列出了一些国内外翻译理论和学者对翻译的界定。

美国翻译学家尤金·奈达认为，翻译就是以最接近、最自然的形式来重现源语的意思（在一段时间内，用一种新的语言表达了一种新的语言表达方式）。

英国著名的语言学家兼翻译理论家卡特福德指出，翻译就是用一种等价语言（译语）的文字资料代替另外一种语言的文字资料。（Translation can be defined as: the substitution of textual material in one language with equivalent text in another.）

苏联翻译学家巴尔胡达罗夫认为，翻译是将一种语言产品转变成其他语言产品的过程，同时又保留了其内涵。

吴献书认为，翻译是把一种语言的真正意义完全转移到另外一种语言中，而又不会失去它的风格和魅力。

张培基认为，翻译是一种语言活动，它能准确、完整地再现另外一种语言所传达的思想。

冯庆华指出，翻译是一种以一种语言形式再现其他语言形式的语言实践活动。翻译是一种艺术，是一种重新创作的语言。

我们可以看到，尽管众多的译者们都有不同的观点，但是他们都将翻译看作是一种语言的流动，也就是通过一种语言将其他语言所传达的信息再一次呈现。翻译是两种语言社会的交流活动和交流工具，其目的在于推动社会政治、经济、文化的发展，它的使命就是把源语作品中的语言信息，如对真实世界的逻辑和艺术形象，完整地转化成目标语的语言信息。

此外，我们还可以从广义和狭义两个方面理解翻译。从广义上说，翻译是指语言与语言、语言与变体、语言与非语言之间的代码转换和基本信息的传达。从狭义上说，翻译是以一种语言的形式，忠实地传达一种语言所表现的内容。

二、商务英语翻译的概念

商务英语翻译是在经济全球化的过程中，作为促进商业文化和物质交流的一部分而出现的一种翻译活动。和翻译的概念一样，商务英语翻译的概念也可以从广义、狭义以及一般意义等方面来理解。从广义上来说，商务英语翻译包括一切与国际商务活动有关的翻译，它涉及与商务相关的广泛领域。例如外宣政策文件翻译、外交事务翻译等都属于广义的商务英语翻译的范畴。狭义的商务英语翻译是指在具有直接经济利益目的的经营性活动中所涉及的翻译活动，是泛指某一具体领域内的翻译，例如某公司参与国际贸易业务所需的翻译活动。从一般意义上而言，商务英语翻译则是指跨越国界的各种商业活动，包括商品、资本、劳务等任何形式的经济资源的国际传递下相关的一切领域所涉及的翻译活动。例如，国际商务活动涉及的法律法规翻译、涉外旅游宣传的翻译等。

三、商务英语翻译的标准

（一）有关商务英语翻译的各类观点

对于翻译的标准，虽然不同的专家与学者提出了很多观点，但翻译界对此始终没有完全一致的定论。对于翻译的标准尚且如此，那么对于商务英语翻译的标准，更是众说纷纭。下面我们就列举一些国内外学者针对商务英语翻译的标准所提出的不同观点。

（1）"信、达、雅"标准。1898 年，翻译家严复提出了"信、达、雅"的翻译标准。"信"即要求译者必须正确理解、忠实表达原文所包含的信息。"达"是指译文不拘于原文的形式，但是能彰显原文之意义，要求译者用通顺易懂的语言来表达。由于受历史的局限，严复所指的"雅"片面追求古雅，认为只有文言文才能算是标准的表达形式，提倡使用"汉以前字法句法"。随着时代的不断进步，现在我们所指的"雅"不再是"古雅"，而是指译文的美学价值，能带给读者艺术上的享受和精神上的满足。对商务英语的翻译而言，很多学者提倡沿用严复的这一"信、达、雅"标准。具体来说，商务英语的翻译要做到语言准确、严谨，即"信"，同时在"信"的基础上去追求"达""雅"。作为中国最有影响力的翻译标准，"信、达、雅"的标准无疑对商务英语的翻译有着有益的指导作用。

（2）尤金·奈达在与泰伯（Taber）合著的 The Theory and Practice of Translation 一书中，从语言功能的角度出发，将翻译与功能联系起来，提出了"功能对等"（Functional Equivalence）的翻译准则。功能对等是从语意到文体，以最接近于其本质的语言来表达其所包含的内容。在具体的翻译中，要求译文使读者所做出的反应与原文读者对原文所做出的反应基本一致，但不求完全一致，因为目的语和原语的文化与历史背景存在着很大的区别。也就是说，在信息内容、风格、说话方式、语言和文化因素等方面，应使原文与翻译的内容对等。奈达的"功能对等"学说在国内具有重要的影响力。"功能对等"的翻译标准观也对商务英语翻译具有很强的指导意义。

（3）刘法公教授认为，商贸翻译应遵循"忠实、准确、统一"的原则，这也是关于商务英语翻译提出的最早的标准。他认为，商贸翻译的"忠实"是指必须将原文的语言信息用译文的语言表达出来；"准确"是指在将原文的语言信息用译文语言表达的过程中做到概念表达确切，同时选词准确，例如数码与单位精确，物与名所指正确等；"统一"则是指在商贸翻译过程中，要做到译名、术语、概念等保持一致。

（4）彭萍认为，国际商务英语一般的翻译标准应当是"意思准确、术语规范、语气贴切"。

（5）翁凤翔认为，翻译的对等可以作为国际商务英语翻译的指导思想。具体来说，翻译的等值是"4 Es"的"信息弹性对等"，这就是原文的语义信息、文化信息、风格信息与译文的信息、译文的风格信息、译文的读者的反应、译文的读者的反应等效。这种翻译标准观与奈达的"功能对等"准则可说是殊途同归。

（6）欧秋耘认为，国际商务英语文体的翻译标准可归纳为"信和达"标准。具体来说，译文应当完全复写出原文的思想；译文的风格和手法应与原文属同一性质。

虽然以上各学者提出的见解各不相同，但是他们对我国商务英语翻译标准的研究都起到了积极的推动作用，其目的也都是为了提高翻译的水平，使翻译出来的文本精益求精。

然而，由于国际商务场合存在多样性并涉及众多领域，各行各业都有其独特的习语、术语或表达方式，因此面对不同种类的商务文体，如果用以上这些概括性强、笼统性很强的标准作为准则，是不现实的，也是不可行的。例如，商务广告和商务合同，由于他们的目的不同，其文本功能差别也较大。商务广告是为了感染、燃情，刺激读者的消费欲望；商务合同是一种法律性的文体，其语言严谨、行文正式。因此，对商务广告的翻译而言，意义准确并不是最重要的标准；而对商务合同的翻译而言，语气的文体并不是最重要的标准。可见，对于商务英语翻译而言，没有一种通用的、唯一的翻译准则可以应用于各种商业文本。这就要求我们应当探索针对不同文本、不同目的的具体翻译标准，以更好、更切实地指导不同的商务英语翻译实践。

（二）商务英语各类文本翻译的标准

在人类历史上，翻译起着举足轻重的作用。如今，随着世界经济的高速发展，各国间的贸易往来日益频繁，翻译在国际贸易中的作用日益凸显。由于商业文本往往牵涉到双方的经济利益，所以对其翻译提出了更高的要求。近年来，为了更好地指导商务翻译的实际操作，译者们已经开始自觉地研究商务翻译标准。但是，从现有的翻译标准来看，大部分的标准都是从"信、达、雅"的传统翻译理论出发，太过简单、泛泛，不能适应商务翻译的具体要求。商业语篇的范围很大，语言的特征也很广泛，用"信""达""雅"这样的统一标准来概括各种商业文体，在实际翻译中显得缺少可操作性。因此，商业语篇的复杂程度，决定了其翻译标准的多样性，也就是不同的商业语体，必须有相应的特定的标准。在实际的翻译中，要根据不同类型的商务英语，语言的特点和使用情况，采取不同的翻译准则和标准。

1. 准确严谨原则

商务英语翻译应忠实、准确地把源语的内容传达给翻译对象，使译者所得到的信息和读者所得到的内容是相同的，也就是说，翻译中的信息是等价的。译者在选择词语、概念表述上要准确、数量和单位要准确。与语言的表现方式相比，商务翻译更加重视内容的忠实和准确，使译文的使用得以实现。

根据《翻译研究词典》（Dictionary of Translation）定义，精确性是指在译文评估中，译文与原文是否一致。一般是指直接翻译，而不是意译，以保持译文所需的信息量。（Accuracy：a term used in translation evaluation to refer to the extent to which a translation matches it original. While it usually refers to preservation of the information content of ST in TT, with an accurate translation being generally literal rather than free.）准确严谨的原则要求在翻译国际商务合同时，选词准确，表达概念确切，名与物所指正确，数码与单位确切，透彻理解原合同的精神实质，完整表达合同原文的信息，对原文的内容既不增减也不歪曲。准确严谨不仅是商务翻译的原则，还是翻译作风的问题。它要求译者在翻译合同时严于律己，具有一丝不苟的精神和实事求是的科学态度。要正确地传递原文所需的事实信息，有三个方面：一是词汇的翻译；要对具体的事实进行精确的翻译；请留意信件中的缩略语和简称。

例如：The buyers ask for credit and have given the Sumitomo Bank, Tokyo, as a reference.
买方要求记账交易并提出东京住友银行作为资信证明人。

We shall appreciate your giving us particulars as to their standing and reliability for our reference.

恳请贵方提供他们的资历及信用情况以便参考。

"reference"在第一句中指的是"信用证明人"，而非"涉及"或"参考"；"reference"这两个字的意思，就是"参考"。在第 2 句中，"standing"的含义是"财务状况，信用状况"，而非"站立"。Once you let us know how many parts you need，we'll make them right away。

译文一：一接到贵方所需要的零件，立即安排制造。

译文二：一接到贵司要求的零部件编号，立即开始制造。

我们可以很容易地看出，这个案例中的"译文一"并不能很好地传递出原文的某些细节，从而必然会影响到双方的沟通。例如，D/A＝文档against承兑交单，T/T＝电汇，C/O＝发货支付，D/P＝文档against payment支付交单。如果不了解，可以参考有关的工具，不要草率行事。

2. 规范统一原则

此处所指的是使用与习惯意义相一致的词汇。翻译时应遵循商业文件的语言标准。在商务英语中，译名、概念、术语等必须始终保持一致，不能将相同的概念和术语任意改变。翻译中的不一致势必会引起人们的误会，从而导致读者对原文的理解混乱。这种翻译应该归咎于译者的敷衍了事。

翻译人员可以参考《中国日报》《北京周报》等翻译材料，也可以根据商务英语中的一般用语进行翻译。

比如：一刀切的通用化 impose uniformity

原产市场 place of origin

贸易顺差 trade surplus

可兑换的流通货币 convertible currency

化解金融风险的财政利差 defuse financial risks

免税商品自由贸易 free goods

比较优势理论 comparative advantage theory

3. 专业原则

商务语言是一种在商业社会中被广泛应用的特殊语言。为了避免以后的争议，商务文件在语言上的组织显得尤为重要，特别是在专业术语的表达和严密的结构上。在商务英语翻译中，为了使译文的文体特征与目的标语的文体特征相一致，采用符合目的标语习惯的地道用法，使译文与原文的风格相统一。因此，商务英语的翻译既要做到事实的精确，又要做到与公函的风格相一致，才能真正地反映出商业信件的风格和职业水平。在信件中，一些固定的语言套语，可以根据翻译习惯，直接使用对应的习惯方式；翻译时也要尽可能地用简练的文字，避免用广告语或口头语。

例：按到岸价成交以后，由我公司以发票价值110%投保一切险。

As to the goods priced on CIF basis，our company will insure against All Risks for 110% of invoiced value.

分析：译文中的on CIF basis和insure against All Risks都是外贸信函中常见表达法，直

接套用使译文显得更加规范得体。

例：兹通告，友谊公司将采取一切必要的措施，追究任何未经许可制造或销售注有"友谊"商标服装的当事人。

Notice is hereby given that Friendship Ltd. will take all necessary measures against any party manufacturing and/or selling any garment bearing the trade mark of "FRIENDSHIP" without being authorized.

解析：如此例句所示，正式的英文通告或启事一般用"Notice is here by given that"开头，因而，在翻译此类通告或启事时，可套用这一模式。

There are quantities of this item here, in different weights and sizes, with varied colors and shapes. The price is very reasonable and the quotations will be given upon request.

译文一：此产品可供您挑选，重量，大小，颜色和形状。价钱绝对公平，有需要时可以报价。

译文二：我们有各种重量、体积、颜色和形状的产品，数目很大。我方接受贵方的报价，价格公道。

Our prices are already fully covered by big orders, and as you are well aware, we are operating in a highly competitive market, where we are obliged to lower our prices to the lowest possible level.

译文一：我方的报价已是大宗批发价了。而且，您也知道，我们的产业竞争非常激烈，所以，我们不得不将价格降到了最低。

译文二：我们的报盘中包含了大量订单。我们相信贵公司知道，我们在一个非常有竞争力的市场上做生意，所以必须尽量减少利润。

经过对比，本文认为"译文一"的用词与原文的风格格格不入，缺少商业信件的特色与专业性，前一例中的"译文一"与广告有些相似，后一种"译文一"的口语化色彩过于浓厚。

在商务翻译中，商品名称、机构以及相关的概念，若有现成的语言，应直接使用或使用一般的译法，以确保其专业性。避免因字面意义而自行翻译，避免产生误会，导致不必要的损失。

比如：保税区 bonded. zone（不是 free trade zone/tax. protected area）

黄金地段 prime location（不是 golden area）

外向型产业 export-oriented manufacturing（不是 external directed industries）

国际公开招标 competitive international bidding（不是 international open tender）

共同对外关税 Common External Tariff（C. E. T.）

国际金融公司 International Finance Corporation（IFC）

商务英语特有的语言特点和风格，决定了其翻译标准的独特性，普通的翻译准则对商务英语的翻译实践起不到很好的指导作用。所以，商务英语的翻译应从单一的角度出发，采取多样化的标准。因此，译者必须正确地掌握商务英语的语篇风格，在一定程度上适应商务语篇的特点，并采用不同的译法。

四、商务英语翻译的方法

（一）单词分译

字词的翻译就是将一个词从原文中分解为一个短句或一个句子。词汇分译的目的有两个：一是出于语法上的需求。因为某些单词的搭配、词义等特性，直译会让句子变得僵硬，而将一个单词翻译成一个通顺的单词，同时又不会影响到原文的意思。二是在强调语气、强调重点等方面的修饰上。英语中的名词、动词、形容词、副词等均可翻译。

例：We recognize that China's long-term modernization programme is understandable and necessary to focus on economic growth.

我们意识到，中国长期的现代化规划是以发展经济为中心的，这是情有可原和必然的。

（二）短语分译

短语分译是指把原文中的一个短语分译成一个句子。名词短语、分词短语、介词短语等有时都可以分译成句。

例 1：These cheerful little trams, dating back to 1873, chug and sway up the towering hills with bells ringing and people hanging from every opening

这些令人欢快的小缆车建于 1873 年，嘎察嘎察摇摆爬上高耸的山峦。车上铃儿叮当作响，每个窗口都是人。（介词短语分译）

例 2：The military is forbidden to kill the vessel, a relatively easy task.

军方被禁止击毁这艘潜艇，虽然要击毁它并不怎么费事。（名词短语分译）

（三）转换译

所谓"转译"，就是在商业英语中，词汇和表达方式发生了变化。英语与汉语因其语言习惯性和句式的差异，在译文时常常会出现词汇与表达方式上的差异。商业英语在翻译过程中要注意词汇和表达方式的转化，以使其符合目的语的表达方式和语法规律。

1. 词性的转换

如：Would you please tell us if our conditions are acceptable. 请通知我们，我们的条件是否被接受。（形容词 acceptable 转类为动词）

2. 句型的转换

如：We must ensure that the transfer of the commission in this way does not violate the local rules. 我们必须保证以这种方式汇款，不会与当地的法规相抵触。

（四）顺序译法

一些英语句子所描述的一系列动作，是按照发生的时间或逻辑上的顺序排列的，与汉语的表现形式相符合，可以按照原语的顺序进行翻译。例子：There are many risks involved in the international purchase and sale of goods，and if they do，the trader will incur financial losses.

解析：根据词组的关系，句子可以分为四个部分：There are several risks/risks in the international purchase and sale of goods/when they occur/which cause the trader to incur financial losses. 原文各句之间的逻辑关系、表达顺序和汉语的顺序是一样的，所以可以根据原文进行翻译。参考译文：在商品的买卖（中间）中，有可能使（相关）商人遭受财务损失的各种风险。

（五）逆序译法

"逆序译法"是一种"倒置译法"，它是一种对句子进行反向翻译的方法。一些英语句子的表达顺序与汉语的习惯或语序是截然相反的，原因在于汉语的叙述行为通常是以动作发生的先后顺序来进行的，而英语则是以多种形式的语法方式来打破它们之间的关系。这就需要我们从原书的后文开始，按照原书的次序进行翻译。例：If you're not ready to eat quietly，you need to talk about something other than the business agreement that you're constantly thinking about.

解析：这个句子可以分成四个部分：If you're not ready to have a quiet meal/talk about something/ something other than the business agreement/that you're constantly thinking about. 英语长句在叙事层面上和汉语的逻辑是背道而驰的，因此最好采用反向翻译的方法。参考译文：在进餐的时候，你一定要随意地谈论一些与业务无关的话题，不然就会把脑袋埋在食物里。你可以谈论任何事情，但是你不能谈论那些你想了很久的事情。

（六）术语精确

在商业翻译中，有许多专门的术语，如经济、贸易、法律等。为了使译文更准确、更好地理解原文，译者就必须使用规范的、相等的专门词汇。

比如：预约保单 Open policy

软包装 flexible container

提单 Bill of lading（B/L）

货品分配 P. D.（physical distribution）

装载量 D. W. T（dead weight tonnage）

装船单据 Shipping documents

离岸价格 FOB（free on board）

集装箱船 Consolidation

共同海损 general average

再如：

After careful examination of the letter of credit，we ask that you amend it as follows："Partial Shipment with Transshipment Allowed."

译文：我们认真检查了信用证后，请您作以下的修正："允许部分的转口和转船。"

分析："Partial Shipment"译为"部分转运"欠妥，用术语应该是"分批"。

The shipping documents for the consignment are now with us and we shall be glad if you will arrange to collect them.

译文：货运单据现在我行，请安排前来赎单。

分析：此处的"collect"并非"领取"之意，"赎单"，这是一种商业上的说法。

（七）语气恰当

在商业活动中，礼仪是很重要的。在商业往来和商业文件中，双方都力求言词谨慎，言词柔和。在商业活动中，中西方都有一些能让商业文字显得庄重而可靠的表达。因此，为了更好地理解原文，译者可以采用"归化"的方法来提高译文的可读性。

例：Dear Sir, the Import & Export Department has asked me to inform you that the 150 tons of coal you ordered last month have not arrived. Would you be so kind as to make inquiries about the shipment? I should be very grateful if you would give me a reply at your earliest convenience.

Yours faithfully.（Minister of Administration）

从这封商务英语信件中，我们可以看到，对方使用的语言是准确的，语气是柔和的。汉语中还有相应的词语能够正确地传达出原文的用词和语调。

商务英语具有其特有的特征，与其他类型的译文相比，它具有自己的特点。正如我们前面所说，商业行为牵涉到双方的经济利益，所以译者在翻译过程中要注意字句，否则会影响商务活动的正常进行，造成双方的损失。

所以，一名优秀的翻译不仅要精通双语，而且要精通大量的商业知识和商业词汇。另外，在现代英语中，文化因素对翻译起着越来越大的作用，这一点在商务英语中是不容忽视的。因此，译者必须采用灵活的翻译策略。

五、商务英语的翻译美学

（一）商务英语的独特性

商务英语，是专业英语的一个重要分支，也是现代英语的一个变种，它在一定程度上受西方商务习惯的影响，又受商务英语的环境与交流功能的限制，而产生了自己的特色。

1. 专业性

作为一门有专业用途的英语，商务英语是一门非常专业的语言。专业英语是一门能够让学生在特定的专业领域或职业领域内，将英语知识与技能进行专门化的一门综合性学科。商务英语涵盖了商务理论和实践，涵盖了商务的各个方面，并形成了一套涵盖国际贸易、金融、市场营销、管理、电子商务、跨文化交际等一整套商务英语。商务英语中既有大量的专业术语，也有大量的半专门化的术语，也有错综复杂的复合词、缩略词、古体词。而且，它的语法中包含了大量的条件句、被动句、圆周句，没有英语基础的人，是不可能把商务英语翻译得很好的。

2. 目的性

商务英语是一种有针对性的实用语体。按照商务英语所涉及的知识范畴，可以将其划分为七大类：广告、契约、信函、教范、商务公文、商务学术、市场营销等。在商业活动中，每个文体都有其特定的目标，因此，在商务活动中，必须针对不同的语篇进行适当的选择，以达到商业交流的目的。比如，广告的风格就是为推销商品或服务而设计的，常常起到"糟粕"的作用；为了确定合同当事人的权利和义务，合同的格式常常是严格的；信件风格一般是用来传达讯息的，但也会随著通信双方的关系而改变。

3. 实效性

商务英语是一种经济型的语言，它的实用性很强。商业活动就像是一场战争，在国际贸易中，高效是最重要的。它的写作风格简洁、语言简练、逻辑清晰、含义清晰，这就是商务英语语言的魅力。商务活动中，为满足特殊的商业需要，常用的交际语言一般都是简短的拒绝，例如，商务信函中经常使用大量固定、格式化的套语，商业合同中经常使用大量的名词化信息，而商业文件则使用大量的拉丁语。除了精确之外，简洁、实用、有效是商务英语的宗旨。

由于商务英语具有客观、实用的特点，很多学者都认为商务英语是与审美没有关系的。事实上，实用和美丽并非对立的，人们在追求美的同时，也在实践中体现了它的实用性。翻译美学理论的日益成熟，使我们能够从审美的视角来审视商务英语的翻译。

（二）翻译美学理论以及美学观照下商务英语翻译的美学取向

刘密庆的翻译美学思想为商业英语翻译提供了一种审美视野。商务英语的特点决定了商务英语的翻译与一般英语的翻译有很大的区别。

1. 翻译美学理论

美是一种最根本的语言特性。中西早期的翻译理论都有其审美根源。古罗马西塞罗（Cicero）提出，翻译要注重语言的美，当代著名的贺拉斯主张，翻译要有审美的效果，英国的泰特勒在经典文学美学的基础上，提出了三条翻译原则。我国传统的翻译理论，从"不加文饰"、道安"案本而传"、玄宗"圆满调和"、严复"信达雅"、傅雷"神似说"、钱钟书"化境说"等，无不闪耀着审美的光芒。但是，直到20世纪70年代以后，中国的译界才真正的出现了翻译美学的理论，因为人们从科学的角度转向了描述的角度，因此，翻译成为一种审美的转换。吴永吉的《文学翻译比较美学》《翻译美学比较研究》作为其作品的结本，阐述了审美因素在译者选择问题上的作用，是翻译美学的萌芽。钱冠连《美学语言学》是一部以心理学为视角，开创了美学语言学领域的先河。而刘密庆《翻译美学导论》则是建立了翻译美学理论的基本框架。刘密庆对翻译美学思想的发展，为商业英语的美学研究奠定了坚实的基础。

刘密庆相信，语言的表现总是与美学相伴而生，而达到"合体"则是最单纯的艺术。刘密庆认为，翻译美学有两种类型：一种是"非艺术风格"，另一种是"文学风格"。这两种类型的美学操作可分为两个层次：非艺术类是基本层次，而艺术类是综合性类。非文类文体包括一般的科技类、新闻类、公务类、综合类，以"立诚达意"为美学准则，以"诚信适体"为美学目的。文艺体裁涵盖了各种文艺体裁和艺术化的商业广告，以"传情"为美学准则，"择优求美"为美学目的。

刘密庆认为，对于翻译来说，一般有三条"持久"的美学标准。

（1）真实性。是指在语义、情态、功能上和原文基本等同的意义，可以与所指的"对应"，不会有任何偏差。从审美角度对"信"进行了阐释。

（2）明晰性。是指在表述和表述时，要做到"言有序"，思维要梳理清楚，要陈词明。

（3）概括性。指译语的词用句与"相沿成习"是一致的，而排除任意性约定性是构成语言美感的根本要素。语言美最根本的准则是语义与意义的结合，因此，它的"充分真值"是一种内在的价值。非逻辑性的语言搭配超出了隐含逻辑对搭配的控制，因而，非规约化的词语搭配没有"充分真值"，不能满足美学的需要。

刘密庆的理论对翻译美学的发展起到了很大的推动作用。美是一个开放性的体系，没有一个统一的标准，它是多角度、多口径、多层次的。而且其三条美学原则与商务英语的特征相吻合，商务英语总是与美学相伴，它们的翻译多为非艺术风格的美学，只有商业广告的翻译才是艺术风格。

2. 商务英语翻译的美学取向

商业英语的翻译，除了商业广告以外，大部分都是以审美为导向的翻译艺术创作的基本层次。其翻译之美，往往不在于浩瀚的文思，也不在于华丽的辞藻，而是忠实、婉转、简约、约定之美，这与翻译美学的诠释是相称的。

（1）忠实之美。"忠实之美"是英语翻译中最重要的审美取向。忠实之美即"诚实、达意"。"真实性"是指"语义真值"，即能指和所指是完全一致的。在翻译非艺术类的基本层次时，如商务合同、商务文书等，由于术语的专业性和逻辑严密，尤其要注意遵循"忠实"的原则，对原文的意思完全掌握，然后用地道的译文一丝不苟地进行真实的转换。如果言过其实、词不达意，不但会背离美丽，而且还会带来巨大的经济损失。

（2）优雅之美。"优雅之美"是商务英语翻译中的一种特殊审美取向。优美的美感，就是用词客气诚恳，客气有礼，特别是不能说得太过勉强。在商业交往中，虽然有激烈的竞争，但是在商业交往中往往都是温和的。礼貌是一种很好的方法，可以缓和紧张和获得别人的尊敬。在商业交流中，文雅的用词要比强硬的言词更有力。在具体的翻译过程中，译者要注重这种文化的转移，使其与原文的礼貌语调相吻合，从而达到翻译的美学目的。

（3）简约之美。商务英语翻译中最突出的审美特征就是简洁的美。简洁的美感，就是简洁、流畅。商务英语的一个显著特点是精炼，它不仅体现在词汇层面，如复合词和缩略词的广泛使用；还体现在句法层面，例如使用名物化结构。在翻译以交流为目的的信件和备忘录时，译者应按照原文的意图，将语言加以整合，用简洁、规范的语言来传达信息。"好英语"的美学理念——正确的语法、恰当的措辞、清晰的语义，是简洁之美的最佳体现。

（4）约定之美。"约"美是商务英语翻译中的一个重要审美取向。约定之美是指在译语中，由"约定俗成"构成的词语耐受性语句，并排除任意性。商务英语中存在着许多固定的短语和搭配，它们的译语通常都有固定的搭配和惯用的表达。这是由于在商业活动中，人们早就把商业语言与内涵结合在一起，并且形成了习惯。如果译文搭配违背了约定的习惯，不仅不能满足美学的需要，还可能导致贸易摩擦和争议。

（三）商务英语翻译的求美策略

商务英语的审美取向相对于一般英语来说有其自身的特色。商务英语的翻译要做到既要传达信息，又要做到审美的转换。商务英语的内容千差万别、错综复杂，为了提高商务英语的质量，不同的译文应该采用不同的翻译方法。英语翻译理论家 Newmark 的文本功能与翻译理论为译者在不同的文本中采用不同的翻译方法提供了理论依据。Newmark 根据其语言的作用将文本分为：表达文本、信息文本、呼唤文本。表现形式的文字有正式的公告、自传、私人信件等；信息文本涵盖了自然科学、工商、经济等方面的文本；号召性文字包括宣传品、广告等。Newmark 认为，译者应该根据不同的文本采取不同的译法，以表现功能为主的文本应该以保留原文的语言特点和表现形式为主要目的，而应该采取语义转换的策略；以信息或召唤为主要目的的文本应该采取"交流"的形式，即强调信息的传达、沟通的效果。下面，我们将介绍四种具有典型意义的商务英语文本——信件、合同、单证、广告等，并分别介绍了不同的翻译方法。

1. 用"近文言体"策略翻译商务英语函电

商务函电是一种重要的商业往来手段，也被称为商业信件。Newmark 相信，大部分的商业信件都是信息类的。与一般的通信相比，商务信函具有语言准确、内容简洁、语气委婉、格式固定等优点。商业英语信函的翻译不仅要考虑到格式的问题，还要考虑到其风格。"近文言体"是一种介于文言和白话之间的半汉语形式，它为商务英语信件的审美翻译提供了一种新的方法。运用"近文言体"的译法，可以使译文在同一"语域"中体现出原作的凝重，并在较大程度上增加了语料的承载力，从而实现了传译的目标。

2. 用"化整为零"策略翻译商务英语合同

商务合同是一种信息性的文本，它的特点是：用语精确、句长、结构严谨。商务英语中，一般采用并列式、复合式等形式的延展方式，从句、词组等，层层递进，力求严格、不模糊性。在商务英语合同的翻译中，应采用交互式的翻译方法，尽可能地按照目标语的语言和文化特征来传达信息，采用"化整为零"的"求美"策略，即把汉语中的长句化为零散的句子，译成并列的散句或单独的句子，既能满足汉语的表达习惯，又能通顺、易于理解，满足交际效果相等的需要。

3. 用"拾遗补缺"策略翻译商务英语单证

商务英语单证是一种信息性的文字，它涵盖了外贸合同、信用证、商业发票、提单等，是一种具有重要意义的文件。商务英语的单证语言精炼，术语丰富，经常以表格的形式呈现，其结构比较有规律，内容往往是以词组的形式呈现。在商务英语单据的翻译中，由于单纯的直译，往往会导致信息的丢失，与一般意义上的美学标准不符，与一般的国际贸易规则相抵触。"拾遗补缺"则是一种有效的翻译方法，它可以在一定程度上补充相关的信息，使译文更精确、更规范。

4. 用"达意传情"策略翻译商务英语广告

商务英语广告是一种召唤式的文字，它的作用不仅仅在于传达信息，更在于吸引顾客的注意力，引发顾客的购买欲望，刺激顾客的购买行为，从而实现利润。单纯强调"语义对等"是商务英语广告翻译的不足之处，必须强调"达意传情"。"传情"是指通过传达感情的方式，把广告原文的主题翻译成目标语言。要使目标受众产生情感上的共鸣，给不带感情的物品以情感色彩，就必须用审美语言来渲染，用美的语言去触动观众，用"美"传"情"，才能实现广告的效果。

第三节　商务英语的语言特征

一、商务英语的词汇特征

词汇是现代商业英语建筑的基石，掌握商业务英语的词汇特点是商务英语使用的先决条件。现代英语词汇量大，词义丰富，一词多类、一词多义、一词多用等是一种常见的现象。商务英语既有一般英语语言的特点，又是英语、商务、管理等方面的综合知识，因此商务英语自身也是独一无二的。在词汇方面，商务英语词汇的特点是：专业术语丰富，缩略语使用普遍，名词化程度高，新词汇层出不穷。商务英语词汇在商务翻译中应充分考虑其特征。随着外向型经济的不断发展，我国越来越多地与世界接轨，积极参加国际间的合作和竞争。因此，在商业实践中，商务英语的使用也日益普遍。商务英语是一门以专业为导向的英语课程，要求学员以英语来承担全部或部分的工作任务，它的实用性、知识性和专业性都很强。作为一种商业语言，它具有大量的专业术语和广泛的被使用。它的词汇系统包括商务术语、通用语言以及其他基础词汇和非基础词汇。而商业用语在商务英语中占有举足轻重的地位。

（一）多用数字、日期及意义单一的词

当代国际商务活动常常涉及价格、时间、金额、数量、规格等信息。为了表达准确、清晰，商务英语中常使用数字、日期等，以保障商务事宜的顺利进行。例如：

The Purchaser shall, within 30 days from the date of signature and entry into force of this Agreement, make an irrevocable letter of credit for USD 30, 000 for the Seller's benefit through a bank at the export port.

在本协议签署后 30 天之内，买方必须在出口地银行开具不可撤销的以卖方为受益人的不可撤销的信用证，共计 30000 美元。

The first stage is about 40, 000 square meters, with an annual handling capacity of 500, 000 tons.

国内首期的空运码头面积为 40, 000 平方米，年吞吐量为 500, 000 吨。

Europe's largest IT service company, Atos Origin, aims to quadruple its Chinese operations in the coming two years.

欧洲最大的信息服务公司 Atos Origin 计划在未来两年将其在中国的业务增到四倍。

商务英语词汇应体现规范、准确、专业的特点，因此商务英语常使用意义单一的词汇，以有效避免表达上的歧义与误解。例如：

商务英语用词词义较多的词

acquaint	be familiar with
by return	soon
constitute	include
effect	make
grant	give
inform	tell
initiate	begin

在表达一些统一概念意义时，商务英语词汇与普通英语词汇相比，也体现出具体、准确的特征。

（二）专业术语丰富

商务英语是一门实用的语言专业。其业务范围涉及国际贸易、市场营销、金融、广告、物流、保险、法律等，涉及各个行业的专门词汇。"科学名词"是指在各个学科中使用的词语，是用来准确地表述科学概念的词语。专业术语需要有简洁性、多义性、模糊性，而且所用的词语都是固定的，不能随便改变。商业英语中有大量的专门词汇，其中包含着丰富的工业知识。比如在国际贸易中：离岸价，备用信用证、Letter of Guarantee（银行保函）；经济学方面的：Gross National Product（国民生产总值）、demand curve（需求曲线）、bond yield（债券收益）、comparative advantage（比较优势）；金融方面的：fiscal deficit（财政赤字）、contract curve（契约曲线）、to ease monetary policy（放松银根）；营销方面的：attitude tests（态度测试）、market share（市场份额）、after sales service（售后服务）；保险方面的：Absolute Liability（绝对责任）、Force Majeure（不可抗力）、Risk of Breakage（破碎险）；广告方面的：appeal（诉求广告）、audience share（受众份额）、media mix（媒介组合）等。

随着经济的发展和国际交流的日益频繁，金融行业必将得到进一步的完善和发展。在这一进程中，必然要从世界各国的金融实践中吸取教训，特别是一些国际上常用的"破产""法人""熊市""牛市"等金融术语。从这里可以看出，商务英语中的术语是非常普遍的，有的只用于商务语体，有的则是专门用于商务语体，在不同的商业环境下，它们的意义也各不相同。所以，在翻译过程中，要根据汉语的具体情况，充分了解其在句子中的特殊意义，并结合商务方面的知识，灵活选择合适的词语。

（三）多用模糊修辞

模糊修辞并不是指词汇意义模棱两可或具有歧义，而是一种特殊的选词方法。模糊修辞的运用没有明显的目的性，有利于表达弦外之音，缓解双方的尴尬从而为商务洽谈留下可回旋的余地。例如：

What you mentioned in your letter in connection with the question of agency has had our attention and we shall give this matter careful consideration and shall revert to it later on.

本例中的 has had our attention（予以注意），shall give this matter careful consideration（将予以认真考虑）和 revert to it later on（以后再谈）均属于模糊修辞。这种表达方式既没有明确同意，也没有明确拒绝，而是巧妙地将现在难以回答的问题推脱掉，一方面利于对方接受，另一方面也为后续的合作打好基础。

As for goods Article No. 120, we are not able to make you orders because another supplier is offering us the similar quality at a lower price.

若直接点明对方价格偏高，很可能使对方难以接受。本例婉转地使用 another supplier（另一供货商）来向对方暗示自己的态度，从而避免了尴尬局面的出现。

（四）缩略语现象普遍

英语的简称（语）简明扼要，方便快捷。国际贸易是一种跨国界的活动，随着电报、电话、电传的出现，国际贸易、国际金融、国际经济合作等都有了长足的发展。特别是在当今世界经济日益融合的时代，人们在交流中力求简洁快捷、言简意赅，以节省时间、提高办事效率。所以，在商业语言中，许多人都在创造和运用这些词。例如 IMF（国际货币基金组织）；ADB（Asia Developing Bank）"亚洲发展银行"；SHIPMT（shipment）"装运、装船"；MEMO（memorandum）"备忘录"；pro（professional）"专业人员"等。商务英语缩略语的构词方法很多，其简化方式，概括起来主要有如下几种。

1. 首写字母构成的缩略语

该缩略语大多使用大写，在不同的字母间可以使用或不使用缩略号。它是最常用的一种缩略语，通常用于专门的名称，如组织名称，票据名称，作品名称，网络服务人员说明书和价格术语，通常以字母为单位。比如：

全国情报机构 NIC（National Information Centre）

网路服务人员 ISP（Internet Service Provider）

汇票，交换券，国外汇票 BE/B. E.（Bi of Exchange）

E 欧洲重要海港 MP（European Main Port）

2. 谐音缩略法

即根据单词的发音，用一个或数个字母来代替。使用同音或近音字来构成一个简称。这个缩略语通常被用在单音节和几个双音节单词转换成一个同音的缩略语中。通常是：

BIZ（business）商业，贸易，交易

R（are）为（或）助动词

U（You）你 UR（you）你的

WUD（Would）将、情愿地

THRU（through）穿过，通过

OZ（UC）

3. 截词缩略法

截词缩略法是通过截略原词的一部分构成缩略语的方式，这是缩略语最常用的构词方法，截词缩略法又可细分为以下几种情况。

第一，保留字首，去掉字尾。也就是仅有前面的一个字，然后把后面的字母删掉。如为短句，用单个词语的开头或部分构成一个简称，如：

ACK（Acknowledge）承认；告知……已收到

BAL（Balance）余额

INV（Invoice）发票

ASAP（as soon as possible）尽快

AKA（as known as）正如你所知

第二，把一个词的开头和结尾的字母去掉，形成一个缩写。即取中间，留出两端，如：

AMT（amount）数量

FRT（Freight）货运

LN（London）伦敦

第三，取合成词的两部分中的第一部分。如：

micro（micro computer）微型计算机

post（post code）邮政编码

第四，取几个词的首部组合而成。如：

INCOTERMS（International Commercial Terms）国际贸易术语解释通则

Contac（continuous action）"康泰克"感冒药

Nabisco（National Biscuit Company）美国饼干公司

第五，以辅音为核心组成缩写词。以辅音为核心构成的缩写词（并列的两个相同的辅音字母只用一个），这类缩写法主要用于单词的缩写。它包括：利用所有的辅音字母构成缩写词；利用词首的元音字母和其后所有的辅音字母构成缩写词；利用单词的第一音节和第二音节的第一辅音字母构成缩写词；利用第一和第二音节及第三音节的第一辅音字母构成缩写词；利用第一音节和其后所有的辅音字母或部分重要的辅音子母构成缩写词；利用单词首尾两个辅音字母构成缩写词；由每个音节的首个辅音和其后面的辅音组成一个缩略语。这些缩略语可以是大写的，也可以是小写的，或者是以大写的形式出现的。比如：

MKT（market）市场

PCS（pieces）匹、件、块、片、张、部分

PLS（please）请

ACDNT（accident）事故、意外状况

INFM（inform）报告、向…通知

4. 符号缩略法

所谓"符号化"，就是以"符号"取代对应词语，其方法形象简洁，一目了然，应用范围很广。

这类缩略语通常用于表示单位，如：

货币单位 $ （dollar）

5. 代号缩略法

代号缩略语找不到原词的痕迹，它们实际上是一种代号，如：

C（medium narrow）中号窄幅——男鞋宽度

F（with free-board）限制吃水的——海运

Z（Greenwich Mean Time）格林尼治平均时

6. 利用外来语构成缩略语

在英语中，外来语的简称也被大量地使用。从拉丁语、西班牙语、瑞典语、挪威语、法语、德语等语言中，借用了英语中的一些外来语。比如：

CONG（Congius）加仑（拉丁语）

商务英语中的缩写与自然词是相互交错的，其语法功能与一般英语词汇相同，但是通常不会被用作谓语。

（五）具有商务内涵的普通词

商务英语中，许多常用词都被赋予了专门的含义。例如，proposal form，在日常英语中 proposal 意为提议、提案，在保险英语中被引申为投保单。在日常英语中，policy 的核心含义是政策、方针，但在保险术语中，policy 指的是保单；pool 由池塘转义为组合基金，common pool 意为共同基金。

此外，在商务合同中，一些表示通常意义的词也可能具有非常意义。

例如：

通常的意义	商务合同中的意义
action	行动诉讼
alienation	疏远转让
Assign	分派转让
Avoidance	逃避宣告无效
Construction	建筑物的诠释
Defense	自卫辩护（根据）
Determination	判定结束
discovery	查明调查的证据
Dishonor	耻辱拒付
Distress	危难扣押货物
Execution	签署（契约等）
Limitation	限定时限
Omission	不作为，不能为
Prejudice	傲慢、偏见
Satisfaction	圆满偿还，赔偿
specialty	专业知识盖印合约
subject matter	主体对象

在翻译过程中，一定要注意这些词汇。比如：

（1）The compensation will cover the whole loss.

译文：此项赔款足以抵消全部损失。

该句的 cover 在普通英语中表示"覆盖、包括"等含义，而在商务英语中则表示"清偿、抵消"之意。

（2）It is our custom when we open a new account to request business references from clients.

译文：在开设新账户时，本公司通常会向顾客索取商务证明书。"references"在英语中的解释是"关于，参考"，但是在商业英语中指的是"信用，能力等方面的证据"。

（3）We must ask you to proceed with a confirmed, irrevocable letter of credit, which is payable at sight.

译文：我们必须请贵方以不可撤销的保兑即期信用证为基础进行这项业务。

在英语中，confirmed 和 at sight 是"确认""看见"的意思，但是在商业英语中，它具有特别的意义。在这一句中，"保兑的"与"即期的"都是分开的。

（六）新词汇层出不穷

近年来，社会的发展脚步逐渐加快，新生事物层出不穷。为了满足表达的需要，新词新语不断涌现并渗透到语言的各个领域。商务英语也必然将这些新的词汇吸收进来，以使自己的表达更加丰富、准确。例如：

B2B（business to business）商业机构对商业机构的电子商务

C2C（consumer to consumer）消费者之间的网上交易

credit-crunching 紧缩信贷

Deflation 通货收缩

E-business 电子商务

Euro 欧元

knowledge-based economy 知识经济

pink-collar worker 粉领

rebuilding of stocks 吃进库存

soft-landing（经济的）软着陆

需要注意的是，任何一种语言中的新词汇都不是凭空而来的，很多都是以普通词汇为基础并遵循一定规律构成的。因此，在理解这些新词汇时必须考虑具体的语境因素。例如：

Our company has a clean balance sheet and is confident the bank will approve a loan.

我们公司的资产负债表上没有债务，相信能获得银行的贷款。

本例中，clean 的本义是"干净的"，但在本句中其具体含义为"没有债务"。

二、商务英语的句法特征

（一）商务英语的表述

与日常英语相比，商务英语的表述追求精确和严密，它的显著特征是客观公正，不带有主观色彩。因此，在句子中，人称主语的数量很少，被动语态的使用也比较频繁，而且，"无人称"的用法更突出了语篇的内涵，可以避免给人以主观隐断的感觉，使文本表现得更为客观、正式、真实可信、语气更加委婉。

例 1：Depending on the validity of a business contract, it can be divided into several categories: valid, invalid, avoided or illegal.

译文：根据其效力的不同，商业合同可分为有效、无效、可撤销和违法。

同时，如果没有具体角色进行特定的操作，或者将其表现为行为本身而非行为的执行者，则可以将动词转换成抽象的名词，从而可以反映出商务英语的严肃、僵硬的风格特征。名物化结构具有语言精炼、结构严密、表达简单，能确保客观、真实的特点，因而名物化结构越来越被人们所采用，取代了许多其他的词类，取代了许多语法。比如，The smuggling of goods for which a ban is imposed on imports or exports, which constitutes a criminal offence, is punishable by...（走私违禁物品，属违法行为，按……）

汉语属于意合语言，重视内在的逻辑关系而不是形式的曲折变化。在大多数情况下，汉语都是通过主动句的语义逻辑来表现消极的含义。即使是受事者做主语，也常用主动形式来表达被动意义。例如，"项目做好了""合同完成了"等。由于汉语中被动结构用得较少，商务翻译时，在英语的遣言造句方面，要注意其语调特征，尽量保留其礼貌、委婉、严谨等特征，并充分发挥其语用功能。

例 2：I have been recommended to your company by Mr. Charles, who has been in business with you for many years.

译文：查尔斯先生是一位与该公司有多年业务往来的人，他向我介绍了贵公司。

例 3：Your early reply will be highly appreciated.

译文：如蒙早复，不胜感激。

例 4：The workers have been given a clear mandate for industrial action over the renegotiation of employment contracts.

译文：工人们得到了明确授权，准许他们围绕就业合同重开谈判采取行动。

例 5：After the said license is approved, we shall establish an L/C in your favor.

译文：许可证获准后，即开立以你方为受益人的信用证。

（二）商务英语基本句型

商务英语基本句型是对英语语言中的句子，通过特定的研究方法进行概括后所得到的模式。这些模式是语言使用者普遍使用，并可以作为规则加以习得，然后通过对这些有限的基本句型直接生成或进行转换、扩展，产生各种不同结构的句子，从而达到交流的目的。商务英语句型结构是以动词为核心，通过词与词之间的关系组合来生成不同的类型。

1. 商务英语简单句

只包括一个独立分句的句子就是简单句。换句话说，简单句里只包含一个"主语"与"谓语"的组合，即一套主谓结构。根据动词与搭配关系的不同，商业英语的简易句可以分为主谓结构、系表结构、主谓宾结构、主谓双宾结构、主谓宾宾补结构等五类。

（1）主谓结构。

主谓结构的框架是：Subject（主语）+Intransitive Verb（不及物动词）。在主谓结构的简单句中，谓语常与一些副词、副词短语或介词短语搭配在一起且不能带宾语。

例如：

In other developing regions export volumes grew at a more moderate pace, close to that of the G-7, but gains from the terms of trade boosted the purchasing power, and consequently their imports Overall, the share of developing countries in global trade rose from 29 percent in 1996 to 37 percent in 2006.

本例的第二个句子中，share 是主语，rose 是不及物动词。

（2）系表结构。

系表结构的框架是：Subject（主语）+Link Verb（系动词）+Subject Complement（主语补语）。在系表结构的简单句中，主语补语又称"表语"。

具体来说，介词短语、形容词、名词、动词不定式或分词等都可以充当表语。

例如：

Among the developing regions, East and South Asia were clearly the most successful in increasing exports（by volume）, at rate of about 160 percent, despite a deterioration in their terms of trade.

本例中，East and South Asia 是主语，were 是系动词，the most successful 是主语补语。

（3）主谓宾结构。

主谓宾结构的框架是：Subject（主语）+Mono-transitive Verb（单宾动词）+Object（宾语）。本句型的谓语动词是及物动词或动词短语，宾语是动作的承受者或结果。能做宾语的有：名词、代词、动名词、动词不定式或从句等。

例如：

IT systems and administration, and the resulting synergies and economies of scale will produce cost savings; strengthen the financial position of the integrated market operator.

本例中，IT systems and administration, and the resulting synergies and economies of scale 是主语，第一个单宾动词 will produce 后面跟 cost savings 做宾语，第二个单宾动词（will） strengthen 后面跟 position 做宾语。

（4）主谓双宾结构。

主谓双宾结构的框架是：Subject（主语）+Ditransitive Verb（双宾动词）+Indirect Object（间接宾语）+Direct Object（直接宾语）。

在主谓双宾结构的简单句中，宾语有两个，一个是直接宾语，另一个是间接宾语，二者缺一不可。需要注意的是，直接宾语有时可以位于间接宾语之前，此时在间接宾语前应使用相应的介词。例如：

Under the agreement, American Express Bank will sell ＄630 million worth of mortgages to the HKMC Funding Corp-a special purpose company set up to buy mortgages from banks under the MBS program.

本例中，American Express Bank 是主语，will sell 是双宾动词，＄630 million worth of mortgages 是直接宾语，HKMC Funding Corp 是间接宾语。

（5）主谓宾宾补结构。

主谓宾宾补结构的框架是：Subject（主语）+Complex Transitive Verb（复合动词）+Object（宾语）+Object Complement（宾语补语）。

在主谓宾宾补结构的简单句中，宾语与宾语补语之间存在一种逻辑上的主谓关系。例如：

Investor Participants may still instruct HKSCC Nominees through the CCASS Phone System to vote on their behalf by inputting the voting instructions in respect of their share holdings.

本例中，Investor Participants 是主语，may instruct 是复合动词，HKSCC Nominees 是宾语，to vote 是宾语补语。

2. 商务英语并列句

英语的并列句主要由并列连词 and，but，or，than 等把两个或两个以上简单句连接起来的句子，各分句之间是一种平行或并列关系。概括来说，商务英语并列句包括三个类别：表关联的并列句、表列举的并列句、表让步和结果的并列句。

（1）表示关联的并列句。

表示关联的并列句通常由 and，either…or…neither…no…等并列连词将两个或两个以上的分句连接在一起。例如，In 2008, China's total export volume of juice beverage decreased to 794, 000 tons and the export value reached USD 1. 26 billion, dropping by 30. 4%YOY and 7%YOY separately.

（2）表示列举的并列句。

表示列举的并列句通常由 namely，that is，such as，for example，for instance 等词组来进行列举。例如：

Apart from the products of several enterprises such as Hui yuan, Coca-Cola and Pepsi that sell well all over China most other enterprises can only sell their products in regional markets.

（3）表示让步和结果的并列句。

表示让步和结果的并列句常使用 yet，but，hence，however，therefore，consequently 等连接词。从语义角度来分析，后面的分句是前面分句的某种结果，或者分句之间存在一定的语义冲突。例如：

It is clear that, to date, only a small number of developing countries and economies in transition are participating in the process of R&D internationalization. However, the fact that some are now perceived as attractive locations for highly complex R&D indicates that it is possible for countries to develop the capabilities that are needed to connect with the global systems of TNCs.

3. 商务英语复合句

复合句是英语中一种较为复杂的句式，由主句+从句组成。英语通常只有一个主谓或动宾结构，当两个主谓或动宾结构同时存在时，一个主谓或动宾结构只能作为从句或并列句或分词短语的形式存在。从句是从属于主句的句子，也就是主句中的一个句元；另外从句必须由引导词即关系代词或关系副词引导。

概括来说，商务英语复合句中的从句主要包括三种：名词性从句、定语从句和状语从句。

（1）名词性从句。

宾语从句、表语从句、主语从句、同位语从句、表语子句、主语子句、同位语子句等，都是从句中产生的。通常情况下，名词性从句由疑问代词（如 what，that，who 等）和疑问副词（如 where，when，how，why 等）来引导。在某些情况下，if，whether 等连接词也可以用来引导名词性从句。例如：

The Committee members discussed the issue of uses of balance of payments statistics in their various countries and suggested that further work be undertaken by IMF.

本例中，"The Committee members discussed…and suggested…"是主句，"that further work be undertaken by IMF"是 suggested 的宾语从句。

（2）定语从句。

如果一个句子在复句中作定语，则此句为定语从句。定语从句常由 which，that，whose，who，whom，where，when，why 等来引导，其中最常用的是 which 与 that。

定语从句所修饰的词叫先行词。定语从句按照定语从句和先行语的亲疏程度来划分，可以划分为限制性和非限制性两类。

1）限定的定语从句。限制性定语从句是限制被修饰的前置词的，它与前行的关系更紧密。也就是说，如果没有一个定语子句，主句的意思就不完整或者会出现逻辑错误。因此，限制性定语从句紧跟先行词，二者之间不能使用逗号。例如：

The purpose of the Joint Venture is to adopt advanced technologies and efficient management systems to produce Licensed Product which shall be of top quality and competitive in the world markets, So as to achieve satisfactory economic returns.

2）非限制性定语从句。非限制性定语从句对先行词不起限制作用，只是对被修饰语加以叙述、描写或解释，通常用逗号隔开。将非限制性定语从句删除后，主句的意义几乎不受影响。因此，非限制性定语从句与先行词之间常通过逗号进行分隔。例如：

A Hainan Airlines baggage attendant decided that his personal signature would be to collect all the luggage tags that fall off customers' suitcases, which in the past have been simply tossed in the garbage and in his free time send them back with a note thanking them for flying Hainan. A senior manager with whom I worked decided that his personal signature would be attaching Kleenex to memos that he knows his employees won't like very much.

（3）状语从句。

当一个句子在复合句中做状语时，这个句子就是状语从句。具体来说，商务英语中的状语从句主要包括条件状语从句、时间状语从句、原因状语从句、目的状语从句、让步状语从句、结果状语从句等。

1）条件状语从句。

条件状语子句是指在主句中出现的一个先决条件或前提。条件状语从句可分为两类：一类是真状语从句，另一类是假状语从句。导引条件副词是 if（如果），unless（如果不），as（so）long as（只要），on condition that（条件是……），in ease（假使），provided/providing that（如果，只要，假如），suppose/supposing that（如果，只要，假如）等。

例如：If there is a need to amend the terms of this Agreement, the two Parties will consult with a view to seeking an appropriate solution, but any amendment to this Agreement will require the consent of the two Parties' Governments.

2）时间状语从句。

时间状语子句通常是用来表达时间的连词，例如"what""before""after""while""since""until"等，用来对某一动作发生的时间进行描述。

例如：After we trove checked the L/C carefully, were quest you to make the following amendment："Partial Shipment and Transshipment Allowed."

3）原因状语从句。

原因状语从句常由 because，since，as，for 等表示原因的连词来引导，用来说明主句表达的内容的理由与根据，或说明主句动词所表示的动作或状态的原因。

例如：Because small foreign cars could be produced at less cost than the larger cars made in the United States, they captured a significant share of the American market. To compete with foreign cars, American manufacturers began to produce compacts. When the U. S. dollar was devalued on the international market the cost of a foreign car to an American buyer rose proportionately, and the American compacts could now be sold for less than their foreign competitors.

4）目的状语从句。

目的状语从句常由 so that，in order that，to the end that 等来引导，用来说明主句状态或动作的目的。

例如：An effective management will review on a regular basis whether they should continue to hold the security or sell it. Thus，in order that management's performance can be measured，it is appropriate to classify the security as other investment regardless of the period of holding and carry it at fair value in accordance with paragraph 24.

5）让步状语从句。

让步状语子句是指在某些情况下仍然会发生的情况。引出让步状语子句的是 although/though（虽然），while/as（尽管），even if/though（即使），whatever/no matter what（无论什么），whenever/no matter when（无论什么时候），however/no matter how（无论怎样），wherever/no matter where（无论在哪里），whoever/no matter who（无论是谁），whichever/no matter which（无论哪一个），whether...or（不论……还是）等。

例如：It was the biggest one-day points loss in more than two years and the second-biggest points drop ever. Although an interest rate rise in the U. S. is expected next month，analysts had not been prepared for such a dramatic fallout in HongKong this week. The index closed on Wednesday at 15. 846. 72 points and Thursday down further at 15. 153. 23.

6）结果状语从句。

结果状语从句是英语学科中的一个句型。从句常由 so...that 或 such...that 引导。

在结果状语从句主从句主语一致的情况下，可省去从句主语，从句谓语变非谓语。这时，前面的 so...就要换一个形式来陈述。so 是中性程度副词，如果从句是肯定句，那么 so 就要换为 enough。如果从句是否定句，那么 so 就要换成 too。要注意的是：enough 只能在所修饰词的后面。例：He is so old that he can go to school alone. 省略式为：He is old enough to go to school alone.

第四节　商务英语翻译的理论基础

一、功能翻译理论

（一）功能翻译理论的概述

从 20 世纪 70 年代在德国兴起的功能翻译学说是以"目的论"为中心，着重于问题与翻译的作用，体现了翻译的整体转向：由原先重视形式的语言学学派转向更加注重功能和社会文化因素的翻译观。这一转变得益于交际理论、行为理论、话语语言学、话语理论，以及文学研究中倾向于接受理论的研究。功能翻译理论大致可分为两个时期。第一个阶段是以《翻译批评的可能性与限制》为标志的，卡瑟琳娜·莱斯在其著作中提出了"功能翻译"的概念。第二个阶段是由赖斯的弟子汉斯·弗米尔提出的，其核心思想就是"翻译目的"。第三个阶段是以弗米尔"目的论"为基础的贾斯塔·霍茨·曼塔利对功能翻译理论进行了进一步的发展，并提出了翻译行为说。而克里斯蒂安·诺德，则是德国功能翻译理论的集大成者和重要提出者，在众多德国功能派学者中，第一次用英文对功能派的各种学术思想进行了全面、系统的梳理和总结，并以通俗易懂的语言和大量的例子对其进行了详细的阐释。在此基础上，她提出了"忠实"的翻译原则。

从行为学的角度出发，功能翻译是一种具有高度的目的性的行为，它被设计成一种跨文化、跨语言的交际活动；翻译是一种以原文为基础的翻译行为，它能够按照译文的意图，将原文与译文保持一致，并在一定程度上克服了文化上的障碍。它体现了翻译的目的性、交际性、跨文化特征。

翻译中存在着四大理论：语篇类型和语言功能理论、目的论、翻译行为理论、功能加忠诚论等。功能翻译是以目的为基本原则，将翻译置于行为学与跨文化交流的范畴内，从而使翻译理论由静止的符号学转向动态的功能翻译。功能翻译理论认为，目的法则是翻译活动的最高准则，所有的翻译策略都应以目标为基础。王宗炎教授曾经对此作了清晰的阐述，认为"最恰当的翻译方法，即最恰当的翻译方法"。直译、调整译法、仿译等与传统译法不符的译法均可采用。这些特殊的翻译策略与方法正好适合于商务英语的实际应用。商业文档是一种信息性的文字，它的主要作用是沟通商业信息。从功能翻译的角度来看，它能够有效地克服翻译中的"盲目性"，为商务英语翻译的教学提供了有力的参考。

1. 瑟林娜·赖斯的文本类型和语言功能理论

1923 年生于德国的瑟琳娜·赖斯，德语、西班牙语、海德堡大学、维尔茨堡大学、美因茨大学等知名学者和翻译理论家。由于长期致力于翻译研究与教学，受到奈达等值理论的深刻影响，把语用思想引入到翻译研究中，并从功能的观点出发，对译文进行了删减、增补，以达到更好的效果。在此基础上，她将功能等值理论运用于翻译批评，并提出了一种较为合理的评价标准——功能等值。赖斯指出，译文在概念内容、语言形式、交际功能等方面都要与原文进行比较，是一种全面的交际翻译；赖斯还提出了一种基于文本的语言特征、习惯、主体交际功能的概念，它可以帮助译者在一定的翻译目标下，做出正确的对等程度，并将其分为不同的类型：一是按照语篇的特点和习惯，把语篇分为工具书、讲稿、讽刺作品或广告；二是按照受试者的交流功能，将语篇分为信息型、表达型、诱导性三种，并对它们的特征和译法进行了归纳。商务英语的文字是一种信息性的文字，它的主要功能是传达信息。由于商务英语的不同，其翻译的目标和作用也不尽相同，所以商业语篇的选择也要视具体的情况而定。比如，在商务合同的翻译中，运用了功能翻译理论中的目的性原则，以保证信息的正确传递和贯彻，同时也要注意措辞的严肃性。她把语言要素分为语义、词汇、语法、文体四个层次。从语言要素的视角来看，译者应该具备以下几个方面：语义对等、词汇恰当、语法准确、风格符合。同时，她也指出了非言语因素对翻译的影响。如语境、主题、时间、地点、源语情境读者、源语作者、认知因子等。

赖斯还解释了翻译批评的限制。她指出，在实际翻译中，存在着许多主观和客观的影响。由于每个源语的创建者在写作时都有一个具体的目标，而这个目标就是目标口号。与此对应，目的语言也包含着一定的特殊作用。她也提供了很多有针对性的语言文字，例如儿童读物、简历、学术著作、文艺作品等，这些都是为特定读者而设计的。

赖斯在翻译学领域也引进了信息理论。赖斯把这一现象称为"无意改变"，是由于译者的能力和语言结构的差异导致的信息丢失；而在目标标语中实现源语文字功能的转化所导致的信息丢失，则被称为"有意改变"。在平等的问题上，她的反应要灵活得多。源语在目标语中的作用可以通过适当的删节和增补来达到最大程度的转化。然而，他们过于注重语言，忽视了文化和译者等因素的作用。

2. 汉斯·弗米尔的目的论

汉斯·弗米尔的"目的论"是其理论的中心，其理论核心在于，翻译中所采用的翻译方法和策略取决于译文的预期目标和作用，这是基于行为学的理论而提出的。费米尔认为，翻译（即口译与笔译）是一种有目的性的行为，而译文的目标接受方则是决定译文目标的关键。翻译必须遵守目的原则、连贯原则和忠实原则。目的说是功能翻译理论的中心内容。"目的论"认为，翻译活动的基本原则是目标原则，而翻译活动的目标又决定了翻译活动的全过程，也就是说，翻译目的决定了翻译的方式。翻译目标有三种：一是翻译目的（例如挣钱）；译文的传播目标（例如启发读者）和特定的翻译方式（例如，通过其结构来解释特定的语言的语法结构），但是"目的"往往是指译文的交流目标。从目的论的功能翻译理论可以看出，任何类型的翻译都有其特定的目标。因此，翻译的目标是决定翻译行为的首要因素，而翻译目的又是以何种目标为基础的。从本质上讲，功能翻译理论的目标就是交际活动所必须的。

弗米尔认为，原作只能作为"信息供源"，只能为翻译任务提供必要的资讯，而非唯一或最高的评估标准。译者根据译文的意图选择所含的资讯，能否与原文保持一致，取决于译文的目的，而对原文的忠诚度仅是一种可能。译者处于两个极端的位置，它遵循着目标文化行为和预期，用目标文化的方法来表现原语文化的特点。翻译目的实现的可能性取决于目标文化的条件，而不是原语文化。

3. 赫尔兹·曼塔利的翻译行为理论

曼塔利首先提出了翻译行为的概念，并对各种跨文化的转化进行了讨论，重点讨论了翻译过程中的行为、角色以及所处的环境。曼塔利认为，翻译行为是一种具有目的性、交际性和跨文化性的翻译活动，它是一种特定的翻译活动。翻译与翻译行为是两种不同的概念，翻译行为是为了完成跨文化、跨语言的信息传递；而翻译仅仅是一种跨文化交际的活动，即交际中的语言符号或非语言符号（或二者皆有）的转化。翻译是指在翻译过程中进行的特定操作。翻译本质上体现了三种类型的翻译：目的性、交际性和跨文化性。它从译者的角度解释了翻译活动，从而使译文从原始语言的限制中解脱出来。

4. 诺德的功能加忠诚理论

诺德从翻译的文本、翻译方法、翻译单位等几个角度对翻译进行了论述。功能加忠诚理论说，译者要对翻译各方承担起责任，并协调好双方的关系，把翻译看作是译语与原语之间的联系，并按照译文的意图或功能需求来具体实施，以确保在客观上存在着语言文化障碍的交流行为。诺德将文本与译文按功能分为两类。文章具有四大功能：指称功能、表达功能、诉求功能和寒暄功能。不同的语篇功能模式是翻译教材编制与课程设置的依据。诺德区对翻译的作用和译文的作用进行了划分，归纳出了两种基本的翻译方式：记录式和工具式。摘要式翻译的目的是利用目的语创造一种能够真实地反应原文交流的文本，从而使原语文化中的信息传递人与接受人能够在原语文化背景下通过原文进行交流。工具翻译是目标语文化中的一种独立的信息传播手段，它能在不注意到外来语言的情况下，达到交流的目的。

（二）功能翻译理论的基本原则

1. 功能翻译理论的连贯性原则

语篇连贯是功能翻译理论中的一个基本原理，它的重点在于连贯。译文必须与篇章内的连贯性相一致，而译本中的文字和内部意义也必须保持一致，这样才能让译者更容易地了解译文。商业英语的一个重要特征就是要保证其连贯性，这不仅表现在文字上，而且表现在译文的内容上。本文认为，"连贯性"原则主要是指译文内部及其与译入语文化的联系，以及"忠实"原则可以使译者更好地发挥其功能。商业语篇具有独特的特点，强调语篇的连贯性。这主要体现在其撰写过程中，要遵循一定的规范，采用比较规范的专业术语。因此，商业翻译的忠实程度也体现在：译文要用准确的词语，保证文章的简洁和严密，与原文的用法和整体意义、礼仪态度相符合。它要求译者在翻译时能够准确地运用商务语言，并尽量降低翻译过程中的错误。

2. 功能翻译理论的忠诚性原则

忠实原则它是指翻译文本与原语文本的关系，即翻译文本应当忠实于原文，但其忠实程度和形式则依赖于翻译目的以及译者对原文的理解。忠诚度的原理和一致性原理相似，但也存在着显著的区别。一致性原则是指译文和原文的内部意义相一致，保证译文的连贯性，而忠实性则是指译文的连贯性，以保证译文与原文的原意相一致。因此，在翻译过程中，译者必须保证原文的内容，并认真负责地对待译者和读者。但是，这种忠实并非是要译者按原文的意思去做，而是要依据译者对原文的理解来进行适当的调适，才能使译文达到预期的效果。在商务英语中，忠诚度原则也应该体现为：译文必须具备一些商业专业术语、语言严谨、简洁、逻辑，从而体现出译文的整体性、专业性、规范性等。商务英语的忠实性是指严格地要求译者使用专业术语，提高译文的精确度，以保证译文的真实性。

3. 功能翻译理论的目的性原则

商务英语翻译就是根据特定的需要，把译文的原文以英语形式表达出来。商务英语翻译中的目的性原则是指对译文进行有选择地翻译，而不是对整篇文章进行全文的翻译。作品原本和译本在内容和传播功能上具有相同的功能。它既能有效地提高翻译的效率，又能提高译文的质量。在翻译活动中，目的原则是翻译活动必须遵循的基本原则，而翻译方法和策略的选择决定因素在于目的。目的论将翻译行为的目的分为三类：翻译者的目的、译文的交际目的和使用某种特殊翻译手段所要达到的目的，其中译文的交际目的最为重要。事实上，在功能翻译理论中，所有的翻译都具有特定的目标，从而使文本发挥其应有的作用。翻译的目的是决定翻译过程的一个重要因素。在商务英语翻译中，译者应自觉地从文本中选择所传达的各种信息，以提高译文的质量，达到预期的目的。商业文本的实质在于建立关系桥，达到与原文内容相对应的目的，有助于达到语言表达的目的。因此，如何有效地传递信息是商业语篇的核心问题。

(三) 功能翻译理论的意义

首先，从功能翻译的角度来看，翻译具有目的性、交际性、跨文化性。它以目标论为核心，以跨文化交流与行为理论为依托，使译文从静态到动态的转换，最终达到了预期的效果。强调翻译中的概念意义，认为翻译的过程包括原语文本和译者的图式文本和译语文本。

其次，"功能主义"的翻译理论指出，在翻译过程中，应同时兼顾翻译目的和译者的目的。在功能翻译理论的指导下，主要将翻译的目的性放在首要地位，而功能翻译理论则更注重翻译的文化作用。翻译理论认为，翻译必须以翻译的目的为中心，在翻译过程中，要保证译文与原文之间的信息传递，以保证不同文化之间、不同语言之间的沟通。

最后，翻译理论从翻译的角度出发，将翻译视为翻译过程中的一项重要内容。这一理论突破了以往对译文的单一分析，将研究重心从对原文的"对等"转向对译者的关注，突破了传统的"等值"理论，提出了一种全新的"动态化"的新思路。这使得翻译具有目的性、交际性、跨文化性和语篇生成性，实质上是一种目的性的行为功能翻译理论在中国的广泛接受和传播，并对我们的翻译产生了深远的影响。这为我们以后更好地进行翻译研究提供了有益的启示。

商务英语的文本往往牵涉到多种经济利益，因而需要大量的译文。从功能翻译的观点来看，商务英语的翻译可以分为语用型、文化型或特定语体；从语体的类型上，可以分为公体、广告体、契约体、应用体等；从功能翻译的观点看，不同文体的侧重和风格也不尽相同；商务应用语言的翻译，应注意某些约定的说法，入乡随俗；商业广告的翻译要考虑到其劝说的功能与目的；商务信件的翻译要注意礼貌和正确用词；商务合同的翻译要做到通顺、完整、准确。通过对各类商业语篇的翻译特征的分析，可以为我们提供更好的译法。但是，由于商业语体的复杂性，在实际的翻译实践中，不同的商业语体都是按照具体的、符合实际情况的标准来进行的。

二、交际翻译理论

（一）交际翻译理论背景

纽马克是英国著名的翻译教育家，也是一位著名的翻译理论家，他于 1981 年在其著作《翻译入门》中首先提出了"意义"与"交际"的概念。他认为，"交际翻译力求让译者在译文中所获得的感觉尽量接近于原译者的感觉；而语义翻译则力求在译语的语义、句法结构允许的前提下，尽量精确地重现原文的语境含义"。因此，语义翻译是指在目标语的语言结构和语义许可的前提下，将原著者在原文中所传达的意思以其原语的形式重现，并使译文与原文保持密切联系。语义翻译注重原文的形式和原创者的思维，而非译文的上下文和表现，更没有考虑译文的文化背景。语义翻译是指文学、科技文献以及其他把原文视为与文本内容同样重要的文体。而交际翻译的目标就是要用合适的语言来表达原文的意思，也就是说，要做到让译文对目标语的读者起到与原语读者同样的作用，其核心就是要按照目标语的语言、文化和语用的方式来传达信息，只把原文的形式看作是译者必须考虑的一个方面，译者可以更好地理解原文，而不能完全照搬原文的文本和原文的格式。因此，交际翻译学提倡既要尊重原文的原意，也不能完全依靠原文的词句对照，而要恰当地传达出原文的本质，使读者更容易理解。

纽马克认为，交际翻译理论可以促进译者所见的译文与译者的语用效果相一致，这就是，一方面，交际翻译理论的核心是依据目标与语言环境、语言特征、语用方式等因素来传达信息，而不是简单地按照意义进行文本的转换和复制。另一方面，将交际翻译理论运用到商务英语的翻译中，可以促进译者在翻译过程中尽可能地做出自己的风格、排除歧义、翻译原文、正确地改正原文中的错误。这样，译者就可以在突破原有的限制的前提下，理解原文的意思。

纽马克在上述两个基本概念的基础上，对两者的运用进行了深入的探索。纽马克提出了"表达功能""信息功能"和"呼唤功能"三种语言的功能模式。纽马克认为，在翻译过程中，应根据文本的性质来选择，即纯粹的文学文本，或具有高度艺术性的文学作品，如自传、书信、小说、诗歌等，只要能反映出作者和文本本身，就是一种表现形式；而有的则是为了表达文章的内容，传达相关的知识与信息，属于信息性的，这类文字对内容和写作形式的要求较为严格，在大多数领域中都能适用；召唤式文本的主要目标是获得读者的回应，将读者与作者之间的关系紧密地连接起来。纽马克认为，在语言表达式的时候，应该采用语义翻译，而在信息和召唤的情况下，交际翻译更适合。

通过对这些问题的分析，我们可以看出，语意翻译更适合作为一种语言类型的文本，因为它是以语言为中心的。而资讯类文本的翻译则以客观事实为中心，译入语很关键，交际翻译则更为适合。召唤类文本的目的是激发民众的情感，所以交际翻译是比较恰当的。

交际翻译的内涵对实际工作有很大的帮助，这是由于其深厚的文化底蕴，才能准确地表达出两种不同的语言。然而，在实际的翻译中却有一个"瓶颈"，那就是严格地按照语义进行翻译，所产生的译文僵化，甚至是言不由衷。为了打破目前的壁垒，我们需要在传播层面上进行大量的收集和研究，并将其融入到自己的语言中。

（二）交际翻译理论的内涵

交际翻译的目的在于解决阅读过程中遇到的问题，确保交流的顺畅。纽马克将文本分为信息性、表现性和呼召性三种类型，并强调在原文或译文进行翻译时要与原文紧密联系。语义翻译理论着重于再现原著者的思维活动，更注重译文的内涵，并以短句来表达原文的词汇、词组等；而交际翻译理论则恰恰相反，它强调译文应符合目的语篇，并重视译文的作用。在翻译过程中，交际翻译的基本原则是以篇章为基础，以目标语为中心，更多地关注读者对译文的理解以及对译文的反应。在交际翻译中，原文形式仅是部分考虑因素，有较大的自由去根据目的语文化语境去解释原文给目的语读者。作为文化交际的桥梁，译者有其翻译目的，有特定的目的读者群，因此，译文必然会打破原文的局限。即使翻译难度较大、专业性较强的语篇，交际翻译也会较多地使用通俗词汇，这样，翻译出来的译文就会变得简单、清楚、规范、自然，与具体的语言领域和文化交流目标相一致。

"在翻译上，我只建议了这两种方式，它们都适用于所有的文字。"在交际翻译中，译者使用目的语来达到与原文相同的目的；在语义翻译过程中，译者要在目的语的语法和语义上尽可能地表达出原文的真实的上下文含义。纽马克认为，在交际翻译过程中，目的语篇的作用应该尽可能地与原文相近。由于交际翻译只关注其结果，而不关注其具体的意义，因此，在进行交流时，必须要做到对目标语言和目标文本的读者忠诚，使原文与目标语的语言相一致，不能让人有任何疑问和晦涩之处。在语篇的翻译过程中，译者应对原文忠实，并与原文的语言相一致，仅在对原文内容含义的认识上遇到问题时，再进行阐释。纽马克把文字按其作用分为不同的类别。在他的《翻译探索》中，他把语言大体分为三个功能：表达功能、信息功能、传染功能。他把文本分为三大类：情感文本、信息文本和传染文本。他主张，在译文中，译者应该采用多种译法。

纽马克于1994年出版的《关联翻译法》中正式提出了一种新的翻译理论——关联翻译。关联翻译是由两个关联命题和一个附加命题构成的。"源语的语言愈重要，译文愈接近原文。"不过，如果原文作者与译者的意图相同，则存在另外一个命题；"重要"是指特定的价值、意义和永久性，而不考虑源语的重要性。准确地说，在不改变原文的含义的情况下，它的重要性取决于使用者的要求，原文的价值，作者的社会地位，语言的词语，成语，固定的搭配，文化或法律的词汇。从词汇、语法、篇章三个层次来看，"接近式"与直接译法有异曲同工之妙。关联翻译是纽马克一贯坚持的翻译理论，它是对语义和交流的一种新的发展和补充。

纽马克认为，不同的语篇有其不同的译法，而他的语篇分类理论则"开启了对翻译标准问题的新视角"。在广告翻译过程中，首先要注意的是在目标语言中传递相同的劝说说服力，以确保译文和原作的相同，激发译者的想象力，从而达到最佳的宣传效果，吸引顾客。这个过程就是以"召唤"为核心的文本，准确地说，就是所谓的"交际翻译"，目的就是要把译文融入到译者的文化和思想之中，从而达到广告应有的效果。原语广告中有很多和民族文化息息相关的词汇，如果直接翻译为译语，很容易让人产生误会，所以要考虑使用交际的方式，而不是使用意义的。举例来说：中国人历来认为"凤凰"是一种吉祥的生物，"龙"象征着高贵，象征着皇室和权势，所以才会有"龙凤呈祥""望子成龙、望女成凤"之类的说法，更多的是表现出中国人内心深处的一种美好的愿望和渴望。"凤凰"在西方人眼里意味着"再生"，"龙"代表着邪恶、暴力、怪物，《坎特伯雷故事集》中的怪兽，都是以巨龙为代表的。但许多不理解中西文化差异的商家喜欢在他们的产品上印龙、凤等符号。比如上海凤凰牌自行车，其商标始终被翻译成"phoenix"。汉语的意思是"吉祥、如意、优雅"，但在英美国家，只要一看，就会"死而后生"，产生一种尴尬的联想，让人"死里逃生"，或者说，一场浩劫即将来临。这种意义的翻译不适合用于具有巨大文化意义的词汇。所以，如果不顾及译语的文化背景，直接翻译必然会导致译文接受方的误读，从而造成消极影响。由于不同的语言表现方式和不同的文化背景，英语广告与汉语广告都具有各自的特点。因此，在翻译过程中要考虑到不同的文化背景和不同的民族心理。我们在肯定纽马克学说的同时，也要注意到某些具有文化意义的词汇。纽马克把译文分成几种类型，并对其进行分类，使其在文学翻译、非文学翻译等方面有了新的认识，解决了理论与实践上的问题。尽管在翻译中存在着一些特殊的现象，但总体上，"语义翻译"与"交际翻译"都会因译者的目的而不同，"两译"并不会互相影响，相反，它们是互补的，以再现原文的信息。

（三）马克交际翻译理论对商务英语翻译的启示

商务英语的特点，使得商务英语的译文具有一定的特殊性和复杂性。商业英语的成功，除了要有渊博的学识外，还必须有专门的译者的理论。纽马克的交际翻译思想为商业英语的翻译提供了有益的借鉴。交流翻译的理论需要一个好的译员，既要有渊博的学识，又要有丰富的原语和深厚的语言基础、足够的随机性。

1. 坚持译词准确、严谨

商务英语的专业性特点，使其在商务英语中使用正确的词汇是首要条件。商务英语的准确与否，不能仅仅局限于表面的含义与形式的对应性，而要体现出更深层次的含义，或者准确地表达其本质。商务英语是一种特殊用途英语，其在运用中使用了大量的专业术语和缩略语，这对于商业英语的经济特性和工作效率的提升有着很大的帮助。然而，在商务英语翻译过程中，若不懂得商务英语的这一特征，没有掌握一定的商业知识，采用"词对词"的方式，往往会导致与原文截然不同的效果。例如：人们经常将"白酒"译为"white wine"，这种译法乍一看没什么问题，但稍懂英语的人都会发现，"wine"这个词在英语中通常是用水果酿制的，例如苹果 wine，而在"wine"这个词以前，没有任何水果的名称，它就是用来形容葡萄酒的。从这一点可以看出，在商务英语中，必须保持高度的精确性。

2. 合理调整文化不对等现象

我们都知道，中国和西方国家的文化差异很大，文化上的错位是很常见的。交际翻译理论认为，翻译是为了让译文能恰当地传达原文的意思，使译文和译者都能得到同样的结果，从而达到正确的交流目的。所以，面对不同国家的文化差异，商务英语译者应该认识到这种差异，并进行相应的调整，以实现不同国家的文化信息的弹性等值。在现实生活中，我们经常会发现，不同的文化背景下，人们对同一个词的理解是完全不同的。例如，"大白兔"奶糖是国内的一种知名品牌，深受广大消费者的喜爱，"白兔"又是一只可爱的小动物，受到了国人的欢迎。但是，如果我们将这个牌子的乳糖翻译成"White Rabbit"，然后卖到澳大利亚，那么效果就不那么理想了。澳大利亚人认为，兔子是"害虫"，他们四处挖掘洞穴，毁坏草地，抢夺牲畜，严重影响了农业生产，因此，人们对兔子深恶痛绝，对用兔子做商标的产品也十分反感。因此，在翻译此类动物的名字时要特别注意，并对其作适当的修改，以免给译者带来负面的影响。

另外，在词汇的使用上，要注意到各个民族对于词汇的含义的理解。比如，在国内许多广告中，尤其是某些饮料和食物的广告中，经常会出现"老少皆宜"这一词，而忽略了英美国家的风俗习惯，而把它译成"suitable for both the old and the young"，这是一件十分有害的事情，因为西方人都十分惧怕 old。所以，我们可以把这个词改成"suitable for grown-ups and children"。

3. 不断充实商务专业知识

与一般的英语翻译相比，商务英语涉及的领域非常广泛，因此，它的翻译要比一般的英语更难。商务英语是一种特殊用途英语，它的语言具有很强的职业特征。准确地翻译商务英语的先决条件是要有一定的专业知识，能够从商业英语词汇和句子的表面含义中，了解商业英语的含义。交际翻译理论认为，优秀的译文应充分尊重译者的理解，并在突破原有的格式基础上对译文进行合理的重组。而在商业英语中，要想达到这一目的，就需要译员具有广博的商业领域的专门知识，才能保证对原文的正确理解，并能灵活地处理译文。因此，商务英语翻译员必须要熟悉英语中的某些特殊词汇和句型，并熟悉其使用的某些固定的表达形式。成功的商业英语译员，除了掌握一些基本的翻译技巧之外，还需要不断地进行自我积累和记忆。

4. 保持原文与译文语义的信息对等

在交际翻译理论中，翻译的首要目标就是要把信息精确地传递出去，所以在整个翻译过程中，所有的事情都要为译文的整体效果服务。在商务英语中，译文的基本要求是保持原文和译文之间的对等，而这种对等必须是深层的信息等价，因此，译者必须对特定的信息进行必要的加工。而在商务英语中，由于直译而产生的信息不对等的问题，在许多方面都存在着。例如，我国许多被列为"二级企业"的公司，在对外宣传中，将"二级企业"改为"State Second-class Enterprise"，这是一个很好的例子。然而，英语里的"Second-class"一词却包含着产品质量低下、不符合标准的意思，这与他们想要传达的信息相差甚远，而且会对自己的形象造成不良的影响。如果把它翻译为"State-level II Enterprise"，更符合外国人的习惯。因此，在商务英语中，译者要注意字斟句酌，避免大意，以免造成严重的错误，使原文和译文之间的语义信息相等。

（四）交际翻译理论在商务英语翻译中的运用

随着经济一体化的发展，各国之间的政治、经济和文化交流日益频繁，商务英语的翻译在文化交流中占有举足轻重的地位。通过运用交际翻译理论，可以帮助译者转变思维方式，及时准确地表达原文的意思，让各国参加商务活动的人员能够真正体会到自己国家的文化，从而为双方的合作打下坚实的基础。交际翻译理论非常注重商务英语的深层翻译，提倡从表里到外的翻译，语言的表层含义可以用语义对比来表达，而其背后的引申义则是以交际的需求为基础，掌握词汇跨文化翻译的要点。在商业英语中，通常可以从语义翻译中得到表意，而在深层意义上，则必须以交际翻译理论为依据，正确地把握翻译要点。随着经济一体化的深入，各国之间的文化、政治和经济交流日益频繁，商务英语的翻译就显得尤为重要，它需要将人们的语言、含义、思维方式等进行适当的转化，以使其他国家的人对他们的文化表示尊敬，同时也可以理解他们的语言，与他们进行友好的交流。所以，在商务英语翻译中，适当地运用交际翻译理论，可以使人们更精确地表达情感，并在交流中搭建起一座桥梁，起到积极作用。

1. 交际翻译理论在商务英语翻译中的直译应用

将交际翻译理论运用于商务英语并不等于否认其重要性，而是将交际翻译理论的直译运用于商务英语中。商务英语的直译有两种类型：直译和读音直译。

（1）直译的意思。意思直译是根据原文的语法和词汇结构直接进行的，没有其他翻译的调节。中西两国在许多方面都有哲学上的一致，因此，他们的语言表达方式也是相通的。举例来说，中国人世世代代传承下来的教育观念，就是"好好读书，每天都要进步"，英文的译法就是"Good good study, day day up"，这是一种充分尊重学习与勤奋的客观法则。

（2）读音直译。英语中的一些词是由语音转化为中文的，在商业活动中经常被使用。举个例子，当中国人与外资企业共同建造一个活动沙龙时，"salon" 这个单词就被直接译成了"沙龙"，这与英语沙龙的翻译方式相似。运用交际翻译的直译，可以创造出一种独特的意境，尤其是在跨文化的交往中，既能保持自己的民族特色，又能使另一国产生一种独特的文化魅力，从而促进双方的商业交流和合作。

2. 交际翻译理论在商务英语翻译中的意译应用

商务英语翻译中，交际翻译理论的意译就是要了解原文的精神本质，并将其转化为意象。通过对原文的内涵的了解，对内容进行意象化，以达到传达信息的目的。英语和汉语有许多类似的表现形式，比如英语中的一些东西和动作，都会用到隐喻。假如碰到英语中含有隐喻等技巧，采用直译的方法将无法取得良好的效果，从而阻碍交际。例如，He was born with a silver spoon in his mouth 一句，如果直接翻译成"他出生的时候嘴里含着银匙"，显然不合逻辑，这一概念较过去更为完善和科学，这样的翻译很难理解。而交际翻译理论在意译中的运用，可以通过比喻的方式来联想、翻译，使人们真正地理解原文所要传达的意思，实际上，含着银汤匙出生的人，天生就是富裕的。在一般的英语语言中，出现语音、语言表达不清是很常见的现象，运用交际翻译理论对其进行适当的调整，可以起到事半功倍的作用。

3. 交际翻译理论在商务英语翻译中的转译应用

在商业英语的翻译过程中，交际翻译的直译和意译的使用和表达都比较容易理解，而对于转译，则要求译者具备更高的技术水平和更广泛的文化底蕴，从而更好地理解原文的意思。所谓"转译"，指的是把原文中的句子或单词所描写的东西转化为另一种语言，并加以适当的修改，以达到中西文化的交流。比直接翻译和意译要困难得多。比如中国紫禁城，就是中国最具代表性的历史文化遗址，也是著名的旅游景点，受到了国内外游客的青睐。不过，在英语里，紫禁城被译为 "Forbidden City"，这不是一种直接的翻译方式，因为它没有被翻译，但也不是意译，如果是意译，那就不应该把它们联系在一起。所以，这种翻译方法可以充分地运用紫禁城的表达交际翻译理论，将一件事情转化为另外一件事情加以描述，将静态和动态的相互转化，从而实现信息的传递和理解。

比如中国谚语"亡羊补牢，为时未晚"，起源于羊被狼群咬死后马上补羊圈的寓言。这个习惯用法在英语中被译为"马"，也有人把"羊"译为"马"，还有人把它译为 "never too old to lean, never too late to turn"，也有人把它译为 "never too old to lean, never too late to turn"，它不能直接翻译，也不能用比喻来表达。运用交际翻译理论，使译者的思维从静止状态转移到了动态的思考，从书写到实际的情境，以商务英语中的默契为目标，使译者能够在文化的积淀下，以敏锐的头脑去理解原文的本质。

三、功能对等理论

（一）奈达的"功能对等"翻译理论

美国著名的翻译理论家奈达认为，"翻译是指译语从语义到风格，以最恰当、最自然的形式来表达原文的意思"，奈达在《翻译理论与实践》中解释说，最接近的自然对等是指意义和语体。他在论文中说动态对等就是利用接收语言，以最接近原语资讯的方式，即第一个意义对等，第二个形式，译文接受者的回应，就是原语的回应。他认为，翻译是一个分析、转换、综合的过程，在意义和风格上，应尽量利用译语中的原语信息，使原语和译文在原文和译文之间的动态等价关系成为可能。虽然"最接近的自然等值"这一概念较1964年更为完善和科学，但"第一个意思相等，第二个风格相等"的表述很容易被人误解为"内容上的等值优先于形式上的等值"。奈达在 20 世纪 80 年代后期把动态对等扩展到了功能性对等上。"功能对等"理论的中心思想是，译者对译文的反应和译文读者的反应大致相同，并把它界定为："翻译就是用最接近的、最自然的对等语言来表达译语的信息，一是语义对等，二是形式的对等。""对等"是"动态对等"与"功能对等"的基本原理。在一般英语中，尤金·奈达所提出的"四个对等"的含义是：原文的语义信息与译文的语义信息相等、原文的文体风格信息与原文文体风格信息相等性、原文文化信息与译本文化信息对等、原著的读者反映与译本的读者反映对等。

在功能对等理论中，他把对等划分为"动态对等"与"形式对等"两种类型。格式对等就是围绕着原作，尽量表现出原作的形式和内容，而译语所包含的信息则要与原语中的各种要素相对应。奈达的形式对等，是对原文的形式进行严格的复现，即"逐字翻译""死译"。奈达自己也不提倡形式上的对等，他相信，严格地遵循形式，必然会损害其内容。动态对等包含词汇对等、句法对等、语篇对等、风格对等四个方面。作者认为，译者应该尽可能地使原文和译文达到最自然、最贴切的等值，第一是语义相等，第二是风格相等，而不是照搬照抄。同时，功能对等理论也强调了文化的价值，翻译工作者在翻译过程中要尽可能地克服两种语言之间的文化差异。另外，奈达还提出了一种将译文读者和译者的反应相比较的新的评估准则。奈达的翻译理论对于当代翻译理论的发展有着重要的指导作用。

（二）功能对等翻译理论内涵

奈达认为，翻译的第一要务就是要把信息的内涵翻译出来，也就是要把原文的意义翻译出来。所以，"翻译中优先考虑的是语言或语义信息的翻译"。如果不同的语言在形式上存在差异，为了保持原文的内容，在翻译过程中必须修改它们的格式。由此可见，在译文中奈达最关注的是读者的回应和信息的传达。"信息"指的是语义、文体、意境、心理作用等多种信息。当原语的文本信息被传递到读者的时候，译者就成为原语的读者，然后，翻译人员把所获得的信息传递给目标读者，从而形成了两种信息。功能对等强调的是读者的反应，以最接近、最自然的等值语言来表达原文的信息，使译者与原作者的阅读水平相同。

奈达在"对等""信息""意义""风格"等方面都着重强调了翻译在语言中的作用，"翻译即交流"，力求在原文与接收语之间实现"对等"。其"信息"包含了"意义"与"风格"，重点在于传达的层次，其本质在于突破了传统的翻译准则。他将翻译视为"语际交际"，即从交际学的角度去看待事物。交流至少应该包括三个方面：来源、内容，以及信息的接受者、说话人。他说，一个典型的译者经常会想象到，坐在书桌的另一边，一边听着他们的翻译，一边看着屏幕上的文字。这就好比某人在聆听或阅读一篇译文，而翻译并不只是寻找与其相应的词汇和句法。这样，译者才会更加自觉地认识到"译即译意"这个真理。

奈达"功能对等"理论的出现，为翻译学的发展做出了巨大的贡献。首先，他对翻译质量的评估提出了新的标准。他认为，译文的精确性取决于一般读者对原文的正确理解，即将译文的读者反映和译者的反映相比较，以确定二者是否能最大程度地对等。其次，他所提出的"最恰当、最自然的等值"的原则与"忠实"的传统准则有很大的区别，因而对译者的要求也相应地提高。由于"忠实"仅以原文本为基础，"对等"原则应兼顾原文本，同时兼顾译文与译文读者。最后，他对翻译的理解有了新的视角。传统的翻译理论认为，翻译是一个单向的、线性的过程，也就是译者—译文；奈达则主张，翻译也应该包含译者对原文的理解与评估。应该注意的是，奈达的学说也有许多可供探索的地方。首先，他的译学理论源自于他的翻译实践，所以他的翻译准则并不能完全适应各种文本。在文学翻译中，译者往往难以或不必时时顾及读者的感受。由于阅读人的文化素养、价值观、审美体验和情感体验等各方面都有很大的差别，因此，在不同的时代，不同的读者对同一部作品的理解也会有很大的差别。即使是原作的读者，对原文的解读也会有很大的差异，更不用说是来自不同文化的读者了。所以，不能以读者的反应来衡量翻译作品的好坏。其次，他的功能对等理论在一定程度上是一种跨文化交际。他主张，在翻译过程中，应尽可能地运用译者所熟知的语言，以取代难懂的或容易引起歧义的语言。其实，不同的文化是有差别的，而翻译也是为了增进文化的沟通。保持某些原语的表达方式，有助于读者更好地理解和丰富自己的母语。

奈达的理论可以概括为"功能性"，奈达强调"读者反应""贴切""自然"，他认为"形式"和"意义"是"两个相对的"，所以他反对"形式对等"，而提倡"功能对等"。尽管奈达提出了"形式对等"和"功能对等"，但是他真正提倡的是"功能对等"的翻译，并将其应用到各种文本的翻译中。奈达重视读者反应，提倡用接受语言的习惯来取代原文中的外来文化，即提倡"归化"。奈达以现代语言学、社会语言学、社会符号学、交际学、信息学等为指导，以一种与传统的、新颖的方式，深入地讨论了翻译理论与实践中的各种问题，为进一步完善翻译理论作出了有益的贡献。

（三）"功能对等"翻译理论在商务英语翻译中的应用

1. 语义对等优先论

在商务英语翻译中，应把握商务英语翻译标准，以奈达所提出的功能对等理论为基础，根据具体语境采用不同的、适合语境情景的翻译方法。由于商务英语用词表意准确、专业性强，所以它在国际贸易、金融、市场、保险、货运和法律等方面都有广泛的应用。如：blank endorsement（空白背书）、real estate（房地产）、standby credit（备用信用证）、market share（市场占有率）、letter of guarantee（银行担保书）。

另外，还有一些词汇在经贸英语中的含义完全不同于日常英语中的含义，这时就需要翻译者用对等的语言信息进行准确翻译。如：

The company has increased its equity to 70 per cent, and has tripled its initial investment, and is now expanding its range of products and production capabilities to meet the increasing demand.

"equity"在句子中的含义一般是"公平、公正"，但是在该句中如果用此含义不成立，若译者了解此词在金融市场上专指企业资产中所占的股份，那么此词语的翻译便成了"股份"。"initial investment"也不能直接翻译为"一开始的投资"，而应该译为"先期投资"或"预付款"。因此该句应该翻译为："为了取得对合资公司的控制权，公司将其合资公司的股权增至70%，这使得前期投入翻了一番，并且目前正扩展其产品的种类和产能，以满足日益增长的需要。"对于商务英语翻译中遇到的词汇来说无论直译还是部分直译，只要译文与原文所传达的信息相同，便都达到了功能上的对等。

2. 文体风格对等论

商务英语中的多样性需要译者对不同风格的语言特征进行深入的分析，并对其进行适当的翻译。商务英语的函电、法律、广告等都有自己的特点，因此，在翻译过程中要注意它的语体信息，也就是要把原文的文体信息和译文的风格信息联系起来，例如，信件的开头一般是"Dear Sirs"，而按照等译的原理，可以译为"Dour Sirs/Your faithfully/Yours sincerely"，而在邮件的结尾处，一般要用"Yours faithfully/Your faithfully/Yours sincerely"，即"……启"来表示，因为中文和英文信件的格式都差不多，因此，一些俗语可以用套译的方式来表达，从而充分地反映出原文的风格和语体的信息。

例如：The shipping documents for this shipment are in our possession, and we should be glad if you could arrange for delivery.

译文：我公司已有货运单证，请安排人来提货。

商业信件中的简单句、并列句、短句等，在译文中要做到简单、明了。而在翻译契约时，又要用词严谨，才能形成具有法律文本特点的保险与稳定。为了体现法律的威严，译成中文时，不能拖泥带水，不能冗长，不能复杂，要保持原文的威严和言简意赅，要符合中文的法律规定，特别是在法律英语的翻译中，译者必须遵守"文风相等"的原则，不要胡乱堆砌华丽的词句，否则会适得其反。

3. 文化信息对等论

道勒拉普在全球化的大背景下，通过对各种因素的分析，认为我们对翻译的认识是建立在对某一语言的观察基础上的，并不一定适合其他国家或区域的语言。在翻译过程中，翻译工作者所面对的最大问题是，文化地域语言中的一些文化要素不能被移植到目标语言中。同时，为了达到沟通的目标，有时还需要在目标语言中添加一些信息。文化信息的传播，主要是通过翻译来理解其他国家的文化，从而达到文化信息的等值。我们可以遵从奈达的"功能对等原理"，在此，"对等"不能被视为数学上的等值，而只能是近似的相等，也就是基于功能对等的接近程度。他认为，翻译的目标应当是在信息内容、说话方式、风格、文风、语言、文化、社会因素等方面实现对等。要实现这种对等，就需要在翻译过程中做出相应的调整。

第一，在形式相近的译本中，若对所指含义有误，则应对译文作一定的修改，并应保留其直译，但应在译文中加上注解，以说明其可能引起的歧义。

第二，如果翻译得比较接近，会使译文产生错误的联想含义，使读者对原文文体的正确理解产生很大的影响，因此，对译文作适当的修改，以体现其联想的价值。举例来说，中国著名葡萄酒"杜康"被译为英语，通常都是根据读音译作"Dukang"，英语国家的读者，见到英语的标志，只会联想到葡萄酒，却不会联想到"杜康"这个中国历史上著名的酿酒大师，更不会将"杜康"和"好酒"联系在一起。因此，"杜康"这一品牌的文化内涵并不是完全等同的。然而，在实际的商业活动中，我们可以把"杜康"作为英语的标志，加以希腊酒神的名号，其文化讯息的对等程度，肯定要远胜于直接翻译"杜康"，因为它能让西方人更多地联想。

第三，一篇文章要有相应的语码，这就需要在音位、词汇、句法、篇章等方面进行一系列的调整。比如，在中国，蓝天牌牙膏就是一个老品牌。"蓝天"给人们带来了"洁净、清新"的联想，中国消费者自然会喜爱它。但是，它的英语名称 Blue Sky 却具有更多的语用含义。如果是美国的话，那么它将不会被消费者所接受，因为在英语的国家，蓝色意味着阴沉，而 Blue Sky 则意味着美国人无法收回公司的债务。单就消费心理而言，这种商品就有一种排挤心理，特别是商人，特别忌讳这种东西。因此，译者必须充分考虑到读者的文化背景，否则，译文就会产生歧义、误解，甚至对读者造成损害。另外，有些词语的翻译也要求译者理解不同国家的文化差异，从而找到合适的翻译途径。

东方和西方的文化传统是不同的，因此，文化上的差别是不可避免的。在进行国际商务英语的翻译时，应特别注意这种差别，在不同的语言和不同的文化之间寻找一种共同点，并根据奈达的翻译理论对其进行调整，尽量消除这种差别，在译文中寻找正确的词汇，从而在译入语中重现异域文化。

4. 商务功效对等论

商业效果对等原则是翻译理论中的最高目标，商务英语翻译的终极目标就是译语读者反映的功效对等。译语读者在翻译过程中要做到与原语读者对原文的理解；译语读者在阅读和理解原文时，应该能大致地按照原文的意思去理解和领会。特别适合广告翻译、商标翻译、意向书翻译等。广告翻译的好坏，并不在于其是否保持了语义、风格上的一致性、措辞是否精确、文笔是否优美。一篇成功的广告译文能够在目标受众心中造成很大的影响，甚至使其成为一种家喻户晓的品牌，从而带来巨大的社会经济效益。在商务广告的翻译中，译者要懂得灵活运用，要以推广为中心，以赢利为根本。

在商务翻译过程中，读者的反应是对等的，这是基于语义、风格和文化信息的对等，忠实准确地诠释原文。

例：The interest rate agreed in the contract is determined by the market interest rate and the bargaining power of the parties.

译文：在国际金融交易中，协定所规定的利息水平，主要由市场利率及协定双方协商的程度决定。

原句中的"利息"，虽然是正确的，但瑞摩的原文，如果把这个字的更深层次的意思表达出来，译为"利息高低"，就会让译文的读者和原语读者的反应相提并论。

又如：By itself, with the help of keen international partners who are keen to add new products to their portfolio, China's brands could turn into a global phenomenon in a decade, sold on their exotic charm.

译文：在那些希望将新的商品加入到他们的产品中的国外企业的帮助下，中国的企业能够凭借他们的中国特性，在十年后一个一个地变成世界著名的名牌。

正确的扩展对译语的理解也可以帮助读者做出与原文读者相符合的回应。在这种情况下，才可以做到畅销无阻，商家才能获得巨大的收益，达到挣钱的目的。

第二章　商务英语翻译的中英汉语言与文化差异

第一节　英汉语言对比

一、英汉词汇对比

语言作为一种文化的载体，其最大的作用就是它所具有的文化。词汇是整个语言体系的基础，它反映了不同民族之间的差异，表现出来的文化差别也是最大的。而词汇是与人类社会发展息息相关的重要因素，因此，我们可以从词汇学中认识到不同的文化和社会环境，而一个国家的语言词汇体系能够最直接、最敏感地反应出这个国家的文化价值观。

（一）英汉词义对比

英国语言学家利奇将最广泛的意义分为七大类，分别是指意义、概念意义、内涵意义、风格意义、情绪意义、联想意义、搭配意义。除主题义之外，其他六个语义与词汇的含义有着紧密的联系。很明显，字典里的单词大多是"土地""蝙蝠""电脑"之类的概念含义，英语中只能用"earth""bat""computer"来表示。而它们的其他意义则不大可能作全面地反映。严格说来，除了科技词汇外，英汉两种语言中的其余词汇差别多于相同，相异多于相似，几乎没有两个看似对应的词语在所有的意义和用法上完全对等。

1. 英汉词义的对应程度不同

由于英汉两种语言背后存在着巨大的文化差异，它们的词汇系统之间很少出现词义一一对应的现象，通常有三种情形。

（1）完全符合英语的单词所代表的意思，在汉语中可以找到与之完全一致的单词，其含义在任何情况下都是一样的。这种完全对应的现象，只限于一些通用的科技术语、少数专有名词和普通名词。如：economics——经济学，computer——计算机，bike——自行车，tea——茶，Beijing——北京，motorcycle——摩托车，hand——手，SARS——非典，等。

（2）部分对应：指译语词与源语词在意义上部分或大部分对应。如：Cross Red——红十字会，a healthcare professional——医务人员，blood pressure pills——降压药，panax ginseng——人参，等。

（3）由于地域、生活习俗、社会环境、信仰等方面所存在的差异，造成了英汉词语指称意义完全不对应的现象。具体地讲，有部分英语词汇所指意义在汉语中找不到与之相对应的词汇，反之亦然。这是外语学习者最感困难和费神的情况。其难处在于，这类词汇常常是承载某一民族极其独特的文化内涵，或具有特殊的背景。如英语中的 teenager，boomering body，汉语中的十二生肖、天干地支等。

对于英语成语、俗语和惯用语不要望文生义；汉语成语、俗语和惯用语英译时要注意不要出现文化错位，即将有浓郁文化特色的词硬搬到英语里去。

2. 词汇的语义范围不同

即便英汉语两种语言中都有的概念，其语义范围也不尽相同。同一个词，由于语境的不同，其词义可千差万别。比如"打牌""打柴""打的""打篮球""打喷嚏""打字""打酱油""打仗""打工"等。这些词语中的"打"无法用英语对应词"hit"或"beat"来表达，显然是因为"打"要比"hit"或"beat"的语义范围宽广。又如英语中的 kill 一词和汉语中的"杀"就相去甚远。"kill"在英语中的含义要远远超过汉语中的"杀"，它不仅能表达"杀"，而且还能表达出许多别的意思。汉语中"杀"的含义则多为"杀人""杀虫""杀菌"。所以，在翻译实践中，切不可一律以"kill"译"杀"，否则会闹出笑话。

3. 词汇的内涵意义不同

我们知道，许多词除了它们的概念意义外，还有内涵意义，即它们在人们头脑中产生的某种联想。如"春天"一词给人以"生机盎然""生机勃勃"的联想；而"男子汉"一词则具有"刚强"和"勇气"的内涵。英汉语中存在大量概念意义相同但由于各种原因内涵意义相异的词语。这些词语实际上是英汉民族对人与事物的不同态度或价值观在语言中的反映。"old"和"young"在概念意义上与"老"和"年轻"部分对应，但在内涵意义上有更大的差别。在中国文化中"年轻"常与"无经验""无持久性"相联系。例如，我们经常听到中国人用"嘴上无毛，办事不牢"来评论年轻人。而"老"则常和"成熟""技术高超""经验丰富"相联系。而在英语国家文化中"old"常和"传统""守旧""老迈无用"相联系，"young"则常和"灵活""精力充沛""富有创造力"相联系。可以说英语国家文化是排斥老年人的文化，因此英美人对年龄很敏感，陌生人之间不询问年龄。又如，在中国文化中，"菊花"常常象征着高贵典雅，而在某些西方文化中，它带有"死亡"的含义。此外，英语中的很多词语都含有汉语翻译所不具备的文化意蕴。比如汉语中"荷花"，中国人就会联想到"出淤泥而不染"，英语的"lotus flower"则没有这样的含义；又比如，在中国古代，"黄"字经常与皇帝相关联，而英语中的"yellow"则不具有这样的文化含义。

4. 词汇的风格意义不同

文体含义，与语言实际的社会环境密切相关，涉及各种文体（如诗歌、小说、演讲、报告等）、交际方式（如文字、口头等）、作家或讲话的个人风格，以及各种形式（如正式或非正式的用语）。如"domicile""residence""abode"和"home"的概念意义都是"家""住所"，但使用的场合却不相同。"domicile"是一种用于法律文书的法定术语；"residence"是一种书面通知、指令、通知等的官方用语；"abode"是一种主要用于诗歌的文学术语。"home"是一种通用的词语，在日常的口语和书写中都有使用。

5. 词汇的联想意义不同

语言词汇的联想意义，指的是词汇在不同上下文，或不同语篇中，或为不同身份的说话者使用时所表现出的特殊信息、价值或情感态度等。在语言学习过程中，确定某一词汇的联想意义要比确定指称意义更为困难；其理由是，词汇的联想意义主要衍生于各类语境中，常常是微妙而又难以捉摸的；常表现出主观性、无规律且无系统性；而任何词典也不可能囊括词汇产生的联想意义。受语言乃至文化异质特征的影响，部分英汉词汇的联想意义便可能出现空缺的情况，即词汇的联想意义无法找到对应，无论是相像还是相悖均无对应。英汉词汇联想意义空缺的情况大致可分为两种：联想意义空缺和联想意义不对应。

（1）联想意义空缺。在英汉两种语言中，词汇的指称意义是对应的，然而其联想意义却无对应，即联想意义空缺。如表2-1。

表2-1　英汉语联想意义空缺示例

概念意义	联想意义
英语 goat	色鬼
汉语山羊	空缺
英语 cock	风标
汉语公鸡	空缺
汉语八（六）	发达、发财（顺利）
英文 eight（six）	空缺
汉语松树	坚贞
英语 pine	空缺
汉语鹤	长寿

（2）联想意义不对应。英和汉都有很多具有相似概念的复合词语。但是，这些相应的复合词语在结构上的表现形式上是不一样的，其组成成分的含义也是不一致的。所以，它们的关联含义也会有差异。这反映了英汉语对同样的东西有不同的看法。如"business card"对应"名片"。这是一种上面印有个人姓名、职位、电话号码、通信地址等的卡片，

主要用于商务交往。由于中国传统文化重名分的特征，其着眼点就会放在这种卡片上的内容；而英语民族的着眼点在于这种卡片的用途，因为他们认为有用。

6. 词汇的情感意义不同

情感意义是指语言使用者对语言表达的情感和态度。由于不同的历史、不同的文化背景，不同的语言会产生不同的情绪含义。如英语中的 propaganda 译成汉语为"宣传"。不过，请记住，propaganda 这个单词在英语里常常与当年的纳粹反动宣传相关联，因此被认为是一种贬义，而"宣传"这个词在汉语中则是中性的，有时也会带有褒义性，比如"宣传队""宣传画""宣传党的方针"等。比如，"politician"和"statesman"的概念意义都指"从政的人"，但前者是个贬义词，而后者是褒义词，其情感意义不同。如："Politician is concerned with successful elections. Whereas the statesman is interested in the future of his people."（政客关心的是竞选的成功，而政治家则关注人们的未来。）英语原文通过运用这两个词，清楚地表明了说话人对这两类"从政的人"的情感态度。

7. 词汇的搭配意义不同

搭配是指在相同的上下文中出现的词语。搭配语义是指从与其连接的单词中产生的联想。不同的词语，搭配的范畴也是不一样的，同样的词，搭配上不同的词语，就能让人联想到不同的含义。英语中的"pretty"和"handsome"是两种不同的搭配方式。我们可以说"pretty girl""pretty woman""pretty flower""pretty colour"，但是却不能用 handsome 来形容这些名词，相应地我们可以说，"handsome boy""handsome man""handsome car""handsome overcoat"等。从与它们搭配的词来看，这两个词的含义完全不一样。pretty 是一种女人的温柔或者纤细的美丽，handsome 则是一种接近男性的美感。当然，如果我们使用 pretty 对 car 进行修改，则 car 的含义也会相应地改变。在实际应用中，应特别关注这些问题。

（二）英汉词序对比

英汉词序基本可以概括为如下三种情况。

1. 英汉语词序完全一致

例如下面一组词就是完全对应的：

science and technology	科技
revenue and expenditure	收支
hanger and cold	饥寒
good and evil	善恶
ups and downs	兴衰

2. 英语词序较灵活，汉语较固定

从下面一组例子中就可以看出：

儿女　son and daughter / daughter and son

夫妻　hands band and wife / wife and hands band

老少　old and young / young and old

日夜　day and night / night and day

3. 英汉次序完全相反

（1）约定俗成的固定搭配，如：

田径——track andfield

华北——North China

水陆——land and water

前后——back and forth

迟早——sooner or later

（2）在称呼方面，英汉两种语言词序具有不同之处，如"里德先生"用英语说是 Mr. Read，"布什总统"是 President Bush。

（3）在介绍时间、地点时，汉语通常是由大到小，而英语则完全相反。如 2011 年 6 月 28 日：28th，June，2011 或 June 28th，2011；山东省济南市明辉路 28 号：28 Minghui Road，Jinan City，Shandong Province。

（三）英汉词法的差异

（1）英语中名词有单复数之分，而汉语中名词则无。例如：

ladies and gentlemen——女士们和先生们

Five apples——五个苹果

另外在英译汉时，要注意有些名词的单、复数具有不同的意义。例如：

custom——习惯

customs——习惯，关税

damage——损害

damages——损害赔偿金

force——力量

forces——军队

（2）英语的词汇有形态变化，而汉语基本没有形态变化。

英语词组通常可以在词组中添加前缀或后缀，但其基本含义是相同的。如：He is in the process of writing an article. 他正在写文章。

He wrote a paper yesterday. 他昨天写了文章。

He has written an article. 他已经写了文章。

英文中，"正在写""写了""已经写了"等各种意义的"write"。汉语"写"没有形式上的变化，也没有时间的概念，它的表达方式主要是借助助词、副词和上下文来表达。又比如：

离开：leave（动词），leaving（现在分词或动名词），to leave（不定式）

跳起来：jump（动词或名词）jumping（现在分词或动名词），to jump（不定式）

（3）英语中无量词，而汉语中多用量词来表示。如：

a piece of wood——一块木头

a piece of paper——一张纸

a piece of music——一支歌曲

a piece of news——一条新闻

（4）英语中有冠词，而汉语中则无此现象。

一般情况下英语的单数名词前要加上不定冠词 a 或 an，特指时需加定冠词 the。如：a book，an apple，the two people，等等。

（5）英汉语在代词和介词的使用上也存在差异：英语代词和介词的使用频率要大大高于汉语。英译汉时常用其他词性的词来表达。例如：

by train——乘火车

in the rain——淋雨

through the ages——古往今来

without a handle——缺一个把手

二、英汉句子对比

（一）语序倒置现象

汉语句子中常常将宾语提前；英语句子倒装现象比汉语多。如疑问句、感叹句、否定句、假设虚拟句、重音句等都存在着语序颠倒的情况。英汉互译时，需要根据各自的语言习惯进行调整。

（二）定语和状语的位置

定语的位置：汉语句中定语的位置一般是在中心词之前，英语句子中定语的位置比汉语句子中的要灵活。单词作定语时，除少数情况外，一般放在中心词之前，较长的定语，如词组、介词短语、从句作定语，则一般放在中心词之后。

状语的位置：汉语句中状语一般放在主语和谓语之间，有时为了强调，也放在主语之前，总的来讲，位置比较固定；英语句中状语可前可后，可以出现在句首、句中或句尾，位置比较灵活。

（三）英语重形合，汉语重意合

所谓汉语重意合是指句子间注重意思的连贯，结构较松弛，少用乃至不用连接词，通常是指意义连贯的累积式句子或单独的句子，它们的逻辑关系通常是按句序顺序来表示的，有些语言学家把这种现象称为"流水句法"。英语中的"重形合"是指它所必需的各种联系词，语言学家将其称为"竹节句法"。

（四）英语重时态，汉语轻时态

从语法范畴分析，英语动词的时态是非常丰富的，有十六种时态，即一般现在时；一般过去时；一般将来时；一般过去时；现在进行时；过去进行时；将来进行时；过去将来进行时；现在完成时；过去完成时；将来完成时；过去将来完成时；现在完成进行时；过去完成进行时；将来完成进行时；过去将来完成进行时。

（五）英语多被动，汉语多主动

英语句子中的被动语态相对于汉语而言更为普遍。在英语中，大部分及物动词以及与不及物动词等效的词组均具有被动性。中国人崇尚的是"天人合一""悟性""事在人为"、个人情感等。因此，在语言运用上，主要是运用主动语态、人称表达、无主句、主语省略句和不带格式标志的被动句。因此，在英译汉时，英语中的很多被动式可以翻译成主动式，但在通顺的时候，往往需要用主动的方式来翻译；汉译英时，汉语中存在大量隐性被动句，翻译成英语时要尽量使其变为"被动"。

（六）英语主语显著，汉语主题显著

Thompson 提出主语——主题类型学，认为英语是主语显性语言，即在该语言里主语和谓语的语法成分是句子的基本结构，句子中通常都要有主语——谓语结构；汉语是主题显性语言，即指句子的基本结构是信息单位话题和评述的语言。一般来说英语句子结构较完整，一个句子通常要由主语、谓语和宾语构成，而在汉语句子中"主谓"句或"主动宾"句并非其常态，更多的是没有主语。这就导致英汉两种语言在主题和表达方面不能很好地一致，因此，在汉译英过程中要注意英汉之间的关系，并注意把汉语中的无主句翻译为英语的有主句的翻译。

（七）英语为静态语言，汉语系动态语言

一般来说，英语言和汉语最大的区别是：英语是静止的，汉语是动态的。即英语中有一种自然的趋向，即少用（谓）动词，或通过其他方式来表达行为的含义；汉语有一种习惯性的多用动词，常常根据句意的需要，大量采用动词连用的形式。

第二节　英汉文化差异

一、文化的概念

（一）文化的定义

人们对文化（culture）进行了各种各样的定义。

1871 年，英国人类学家泰勒在他的著作《原始文化》中，第一次对文化做出了一个经典的界定，"文化是一种复杂的东西，包括知识，信仰，艺术，法律，道德，风俗，以及人们作为社会的一员所拥有的一切技能和习惯"。

美国第四版《韦伯斯特新世界大学词典》对"文化（culture）"一词给出的英文解释是：

（1）cultivation of the soil.

（2）production，development，or improvement of a particular plant，animal，commodity，etc.

（3）①the growth of bacteria，microorganisms，or other plant and animal cells in a specially prepared nourishing fluid or solid. ②a colony of microorganisms or cells thus grown.

（4）①development，improvement or rermnement of the intellect，emotions，interests，manners and taste. ②the result of this；refined ways of thinking，talking and acting.

（5）development or improvement of physical qualities by special training or care.

（6）①the ideas，customs，skills，arts，etc. of a people or group，that are transferred，communicated，or passed along，as in or to succeeding generations. ②such ideas，customs，etc. of a particular people or group in a particular period；civilization. ③the particular people or group having such ideas，customs，etc.

《现代汉语辞典》（汉英对照）中"文化"的定义如下：①在社会历史进程中，人们所创造的物质与精神的总和，具体包括文学、艺术、教育、科学等。②考古术语，是指在同一历史时期内，不按其分布位置转移的遗迹、遗物的集合体。同样的工具，同样的用具，同样的工艺，同样的文化。例如仰韶文化，龙山文化等。③使用语言和一般知识的能力：学习文化，文化水平。

金惠康在《跨文化交际翻译续编》一书中所给出的定义是："文化是社会的一种复杂现象，它由生产方式、生活方式、人际交往方式、价值观念、道德规范和社会规范组成。"

最有创意的是张岱年的解释，"文化永远都是以人的本性和外在的本性为基础，在社会活动中产生的所有东西的总和的方式存在，并且始终以一种生命的方式发展着"。这个定义既重视文化的历史积淀或既往成果，又强调文化的演化和创造，注重研究和把握其活的灵魂和律动的脉搏。

综合上述关于"文化"的中英文释义，我们可以看出，文化包容一切，所有的经验、感知、知识、科学、技术、理论，以及财产制度、教育、语言，等等，都是一种文化现象。大的是宇宙观、时空观、人生观、价值观，小的是衣食住行、婚丧嫁娶、社会生活、行为、思维、语言、等级、道德，等等。"文化"是一种特殊的概念，通常可以分为狭义和宽泛两种含义。狭义上的理解是指社会意识形态、风俗习惯、语用规范、社会体制、社会机构等。"文化"从广义上说，包含了精神层面和物质层面，也就是人类在历史发展过程中所产生的物质与精神财富的总和。然而，当我们谈到"文化"时，我们往往会联想到其狭隘的层面，也就是文化的心理层面。

（二）文化的特征

1. 文化的传承性特征

"文化是一种由不同团体共同分享的资讯的集合，无论是知识文化还是交际文化，无论是物化形态的文化还是精神形态的文化，它们都是某一民族思想的结晶和经验的总结，是一笔巨大的精神财富，对后人具有重大指导意义和文化价值。"换而言之，文化是前辈希望后辈能全盘继承，并得到后人或下一代的高度认可因而愿意加以传承、保存和践行的十分有益的思想、原则和传统。人类并不是靠遗传的，而是靠后天的知识和经验来获取。文化是人们在发展的进程中为了满足某些需求而产生的，它被大众分享，它可以被集体传播和继承，正是由于它可以被传承而被累积。在社交活动中，人们获取了一些文化的信息，这些信息可以通过正规的渠道获取，比如上学，或者通过一些非正式渠道，比如观察、体验、阅读，等等。

2. 文化的符号性特征

任何一种文化都是以象征符号体系来表达的，它也是人类在创造、运用这些符号时所产生的思想与行动。人是一种"象征性的动物"，其象征意义上的思考与行动是人类最具代表性的特点，而人类的文化创作就是一个持续的创造与应用。语言、文字、图形、宗教仪式等都是以象征的形式表现出来的。象征具有随意性，其形式和含义因文化而异。语言作为一种文化的组成要素，其符号化的特点尤为突出。例如汉语的"猫"、英语的"cat"、法语的"chat""Neiko"、德语的"Katze"、俄语的"Koska"等，都可以用英文来形容。

3. 文化的动态性特征

文化的稳定也是一种相对的，它不能确保在漫长的历史长河中保持不变。文化是一种适应人类生活需求的工具，因此，随着生活环境的改变，作为观念的文化也会随之改变，这是其内部的动因。在人类文明的历史上，有许多重大的发明（如文字、纸张、印刷术、蒸汽机、电器、电子计算机）、重大发现（如地理新大陆、天体运行规律、能量守恒定律）等，都是推动文化变革的重要因素。另外，从文化外在看，文化传播、文化碰撞可能导致文化内在成分与结构"量"的改变，而"量"的持续累积也会导致文化的"质"改变，从而导致文化的进化、退化、衰落、重组或转移。全球化进程加快，为了便于交际，人们需要统一的规则，如法律等，各民族文化在相互借鉴、学习的过程当中改变了原有的文化模式。例如：英语在全球范围内的推广影响了很多语言的话语结构。汉语中，尤其在高校，人们打招呼不再使用"吃了吗?""上哪儿?"等表达，而是说"嗨!""哈啰"。

4. 文化的系统性特征

文化的内涵博大而精深，由各种各样的要素所组成，并作为各个要素相互融合的整体发挥着作用；而这些要素相互之间又是紧密联系、相辅相成、彼此作用、互相影响的关系，牵一发而动全身。正如霍尔（Hall）所说："文化的各个方面是相互连结的——触动其中一处，其他各处就都会受到影响。"例如，当年美国的人权运动引起全社会的巨大反响，导致住房模式、种族或性别歧视行为、教育机遇、法律制度、职业机遇甚至互动模式等各个方面产生了各种变动或变化，最终改变了美国人的处事态度、价值取向以及行为方式。

5. 文化的强制性特征

人类学和社会学家们认为，文化强制有两种类型：直接文化强制和间接文化强制。直接文化强制很容易理解。比如说，如果你穿的衣服不属于我们文化所容许的类型，就可能会遭到嘲笑或干预，甚至会在一定程度上遭到社会的孤立，这就是直接文化强制。

关于间接文化强制，我们可以通过下面的一个例子来理解：如果一个人的母语是英语，他却用汉语（假设他会讲汉语）去跟他的国人讲话，绝大多数人会不懂他在说些什么；如果他直接用人民币去商店买东西，恐怕也会被拒绝。由此可见，间接文化强制的力量也是很大的。

6. 文化的民族性特征

文化不是无中生有的，而是根植于人的社会，而人的社会，往往是由那些居住在一起的、有着共同生活的民族组成的。民族团体是一个国家的文化土壤和载体，它的边界往往与国家的边界相吻合，而民族的特点则是其身体的特点，所谓的民族性，则是指其本身的文化属性。也就是说，每一个国家都有自己的文化，每一个国家的人都会为自己的文化感到自豪。就比如古希腊，古印度，古埃及，古中国，都是同样的拥有古文明；日本与美国以及欧洲都是现代发达国家，其文化也有很大的不同。

二、英汉文化的差异

不同的社会历史环境形成不同的文化背景。自然，不同的文化背景之间必定存在无法通融、相互对立的地方。而当这种冲突具体体现在语言上的交流时就显得格外明显，成为造成翻译困难的另一个重要因素。英汉文化在各个方面都存在着显著的差异。

（一）中、西方的价值观念的差异

价值观念，也就是价值取向，是一种相对固定的、一整套的评价、观点或价值评价系统。它规范、制约着整个民族伦理道德的标准、评价事物的尺度、行为处事的准则，乃至人们日常生活的方式。价值观念作为人们价值衡量的标准，指导或规定着人们的价值取向，对人们的观念和行为发挥着潜移默化的规范和指导作用。价值观是一切文化特别是交际文化的核心内容，几乎涉及社会生活所有领域。

由于受文化和社会的影响，不同的民族生存环境和文化传统的差异，往往会产生自己的文化形象。因此，我们应该关注中、西方的价值观的相似性和不同点。例如：

A：You don't eat meat? Why not? Are you Christian? Are you environmentalist? You don't eat meat because you want to lose weight? You look pale. You should eat meat.

B：No. It's just my habit.

A例，一位中国人听说一个外国姑娘是素食者，并且十多年没有吃肉了，他感到十分惊讶，接着就是一连串的问题，这些问题都是外国人所不愿意看到的，比如信仰、体重、健康，等等。在西方价值观里，个人主义和个人私密性很强，因此，在西方文化里，提出这种问题是不礼貌的。从 B 的回答中可以看出很不开心，甚至是厌恶。因此，不同的文化背景会对相同的信息产生不同的感觉。

中国人因其相对保守的民族性格以及几千年的传统文化，有很强的家族意识，而在西方，则是一个以个人为中心的国家，因此，他们的家族意识很弱。东方的家族关系网十分发达，它们各自有自己的名字，绝不会混为一谈，西方人不仅称呼混乱，就是男女也是如此。

（二）英汉色彩词的文化对比

色彩词是一种在不同语言中表现颜色的词汇，也称为"色词"。在长期的生产和生活中，人类意识到，宇宙中的一切事物都有自己的颜色，它们只是光波在物体外部或内部的传播、穿透和折射所产生的一种视觉现象。因此，在人类的语言中，有一种用来描述颜色的词汇，即"色彩"。

最初，色彩词语仅用于描绘物体的颜色，也就是色彩词语的最初含义。但是，就算是最原始的颜色，在表现形式上也会受到不同的文化因素的影响，从而在认识和表达上有很大的差别。比如，我们中国人常用米色来形容一种淡黄，因为大米是我们的主要食品，英国人早就用奶油色来表示这种色彩，因为这只是他们的日常食品。随着语言的不断丰富，人们的思想也越来越成熟，这些颜色词语在经过扩展、转义后，渐渐具有了自己的象征性。这些符号在不同的民族语言中常常表现出不同的特征，有的特征甚至形成了对特定色彩的推崇与忌讳，因而具有明显的文化内涵。

英汉语言中，以红色为代表的文化意蕴存在着显著的差别。红色是中国最受推崇和喜爱的中国文化的基础颜色。太阳为地球和人类带来光明，带来能量，使万物生长，使草木茂盛，使地球生机盎然，使人类蓬勃向上，给人类带来希望、和平和幸福。所以中国人就喜欢用红色来象征吉祥、喜庆和欢乐。比如，中国人在过年的时候会悬挂大红灯笼，贴红色的对联，红色的福字，把婚礼叫作"红喜事"；在结婚的时候，男女都要穿红色的"喜"字，在古代，新娘和新郎都要穿红袍和红裙，新娘要戴红盖头；结婚生子，要给亲朋好友赠送红蛋；英雄形象要佩戴大红花和大红绸。红也是火的颜色，而火则象征着红红的、狂暴的、兴旺发达的，因此比喻人的事业成功、仕途的顺利、财富的激增。比如，好运就是"红运"。当人们的生活状况良好，人们就会被称为"走红"或者"红极一时"。在西方，红色被认为是一种贬义，因为在西方文化里，红色代表着血液，而在西方人的眼中，红就是"生命之液"，只要血液流出，它就会枯萎。所以，红色往往与暴力、杀戮有关。比如，"the red rules of tooth and claw"的意思是"残酷的杀戮和暴力的统治"，"a red battle"意指"血战"等。另外红色在西方文化中隐喻"邪恶的美""性"和"诱惑"，如"a red light district"意为"花街柳巷"或"红灯区"，所以红色也暗指放荡与淫秽。

在中国文化中，"白色"的使用范围很广，内涵也很丰富。它的象征性有积极的一面，但多为贬义。人们常常将它与死亡和不祥联系在一起。比如"白事"，就是葬礼，死者家属要穿上孝服（穿白衣、白帽、白腰带、白鞋），在葬礼上要摆一个"白棚"的白堂，在葬礼上要佩戴"白花"。"白色"有时也被用来指反动、低觉悟，这恰恰与"红色"的含义相矛盾。比如白色恐怖、白色的道路、白色的区域、白色的政权、黑白的，等等。汉语还用"白"来表示纯洁、纯洁、无瑕、白头偕老、白衣天使等。像中国人对红色的崇拜一样，白色是一种被西方文化推崇的色彩，而且没有任何的贬义。英文中的白是纯洁、真诚的意思。如白色的结婚礼服代表着纯洁、真诚和理解。英语中许多由"白色"构成的词语都与"纯真""正义"有关。例如，white hands 表示纯洁和诚实；a white hope 是一个能给一个群体带来荣耀的人；white light 表示公平公正的法官；a white war 是经济竞争；a white lie 是无恶意的谎言等。

（三）英汉文化中动物的差异

中西方文化中对待动物的态度存在着很大的差异。在英语里，owl 代表着聪明，在这个成语中，"as wise as anowl"便是一个例子。这个词用来形容聪明、机敏、严肃。但在汉语中，猫头鹰的形象却是另一种情况。许多人相信"猫头鹰"是一种不祥的动物，他们相信只要看见或听见它们的鸣叫就会倒霉。"夜猫子（猫头鹰）入屋"，预示着不祥。在汉语文化中，"龙"深受人们的敬仰，"龙"是帝王的象征，象征着高贵、神圣和威严。"真龙天子""龙颜""龙体""龙威""望子成龙""龙的传人""龙子龙孙"等与龙相关的词语，都具有神圣、高贵的意义。但在西方的文化里，龙是一种可怕而凶残的怪兽，它可以喷出烟雾和火焰，是恐怖的象征。在中国文化里，孔雀是吉祥的象征，人们相信，孔雀开屏会带来好运。在英语里，peacock 这个词的意思是"不"，意思是洋洋得意，炫耀自己的能力，也可以说是一种自豪。在英语里，意思为"年轻自大""傲慢""狂妄"，等等。

（四）中、西方有着不同文化背景、谚语典故

在民族文化发展过程中，产生了若干具有特定文化现象的词汇典故。在汉语中，"孔融让梨""守株待兔""闻鸡起舞"，英语"cross the Rubicon""the Watergate case/scandal"。另一些则与当时的社会、文化背景相关联，其外延与内涵也因时代而异。

第三节　英汉思维模式的差异

思维方式是人类观察事物、观察世界、认识和推理的基本方式。作为最具潜移默化的文化意蕴，是所有文化尤其是交流文化的最深层次的基础。在国家文化的方方面面，包括物质文化、制度文化、精神文化、交流文化等。不同的思维模式，也是导致不同民族之间存在不同的主要原因。思维模式与语言有着紧密的联系，它是产生和发展的最深层次的机制，也是思维模式的形成和发展的动力。可以说，国家的思维特点是体现了国家的文化特性。民族思维方式是一种与不同民族文化、不同语言之间的联系。思维方式的不同，也是导致不同语言形态的主要因素。因此，要对语言的特性、转化以及语言与文化之间的关系进行深入的探讨，就必须对与语言、文化息息相关的思维方式进行深入的探讨。

一、中国人重整体思维，西方人重个体思维

"整体思维"是把认识对象的不同的部分结合成一个整体，把它们的各种属性、方面、联系等结合在一起。个人思考是把一个整体的认识客体分解成不同的成分，或分解其属性、方面、联系。中国"天人合一"的传统观念认为，人与自然是一体的。"天人合一"的思想，在本质上形成了汉民族思维方式的基本特征，即：注重整体的协调，注重整体的稳定与均衡。因此，汉民族的传统思维习惯于从整体、大系统出发，将众多的认识对象作为一个统一体来全面考虑和分析；并不注重分门别类地对每层次给予具体的理性分析，而倾向于在主客体的统一中把握整体的稳定与平衡。例如："这年头什么都要送礼，生要送礼，老要送礼，病要送礼，死也要送礼。"一句话把人的"生老病死"全部概括其中，而且行文形成"复进"的结构。另外，汉语偏好骈偶式结构，从本质上看，这也是偏重整体思维所致。再如汉语的构词方式也体现了中国人重整体性的思维特点。一般情况下先确定

总体的类别，再进行个体的区别。如草本植物类先大致分花、草、菜等几大类，而后分类为菊花、兰花、木棉花、牡丹花、喇叭花、桃花、李花……兰草、茅草、海草……韭菜、青菜、白菜、苔菜、芹菜、蕨菜……进而再将菊花、兰花等细分为更单一具体的品种。通过上述例子，不难看出汉语的词主要以复合法构成。

西方文化主张"天人相分""主客相分"，主张以人为中心，以人为本，以人与自然的相对分离，而人应该在"主宰"与"改造"的位置上。西方学者提倡把自然界的一切或过程分成若干个部分，把具体的、个别的问题与整体分开，再逐个地加以研究和分析。这一认知方式正是分析思维的体现与特点。不同的思维方式，势必会对不同的语言表达产生不同的影响。英汉造字构词方式的不同也恰恰体现出中英文思维模式的个体性特点。以动物命名为例，英语中并不首先考虑从大类整体出发，而是从个体着眼。例如：cat（猫），dog（狗），wolf（狼），fox（狐），lion（狮），pig（猪），monkey（猴），roedeer（狍）等动物都是独立命名，以形式上看不出它们之间的联系。而汉语中带偏旁"犭"的字，多数指称动物类。

二、中国人重直觉经验性思维，西方人重逻辑实证性

中国人对事物的理解大多停留在对经验的总结和表征上，很少关注对感性知识的深入思考和对事物本质的哲学思索。它的思维特点源于儒家、道家、佛家的思想，以及"天人合一"的哲学理念。这种思考模式主要体现在对语言的理解上强调"意"，而对其进行科学的分析却很少；在评价事物的好坏时，很少采用系统的理论来进行经验性的论证。英美思想历来注重理性的认识和实证，提倡运用大量的经验分析来得出科学、客观的结论。换句话说，西方的思想是浓厚的实证主义、理性主义和思辨主义的。强调形式分析与逻辑推理，并形成一套合理的思考模式。因此，对英语的分析是非常系统和全面的。在不分析汉语句法关系的前提下，也能了解句子的意义；不对英语中的句法关系进行分析，特别是在长句中的错综复杂的关系，就很难准确地理解英语中的意思。

三、中国人重形象思维，西方人重抽象思维

形象思维是人在大脑中分析综合、加工和改造记忆表象的心理活动。而逻辑思维则是通过概念来进行判断和推理的思维过程。

中国人在思考的时候，总喜欢把外在的客观事物联想到一起，再把脑海中再现的有关的东西结合起来进行思考。也就是说，中国人有非常丰富的想象力，他们喜欢根据事物的外在特征来进行联想。汉字的形象化是中国人的一种表达形式，汉字的特点就是形象化。比如，"舞"字的形状，很容易让人联想到一位舞蹈演员，单足站立。中国人尤其爱用具体的形象化词汇来形容抽象的东西，通过物化的方式来表达自己的情感。量词数量多，文化内涵丰富，生动形象，也是汉语形象化的表现。如："矛盾"一词原本表达的是抽象的

概念，可"矛"与"盾"又是攻与防的兵器，以人人皆知的实物去描述抽象的概念可谓又形象又生动；再如"吃醋"一词，无人不知那是描绘如醋般酸溜溜的"嫉妒"。而单就"嫉妒"一词而言却是难于言表的抽象概念，然而以"醋"这一实体作比喻的描述，使抽象的概念变成具象性，这应该是汉语的一大特点。

与中国人不同，西方人所擅长的思维形式则是与外部世界的客观事物的物象相脱离的抽象思维，是基于逻辑推理和语义联系的逻辑思维。西方国家的逻辑性很强，他们喜欢建立概念体系和逻辑体系。西方语言使用拼音文字，"强调了人的智力运行轨迹。它的书写形式造成一种回环勾连，如溪水长流斩而不断的流线效果，容易诱导人们去注重事物的联系性。这一状况与文法形态的结合，使印欧语系的人对事物的表象逻辑关系有了很大的认识。抽象的文字和语音形式与真实的生活脱节，很可能会迫使印欧语系的人在更多的情况下，从真实的世界中独立出来，进行抽象的、纯粹的象征式的思维。几千年来，人类逐步形成了一种抽象的思想，它与真实的事物相分离，完全依靠语言和符号的意义"。"理性思维"是指"运用逻辑思维，运用概念、判断、推理等思维方式探索、揭示事物的本质与内部关系，并具备逻辑性、抽象性、客观性、分析性、确定性等特征。

英语中思维的抽象特性强调的是理性分析，注重的是形式论证。这一思维特征体现在英语的表达方式上，即强调语言形式的衔接，并借助于语言形式和词汇（例如连词）来实现单词与句子之间的联系。例如："He is not honest, so he is notñt to be a cashier."（他不老实，不宜当出纳员。）原文中的"so"是不可或缺的，但是从汉语行文的角度看，"他不老实"足以说明"他不宜当出纳员"的原委，再用"所以"，则嫌多余。在翻译过程中，将"so"和作为共同主语的"he"省略了。

而汉语的具象化思维方式则偏重于含蓄，因此汉语通常不依赖于语言形态，而依赖于词汇或语句中隐含的逻辑联系，这正是"意合法"的特点。例如："老师在等我，我必须走了。"（My teacher is expecting me, so I must be going now.）

此句汉语中的前因后果关系是内在的，根据汉语习惯是不必说明"因为""所以"的。但是从英语行文的角度看，若不考虑表明两个句子之间的联系，则译为"My teacher is expecting me, I must be going now."是不可接受的。所以要添加连接词"because"或"so"，以体现句子的连接关系。

四、中国人强调主体，西方人强调客体

客体和主体是哲学上的两个概念，两者往往是相对而言的。客体指主体以外的客观事物，客体是主体认识和实践的对象。中国文化以人为主体，西方文化则以物本为主体。中国人文化主要表现为以人文为中心，以人生为本位。儒学先哲们对于这个世界的理解，更多地来自于对自然的神秘，来自于对现实社会的政治、伦理的关怀。孔子哲学的核心是"仁"，"礼"是"仁"的核心，"礼"是对人性的规范，而"礼"则是对社会秩序的追

求。圣人所著重于人性，而非天道，乃生命之理，非自然之性。这种人本文化在漫长的历史发展过程中，逐渐形成了汉民族本体论的思维方式。

西方哲学观认为，理性是以客观、理性的思维、理性的判断为基础的。例如，亚里士多德认为"求知是人类的本性"。培根推崇"知识就是力量"。西方社会把认识自然作为一个视觉焦点，崇尚自然，认识自然，探索自然，最后征服自然，统治世界。这种物本文化的长期积淀则演变形成了西方人客体型的思维模式。

汉民族较注重主体思维，而西方民族则较注重客体思维。这两种思维模式差异在语言上表现为：汉语常用有灵主语，即用有生命的人和动物所充当的主语（或潜在的主语）；而英语则常用无灵主语，即用无生命的物体或抽象概念所充当的主语。汉语较多使用主动句，表达较主观；而英语中被动句的使用频率远远高于汉语，表达较客观。

英语强调客体意识对言语表达的影响还较典型地反映在"非人称句"中。"非人称句"通常是指"it"作主语的句子。用于表示气候、温度、时间、距离；或是作不定式结构、-ing分词结构、名词性分句等的形式主语作强调句的主语。但在汉语中是不存在此类用法的。

英语中广泛使用被动态，尤其是在科技文章、报刊文章中；汉语的被动态使用的范围相对就很狭窄。而汉语中常用主动语态，并以主动语态表示"隐含"的被动意味。即使在不以指称人的词为主语的句子中，也认为其中实际上"隐含"了人这一主体。

五、中国人注重螺旋型思维，西方人注重直线型思维

中国人的思想是建立在整体性的基础上，把所有的东西都看成是一个有机的整体，用直观的感觉来进行综合，注重理解，而忽略了形式上的辩证。在观察事物时，采取分散式思考，这是一种螺旋型思考。而以个性为基础的西方思维方式，则是将复杂的东西分割为一个个单独的结构元素，逐一加以研究，因此更加重视逻辑性和形式性。在观察时，采取聚焦式的思考方法，以直线的形式进行思考。这种差别也是由中、英两种语言中的文字诱导所致。

汉字在很大程度上会引发人们对现实世界的想象和联想，因此，长期运用这些形象化的文字，中国人的思维轨迹就会出现"螺旋""弧形""圆""圈""立体"和"断断续续"等多种形态。因此，中国人在思考和使用语言时，往往会反复使用词汇，这也许是一种思维方式的一种体现。美国学者莉奈尔·戴维斯（Davis）曾经说过："中国人的写作倾向于以一种笼统的、概括的陈述开始。""每一段中都包含着一些与这篇文章无关的信息。作家的观点和意见往往是含糊其辞，或者是模棱两可的。"

西方语言的拼音文字则不易勾起人们对现实世界里事物形象的想象或联想，因此，西方人在长期使用线型连接和排列的抽象化的文字符号的过程中，思维线路逐渐发展成直线型，具有明显的直接性。莉奈尔·戴维斯曾经说过，"一篇由西方人写成的文章，都会有

一个固定的核心观点，而文章里的每一个细节，都会根据自己的观点来排列"。作家的观点常常在一开始就被强烈地表现出来。"也就是说，在大部分情况下，西方人都喜欢直截了当，直奔主题。可见，西方的语言表达方式是直接、明确的。西方宇宙观提倡"天人相分"，认为万物皆有其自身的发展与变迁。因此，直线型思考的西方人认为，在说话和写作中，直截了当地表达肯定比间接地表达要好，而且要始终坚持自己的立场，不能用不相干的事实来掩饰自己的观点。这一点也直接影响到他们在日常交际中的表现，无论是在国际外交、商务谈判还是日常生活中，以英美为代表的西方人在接人待物时，总是表现得较为直接、外露、大胆、开放，语言表达直截了当、干脆利落，态度鲜明。例如，在进行商务谈判时，他们很少有寒暄之类的过场或旨在拉近关系的酒宴，而是开门见山、直奔主题。

第四节 语言与文化的关系

人类文化的发展在很大程度上有赖于语言。语言是文化中最重要的因素，也是使文化得以世代相传的最基本的工具。不少人类学家认为，一种语言往往代表着一种文化，或者说语言是一个国家或地区社会文化的缩影，它是人们思想观念的"直接现实"。例如英语中描述工商业活动的词汇非常丰富，这说明英美等国工商业很发达。而在许多工业化程度很低的国家，工商业词汇就很贫乏。语言是一个民族丰富多彩的文化现象与特点，其生活方式、思维方式、世界观等都在其语言中得以体现。人类在进行交流时，语言中的文化要素会和人类大脑中的文化意识发生交互作用，从而实现交流。

文化与语言的这种关系在中英两种文化和中英两种语言的对比中得到了充分的体现。中英民族的风俗习惯、思想观念、历史背景和事物象征意义的不同，都会造成语言上的不同；这种语言上的差别，也是中英两国文化的不同之处。

语言是人类共同使用的一种符号，它是一种文化产品，是一种文化的组成部分。

一、语言影响文化

（一）语言是文化的载体，而文化是语言发展的动力

语言是思想的直接体现，特别是词汇最能敏感地反映生活和人类思想的变化。由于语言或词汇受文化的影响，所以用于表达的语言或词汇也必定深深打上了该文化的烙印，有它的文化涵义或延伸的意思。正是因为有了语言，文化的每一部分，政治、法律、教育、风俗、宇宙观、艺术创造、思维方式等，才能传承下去。

（二）语言促进文化的发展

文化是语言发展的推动力，而语言的丰富与发展则是一个文明得以繁荣的先决条件。

我们可以想象，没有文字记录我们的先辈的知识和经历，后人什么都得从零开始，社会就会停滞不前，更不用说发展文化了。我们也可以想象，没有了语言这个桥梁，不同的民族是不可能进行沟通的。人与人之间无法互相吸取先进的知识与经验，从而影响到社会的发展与文明的发展。

二、语言反映文化

语言是一种文化的镜子，它能直接地反映出文化的真实与内涵。一种文化的形象可以通过语言反映出来。英国语言学家莱昂斯曾经说过，"社会的语言是社会的一部分，每个语言的词汇不同，就会反映出它所处社会的事物、习俗和各种活动的文化特性"。词汇是一种形式与语义的统一，它的含义有两种：一种是表示意义，另一种是扩展。前者是词义的表象；而后者则是指词义的隐性含义，即其文化意蕴。前者是比较固定的，后者包含了延伸的意思或者联系的意思。语言词汇是由政治地理、价值观念、风俗习惯、文化心理等多种因素决定的。

（一）语言反映生存环境

文化是不能与自然地理环境相分离的，具体的地域条件决定了特定的文化，而具体的文化则是通过语言的具体形式而体现出来的。举例来说，爱斯基摩语里有许多关于"雪"的词语。由于生活在严寒地区，爱斯基摩人对"地上的雪""下雪""堆积的雪"等各种名词都有不同的含义，因此，雪对他们的生活方式（旅行、打猎、娱乐和其他）有很大的影响。英语里，只有一个字是"雪"，在阿拉伯语里，"雪"一词是不存在的。还有，"sudden as April shower"这一英语成语的含义就是"突然的，像是一场四月份的阵雨"。对于中国人来说，这绝对不是四月的春雨，而是七八月份的夏雨。这是因为两个国家的地理环境不同。中国、英国分别在东、西两个半球，中国的大多数区域都在内陆，属于温带大陆性气候，英国则是一个四面环海的岛屿，气候以温带为主。这样，中国每年都会有一场大雨，而英国则会有四月份的阵雨。

（二）语言反映风俗习惯

习俗是指一个社会团体在共同生活中共同创造并共同遵守的一种社会文化现象。民俗包括社会礼仪、风俗习惯、生活方式、婚姻传统、信仰、迷信等。比如，英语成语"let one's hair down"的意思是放松，这是英国古代的一种风俗，女人在任何情况下都要梳好自己的头发，只有在一个人的时候，她才会把头发披散下来，因此，"松开"就是一种放松。在汉语中，"礼尚往来""先来后到""人敬我一尺、我敬你一丈"等都体现了中国人的待人接物、行为方式。还有，中国传统文化提倡人的社会性，把人看作是社会的一份子，是团体的一份子，人与人之间应该互相关心、爱护、互相帮助。人们在见面的时候，经常会问："你去哪?"以表达对他人的关怀，英国的文化提倡个人主义，重视自我，如果被问及以上问题，就会感到被冒犯，会被视为侵犯"隐私权"。

（三）语言反映民族心理

语言作为一个国家的文化载体，它反映了一个民族的道德观念、价值观念等心理。例如，在英文中，"嫂子"就是"sister-in-law"，但两者在语义上并不完全相等。"嫂子"是指兄弟的老婆，而"sister-in-law"则是兄弟的妻子，也就是兄弟的老婆。从其形体特点上，"嫂"字的来源是"叟"，即为长辈，由此可以看出，"嫂"字在中国人的家族伦理观念中，对长辈和长辈之间的尊卑、兄长和大嫂之间有着严格的等级划分。"sister-in-law"在英语中的含义是"法律上的姊妹"，它反映了英语文化中对婚姻家庭关系的国家心理的一种法律视角。

词语中的褒义词和贬义词语也是民族心理的体现。在英汉语中，一些动物具有很大的象征意义。一些在中国人看来十分平常，甚至是讨厌的生物，在英国人眼里，它们都是可爱的伴侣，甚至是神圣的生物，反过来也是如此。比如，在英语里，"dog"和汉语里的"狗"，虽然在概念上有相似的含义，但是在国家和民族的语义上是不同的。自古以来，汉民族就有憎恨"狗"的心理，"狗"和"犬"构成的汉语词汇表，大都含有贬义成分，例如：走狗、狗腿子、丧家之犬、狗仗人势、狗急跳墙、狼心狗肺、狐朋狗友，等等。英语单词 dog 有很多中性的用法，通常用于"人"，比如："聪明人"，"幸运的人"，"好人"（老年或有经验的人），to help a lame dog over a stile（帮助他人于危难）等。

语言作为文化的一个重要组成部分，它记载着文化，传承着文化，反映着文化。作为人类进行交流的重要手段，语言在文化中占有举足轻重的地位。不同国家的语言在其自身的社会和文化中都有其自身的特点。一个国家的人民对自己的文化要素不熟悉，就无法进行有效而顺畅的交流。

文化会对语言的结构与涵义产生影响，而文化的动态特性则会使其在语义上发生改变。随着时代和社会的发展，"白话文运动""汉语拼音方案""简化字""标准普通话"等运动，都给汉语带来了很大的改变。新事物、新思潮的涌现，以及外来文化的冲击，使得许多词语的含义都有了重大的改变。例如，汉语里的"小姐"，是中国封建时代的奴才们用来称呼主人的闺女，在新中国建立以前，人们经常用来称呼未婚女子。新中国成立后至改革开放前，它变成了一个休眠词，而在 21 世纪的中国社会，在很多情况下这个词变成了中国女性不喜欢的称呼。它逐渐变成了具有贬义的词汇，而在这一过程中，社会和文化的因素起着基本的作用。无论是汉语或英语，都有许多类似的例子，而且数不胜数。英语中的许多词语都随着时间的推移而有了新的含义。比如，"Happening"是一种古老的活动，而新的用法则是"哈普宁艺术"（一种舞台或其他形式的表演，使观众感到惊奇和投入）；"bug"原来指的是"蠕虫"，而现在它的含义是"软件或硬件上的一个小缺陷"；

"memory"最初是存储，而现在则是"内存"；"hit"最初的意思是"打击"，而现在则表示"点击"（访问一个特定的站点）等。英语中也有许多描述新文化现象、文化趋势和时代特征的词语，例如 hippy 嬉皮士、yuppie 雅皮士、water gate 水门等，以及后来的政治丑闻。文化造就了这些词语，而这些词语则是记录着这个时代的文化特性。

第三章　跨文化交际与商务英语翻译的关系

第一节　文化因素对商务英语翻译的影响

就跨文化交际视角而言，翻译可以视作两种文化之间的转换，并且文化、文化差异以及文化因素对商务英语翻译起着重要的影响。基于此，本节首先分析文化与文化差异，进而探讨文化因素对商务英语翻译的影响。

一、文化差异

价值观是指人们对周围客观事物的意义、重要性的总评价。人们对客观事物的主次、轻重、好坏的排序，构成了价值观体系。而价值观和文化是双向互动的关系，因此不同的文化促成了不同的价值观。以下就对中西价值观进行比较分析。

（一）审美观念差异

德国哲学家兼美学家亚历山大·戈特利布·鲍姆加登于 1750 年创立了它。美学是人类特有的一种思维行为，它是一种基于对某种事物的需求而产生的对事物的观照。审美是一个群体中人与人之间联系的纽带。审美观是审美主体对美的总的看法。审美观作为价值观的重要组成成分，与价值观的其他组成部分有着密切的联系。通常情况下，审美观随着需求和认知的变化而变化，因此它体现了个体的需求和认知，而且审美观还因文化的不同而不同。

1. 艺术审美观

艺术美学是哲学中的一个重要部分，也就是所谓的"艺术哲学"，最初的意思是"感觉"。根据艺术美学的理论，艺术是美，美也是艺术。中西方艺术审美观既有共性，也有差异性。

（1）中西方艺术审美观的源泉。就美学史而言，中西审美观照理论源远流长。其中，老子和柏拉图式中西方审美观照理论的源头，是人类文明史上第一个轴心时代的东西方民族的伟大代表。

1）柏拉图的"迷狂"。从理论形态上讲，柏拉图的审美观照理论通过他的专门论述，已经形成了相对清晰的脉络体系。他的《大希底阿斯》就是一篇美学专论。

从审美的主客体方面讲，在美学观照中，柏拉图不仅注重"超脱"的美学态度，而更注重"直观"的观察。柏拉图认为，受到尘世欲望影响的人无法享受美的快乐，参与过多的社会琐碎事务会钝化自己对美的感受。他将美感同生理欲望、利害关系相互割裂开来。美感是灵魂在"迷狂"状态中对美的理念的回忆。需要注意的是，他的审美观照是炽烈的、沉醉的，他认为艺术家由于神灵附体而处于迷狂状态，由此产生了狂喜的、沉醉般的直觉。从审美的实践性的角度讲，柏拉图认为审美观照与人的社会实践毫无联系，这也是他的审美观照理论的弱点所在。审美的对象是人的审美，而审美的感觉又不能与人的实际活动相分离。人的肢体、耳朵、鼻子、眼睛，都是"过去所有的世界历史的产物"，是"人类的一切活动的历史的积累和传承的结果"，而审美的感觉在观察的过程中，也是整个世界的历史的一部分。

2）老子的"玄鉴"。从理论形式上看，老子的"审美照说"包含在自己的哲学思想中，并没有形成自己的审美体系，显得较为混乱、零散，但它更多的是"审美照说"的哲学依据。从审美主体的角度来看，老子与柏拉图的共同之处是，他们都更注重直观的观察方法，同时也主张美学观必须具备"虚静"之美心，摒弃一切私欲，使之心静如止水。然而，他和柏拉图不同的是，他的审美观照是平和的、豁达的，认为只有保持淡泊的、安宁的心境，美才会出现。从审美实践性的角度讲，老子的审美观照理论有着和柏拉图审美观照理论一样的致命弱点。

（2）中西方艺术审美观的共性与差异性。在人类社会的初级阶段，由于生产力的不足，无论中国或是西方，起初的艺术审美都主要考虑社会功利作用。

在西方国家，艺术的主要作用是"认识"。西方阐释学家保罗·司格勒斯（Paul Sigles）将艺术比作代码，可以借助媒介传递信息。虽然在西方的历史发展过程中，艺术只在特定时期承担社会功能，但更多的时候，艺术是个人情绪和情感的载体。从希腊开始，西方的哲学家们就把艺术视为模仿大自然的一种方式。后来，柏拉图在《理想国》（卷十）里指出，文艺是现实世界的"影子"。亚里士多德认为，文艺只是起了"净化"的作用。西方哲学传统认为，艺术只是在观察社会、表现现实，而不能改造社会，它始终是一个旁观者。所以，西方审美观更多地表现为人类的情绪或情感，注重个体情感的愉悦。

在中国古代并没有系统的美学学科，但有很多美学概念与西方美学如出一辙。中国的艺术审美观主要来自儒家思想。在儒家传统思想中，艺术是修炼"仁爱"之心的主要手段。"言，心声也。""文，心学也。""书，心画也。"等言论，就将艺术和心灵表现联系在一起。另外，儒家学说中的"诗言志"表明，人们可以通过文艺的修炼达到仁的境界。由此可见，中国传统文化认为，艺术是道德教育的主要载体。因此，中国艺术审美观最终更多地走向审美伦理化和功利性。

2. 文学审美观

语言美是存在于语言中的一个审美信息结构。既然是一个"结构"，就不仅仅是可以意会的，也是可以言传的，换言之，人们完全可以对之加以解剖、分析、描写、表现。语言中的审美构成包括物质形态审美构成与非物质形态审美构成。物质形态的审美信息存在于音韵、词句、章节等的具体的、物态的结构中，非物质形态的审美信息存在于语言的精神风貌中。因此，审美客体的审美构成可以分为两个表里相托、形意相融的系统：形式系统和非形式系统。

中西方的文学起源不同，有着不同的文学观。西方文学起源于模仿外物，中国文学起源于心物感应。因为西方文学源于模仿外物论，文学必然具有叙事的特征。而中国的文学源于心物感应论，文学必然具有抒情的特征。西方文化选择的是知识之树，中国文化选择的是生命之树。这种文化差异表现在文学审美观上，就是西方的追寻意识，中国的空灵意识。

（1）西方的"追寻意识"。

在西方人看来，主体必须尊重、了解客体，才能在这个客观世界上生存下来。这体现了西方人的追寻意识。古希腊德漠克利特曾说过："我们从蜘蛛那里学到了织布和缝纫，从燕子那里学到了建造房屋，从那些会唱歌的鸟那里学到了唱歌。"这样的文化氛围经过一代一代的传承，影响了整个民族和社会。以至于亚里士多德的"模仿说"在西方文学历史上长期居于主导性地位。"模仿说"的基本观念指出，一部作品是否能够称得上美妙，要看这部作品是否能将自然中人的言行举止模仿得非常形象生动，非常接近于被模仿的对象。这种"模仿说"后来体现在文学样式上，促进了叙事文学的兴起和繁荣。亚里士多德将文学样式分为三种类型，史诗是第一位的，然后才是抒情诗和戏剧。例如，世界上各个民族的史诗无不是对民族发祥、迁徙、所经历的战斗流血以及英雄业绩的模仿和再现。从文艺复兴一直到现代文学，"追寻意识"都是西方文学中的一条主线。"追寻意识"是西方文学与美学自觉崇尚自由、追求与发展的精神的集中体现。

在文艺复兴时期，希腊文化的精神得以继承，已经成为西方文化的根本内涵之一。西方人赞美生活、返歌人类、歌颂人生，不断挑战自我、超越自我，以人为本、执着现实、积极进取。作为西方文化另一渊源的基督教，重视道德，强调仁爱和救赎，将"爱"视为伦理的最高原则，深深地影响着近代新兴资产阶级。中世纪传说中的"圣杯"以及诸多骑士寻找圣杯的故事，滋生具有追寻、寻找、回归等文化内涵。因此，在西方的古典叙事学和西班牙的"流浪者小说"的潜在引导下，西方文学的主题大多是彰显个体奋斗和个人自由，由于作品吸收了广泛的社会现实的一些信息以及作者渗透出了先进的人道主义风格，因此会引起社会意识形态的审视和批判性思考。

（2）中国的"空灵意识"。

中国的"天人合一"哲学观对中国文学有着重要的影响，使得中国历代文学家没有探求自然、历史等的意识，而是把注意力放在自己内在的生命意识的表达上，在文艺中强调感发意志、吟咏性情的重要作用。正如汉代的《毛诗序》所言："诗者，志之所之也，在心为志，发言为诗。情动于中而形于言，言之不足故唛叹之，叹之不足故永歌之，永歌之不足，不知手之舞之，足之蹈之也。"此外，"永"即为"咏"。在这种"诗言情、歌咏志"的观念下，诗是心物感应出来的，因此就不难理解，历史悠久、人数众多的中国虽是诗歌的国度，却长期没有西方那样宏大的史诗。

"空灵"是一个美学概念，属于美学中的一种风格，主要是指作品有灵气、弹性足，可以用于形容作品在形象、内涵、意境、氛围等方面的特征。但是，中国文学将"空灵"一词的含义进行了引申和拓展，实际上是对"空灵"的一种借喻，主要是指中国文学对艺术精神、情感意趣以及"出世"思想的追求。例如，陶渊明之所以能写出这样脍炙人口的诗句——"采菊东篱下，悠然见南山"，是因为他为了释放自身的失落、伤感与愤怒的情绪，而陶醉在这种悠闲、出世的氛围中。再如，孟子提出"达则兼济天下，穷则独善其身"，这里的"穷"是指困境，在具体的现实中很多有才能、有抱负的人都遭遇了巨大的困境，可见，在儒家思想中，"达"与"穷"是两种完全相反的生活状态，但是人们在这两种状态中都能找到最理想的人生目标。当自己身处困境时，则更应该提高自己的品德和修为。当然，"穷"的状态是人们都不愿意面对的，因为它让人悲伤，人们往往为了迅速地从这种状态中解脱出来就会自觉地从内心或者外界寻找一些安慰物或者心理的补偿物。因此，中国文学的审美情趣呈现出一系列空灵性特点。例如，中国文学常以仙和仙界折射人伦社会，表现出一种超越悲剧、超越现实的浪漫情怀。

在中国文学中，"自然"是消解悲剧情怀和寄托情怀的重要因素，如象征高洁的松、竹、梅、菊等。再者，山水也充分显示出了悲剧意识的消解功能，王维就是最好的证明，他的"明月松间照，清泉石上流""行到水穷处，坐看云起时"等诗句都显示出山水自然与生命情思的呼应。另外，酒因为自身的特点常常让人意识模糊、表现出醉意，因此也能给士人们带来暂时的释放情绪的感觉。中国的文人墨客常常将酒作为自己抒发情感的意象，并且通常都是代表一种达到快乐的手段和事物，酒在中国文化中是一个非常重要的因素。"对酒当歌，人生几何"，一方面，酒能够麻醉人的大脑，从而使人得到暂时的轻松，进而忘掉令人悲痛的处境和一些道德的束缚；另一方面，酒对人的精神有一种真正的放松作用。除了酒之外，梦在中国文学中也代表着一种空灵的审美形态，因为梦里的事情不是现实生活中发生的真实事情，所以它能够弥补现实的不足。例如，李白说："常在梦里游仙山"；《桃花扇》通过"人生如梦"来舒缓强烈的悲剧感。要说中国文学的"空灵"意识最好的例证，应该是中国文学始终走在追求意境这条道路上，追求思想与意境的和谐共生。意境就是用有限的言语来衬托无限的意蕴，令人回味无穷。

3. 自然观念差异

（1）西方的"对立"观念。

西方文化是主体与客体相对立的文化。人面对着自然，要么感到畏惧，要么就是想尽一切办法去征服。这就形成了人与自然的对手关系。

之所以形成这种状态，还要追溯到公元前 3000 年到公元前 2000 年的欧洲文明萌发期，即所谓"爱琴文明"时代。希腊是西方文明的发祥地。希腊和爱琴海一带，大部分都是山区，土地贫瘠，但却有许多优良的港口，因此，希腊人在很久以前就开始了海上贸易，在那里，他们的文化和经济都得到了极大的发展。当时的人们通过航海和商业来谋生存，来发家致富。这一点可以通过考古发掘的器皿和壁画来证明，海草、珊瑚、海豚、章鱼等形象在那些器皿和壁画中到处可见，足见海洋生活对他们而言并不陌生。实际情况是，海洋比陆地更能显示自然作为人类对手的气质。大海波涛汹涌、狂风大浪、危险重重，因此人们很明白不能"靠天吃饭"，也不可能"乐天知命"，人们要经常面对大海搏击，人不能征服大海，就要被大海吞没。人必须具备冒险的勇气和探索精神，才能求得在海洋上的生存权利。因此，人与自然之间是一种认识、征服和改造的关系。人要勇于挑战自然，彰显人的价值和力量。

（2）中国的"顺应"观念。

中国位于亚洲东部的大陆上，地形复杂、气候多样、河流纵横的自然基础很早就萌发了初期的农业文明。可以说，中国文化起源于大河，黄河被称为中华民族的母亲河，除此之外，中国还有黑龙江、松花江、辽河、长江等各大流域。农耕文明与游牧文明的互动推动着中华文化的不断发展，总体上还是以农耕文明为主导。

在农业社会，自然环境的优劣直接影响着人民的生存，那时的人们没有能力去改变自然的环境，只能祈求大自然的恩惠，祈求风调雨顺，五谷丰登。中国古代人相信，人应该遵循自然的规律，与自然和谐共处。在原始的巫术活动中，人们试图通过情感感染自然，影响自然，祈求上天的怜悯。人们愿意顺应天命，从不抵抗天的旨意；既不甘做奴隶，也不想当主人。中国古代人从来没有把自然的"天"视为有独特能力的对手。人与自然是一种顺应与融合的关系。中国强调"天人合一"，当时的人们非常注重天与人之间的相互融合和协调。这种人与自然合一、物我不分的思想，使中国人的思想具有很强的综合性，在思考问题时，常常从全局的角度来思考问题，而中国人则更注重人际关系的协调。中国人的自然观是中国产生集体主义价值观的重要根源。

4. 道德观念差异

（1）平等与奉献。

1）西方的平等观念。

西方的道德观念深受西方人文主义的影响。西方的人文主义是指那些发扬纯粹属于人和人性的品质的一种途径。在西方哲学史上，普罗泰格拉（Protagoras）第一次把人作为研究对象，强调了人的主体地位和能动作用，开创了西方人文主义的哲学思想。文艺复兴时期的"人的发现"，是对古希腊时就已经存在的人的一种意识的唤醒，强调、发挥古希腊、古罗马典籍中关于人性、人的价值、人生幸福的思想。启蒙运动时期西方人文主义由贵族转向平民、由王权转向人权，更加明确地强调个人能量的解放和释放促使无限力量的形成。到了19世纪，人文主义认为，个人才能发挥促成的知识、财富、文明等方面的增长在物质和道德方面将人提高到前所未有的新高度。

从中世纪以来，人文思想所倡导的自由平等思想贯穿于社会、政治、经济和文化的各个领域。西方的传统是崇尚法律，法律被认为是自由、平等、正义的象征。

2）中国的奉献观念。

中国很早就有了"利他主义"道德感，这一思想可以追至传统价值观的利义观。孔子在《论语·里仁》一书中说："君子以义为先，小人以利为先"，其利义观念已影响了中国数千年的历史。利他主义是一种以别人的利益高于自己的利益为特征的献身精神。从历史发展到今天，中国的核心价值观一直都是以"敬业精神"为核心的。因此，中国并不缺乏有献身精神的人，古人有"先天下之忧而忧，后天下为公"的范忠，后有雷锋，还有今天的徐本禹，这位"感动中国"的大学生义工。

（2）德与仁。

1）西方的"德"观念。

在西方社会，智慧、勇敢、节制和正义一直都是人们崇尚和遵循的道德价值观念。柏拉图是一位伟大的西方哲学家，他相信，公正是智慧、勇气和节制三者的结合体，而公正则是智慧、勇气和节制三者的先决条件。这一理念在柏拉图的《理想国》中得到了充分的反映，他从城邦正义和个人正义两方面论述了正义，认为城邦正义是城邦中每个人都应该尽力而为，而个人正义是每个人心中都不能互相干扰的正义。公正也是人类的智力、勇气、节操三种美德，它们各司其职，和谐共处。公正让人民在其所处的位置与责任中得到安宁，从而使其社会得以协调、有秩序的运作。

2）中国的"仁"观念。

在中国，仁和义是最为重要的道德价值观念，其中"仁"位于仁、义、礼、智、信的首位。孔子认为，"仁"作为儒家之道的根基，作为伦理主张和道德理念的"仁"和"温良恭俭让"等具体德行是不同的。孟子继承并发扬了孔子的思想，在《孟子·梁惠王上》中描述了他认为的理想社会，即"老吾老及人之老，幼吾幼及人之幼"，这与孔子的思想是一脉相承的。可见，推己及人是儒家的一贯态度，这符合仁的真实情感。当然，"仁"只是抽象的道，它又具体化为人际交往的准则，即"仁者爱人""己所不欲，勿施于人""己欲立而立人，己欲达而达人"等。而且儒家认为"仁"是后天获得的，具体的修身程序为"学礼—约之以礼—自觉地循礼行事—存养仁"。但是，"仁"的实现并不意味着修身的终止，对"仁"的追求就如同对真理的追求，永无止境。

5. 教育观念差异

（1）西方求真。

西方哲学强调对真理的追求，他相信自然是追求真实，从而引导自己去改变和征服自然。不管是赫拉克利特，柏拉图，或亚里士多德，希腊哲学家都认为，知识的基本目的就是要找到真相，智慧就在于认识真理，并把能认识真理视为人的最高追求。人们眼中的中世纪代表着愚昧、荒诞，虽然如此，那时候的人们仍然大肆宣扬着对真理的追求。圣·奥古斯丁就认为，在真理面前，心灵和理性都要让步，人人都想要获得幸福，但是途径只有一条，那就是获得真理，并且认识了真理便认识了永恒。但是，要发现真理还需要运用科学的手段，因此培根创造出了通过实验与理性来发现真理的科学方法。同样，笛卡尔也强调，追求真理要运用正确的方法，至于什么是正确的方法，还要深入研究。对于真、善、美的向往，是人类的共有特性。但是，在西方，先追求真，再追求善，真比善更好。比如，在古代希腊，它的哲学仅仅是关于真理的，而不是关于善良的。之后，伦理问题虽然被提升到了哲学层面，但是它依然以事实为根据。直到现代，西方文明始终遵循着"真高于善，善在真"的模式，由此我们可以说西方文化为认识文化。

（2）中国求善。

从一定程度上讲，中国的文化就是一种道德的文化。这是由于中国古老的文化，认识、求真往往与伦理、求善结合在一起，并且前者附属于后者。《论语》作为儒学的经典，就是以伦理为核心的，然后延伸至政治等方面。孔子甚至将"中庸"看成美德之至。孟子也是在其"性善"说基础上建立其"仁政"和"良知、良能"学说的。孟子认为，"知"的天赋能力（良知、良能）是由"性善者"产生的。"诚"的核心内涵是"善"，而"诚"是"仁"；"明乎善"是"思诚"思想的核心内容。只有真诚、尽善，方能摆脱良知、良能的遮蔽，获得足够的知识与智慧。很明显，善比真实更甚于真实。宋明理学是儒家的一个新时期，它吸纳了一些道教、佛教的重要思想，但是它的基本框架仍然是以道德观念统摄的认识论。如"格物致知"的认识论就在伦理学的控制范围之内。理学的认识论完全被伦理学兼并了。

在中国古代，社会的价值观表现为文化政治化、道德化，在乎社会秩序和人际关系的礼仪，并认为这是"正道"。当时的人生理想被宣扬为读经书、考科举、进入仕途，因此许多知识分子争先恐后地追求仕宦前程，都在研究怎么度过人生、怎么安邦治国才算是最好的选择，而对与此没有直接关联的学问非常漠视。这种趋势在汉代以后表现得更加明显，重义轻利，重人伦轻自然，重政治轻技术。即使是孔子，也把理性的思辨与科学的分析置于日常生活、伦常情感、政治观念之中，将科学理论伦理化、政治化。而道教的文化则是一种质朴的文化，崇尚原始、野蛮，抵触科技。到了封建社会晚期，这一状况愈演愈烈，对科技发展极为不利。人都希望当太监，当个高人，工人由于缺乏文化，无法将技术抽象成科学，而有学问的人，其实是封建官僚制度的后备力量，对技术却不屑一顾。这导致了"主流学问"与实际知识的分离，劳动实践和知识创新之间的分离。所有这些实际上已经成为科技进步道路上的一个巨大的绊脚石。

总体而言，基于文化领域，中西思维模式和价值观有着显著的差异，这些差异体现着中西文化的特点，折射着中西民族的历史文化、风俗习惯等。了解中西思维模式和价值观的差异，可以避免在跨文化交际中产生误解，确保跨文化交际准确、有效地进行。

6. 思维模式差异

（1）曲线思维与直线思维。

西方人的思维呈现直线式。在表达思想时往往是直截了当，在一开始就点明主题，然后再依次叙述具体情节和背景。这种思维方式对语言也产生着重要的影响，即英语为前重心语言，在句子开头说明话语的主要信息，或者将重要信息和新信息放在句子前面，头短尾长。例如，"It is dangerous to drive through this area." 该句子以 it is dangerous 开始，点明主题，突出了重点。

中国人的思维方式呈现曲线式。在表达思想和观点时常迂回前进，将做出的判断或者推论以总结的形式放在句子最末尾。这种思维方式在语言中的反映是，汉语先细节后结果，由假设到推论，由事实到结论，基本遵循"先旧后新，先轻后重"的原则。例如，同样是"It is dangerous to drive through this area." 这句话，汉语表达则是："驾车经过这一地区，真是太危险了。"从该例中既能感受到中国的曲线思维，又能了解中西思维的差异。

（2）分析性思维与整体性思维。

西方倾向于分析性思维。对事物进行分析时，既包括原因和结果分析，又包括对事物之间关系的分析。17 世纪以后，西方分析事物的角度主要是因果关系。恩格斯特别强调了认识自然界的条件和前提，他认为只有把自然界进行结构的分解，使其更加细化，然后对各种各样的分解形态进行研究，才能深刻地认识自然界。西方人的分析性思维就从这里开始萌芽，这种思维方式将世界上的人与自然、主体与客体、精神与物质、思维与存在等事物放在相反的位置，以彰显二者之间的差异。这种分析性思维包含两个层面：一是分开探析的思维，既把一个整体的事物分解为各个不同的要素，使这些要素相互独立，然后对各个不同的独立的要素进行本质属性的探索，从而为解释整体事物及各个要素之间的因果关系提供依据。二是以完整而非孤立、变化而非静止、相对而非绝对的辩证观点去分析复杂的世界。马克思主义哲学大力提倡这种思维层次。

中国人倾向整体性思维。在最早的生成阶段，宇宙呈现出阴阳混而为一、天地未分的混沌状态，即太极。太极动而生阳，静而生阴，在动静交替中产生出阴、阳来。阴阳相互对立、相互转化。事物总是在阴阳交替变化的过程之中求得生存、发展。从哲学的角度来看，阴和阳之间的关系是从对立走向统一的。这就体现了中国传统哲学的整体性特点，它不注重对事物的分类，而是更加重视整体之间的联系。我国儒家和道家也认为人与自然、个体与社会就是一个大的整体，二者是不能被强行分开的，必须相互协调地发展。儒家所大力提倡的中庸思想就发源于阴阳互依的整体思维。基于整体性思想，中国人总是习惯于首先从大的宏观角度初步了解、判断事物，而不习惯于从微观角度来把握事物的属性，因而得出的结论既不确定又无法验证。由此中国人逐渐养成了对任何事物不下极端结论的态度，只是采取非常折中、含糊不清的表达方式，在表述意见时较少使用直接外显的逻辑关系表征词。总而言之，中国人善于发现事物的对立，并从对立中把握统一，从统一中把握对立，求得整体的动态平衡。

（3）创新思维与保守思维。

西方人的创新思维较强。他们的思想也具有鲜明的批判性，因此西方哲学在各个时期都有不同的理论体系。西方思维方式趋于多元化，注重多方向、多层次、多方法地寻求新的问题解决方案，重视追根穷源，具有发散性、开放性。西方人勇于打破常规。对西方人来讲，有变化，才有进步，才有未来，它们三者之间有着直接的关联。没有变化、进步，就没有未来。西方人的思维历来变化多端。翻开西方历史，显而易见的是标新立异的成功。正是这种创新的价值取向，使西方人生活在生机勃勃的氛围中。中国人的保守思维较强。中国封建社会的一体化政治结构，决定了中国传统文化长期以来遵守"大一统"思想，要求个人和社会的信仰一致。这种"大一统"思想又通过儒家的"三纲五常""礼乐教化"得到巩固。儒家倡导中庸之道，反对走极端，避免与众不同，主张适可而止。中国封建社会希望社会中所有的人，上至国君，下至百姓，都形成同样的价值取向和行为模式。在这种"大一统"文化的熏陶之下，中国人的思维方式相当保守，因而也具有很强的封闭性，缺乏怀疑、批判、开拓和创新的精神。但是，正是因为这种保守思想，中华文化才得以保存、延续和发展。

（4）逆向思维与顺向思维。

西方人倾向于逆向思维。不同民族的人们在观察事物或解决问题时，会采用不同的视角和思维习惯。西方国家的人们喜欢反向思考，往往通过反向的描写来达到自己想要的结果。这种思维在语言上有着充分的体现，如在说"油漆未干"时，英语表达是 wet paint，在说"少儿不宜"时，英语表达是 adult only。

中国人有一种随机应变的习惯。换句话说，中国人的思维方式都是从文字上来表达的。这在语言中的体现十分明显，如"成功者敢于独立思考，敢于运用自己的知识"这句话就是按顺序表达，而且其意思可以按照字面意思理解。而这句话用英语表达时则是"Winners don't have to worry about doing what they want, and they need to apply what they know."由此可以看出中西方思维方式的差异。

（二）文化因素对商务英语翻译的具体影响

1. 环境文化因素

环境文化是由当地自然和社会环境所组成的一种社会文化，它反映了各族群使用的语言方式和语言的差别。

根据跨文化交际学的观点，对某些特定生长环境的喜爱会导致人们形成某种思维定式，很多人类学家也认为，一个国家的地理条件会对当地的文化产生重要影响，进而会影响到语言层面，而影响到语言必然会影响到翻译。例如：

夏练三伏，冬练三九

译文1：three fu，three nine

译文2：In summer，do it on the hottest days；in winter，do the same on the coldest days.

上述汉语的意思是要求人们加强锻炼，这与汉民族的文化环境有着密切的关系。如果翻译成译文1，会让西方人不理解，但是译文2的翻译就很恰当，很容易让对方理解。

2. 风俗文化因素

所谓风俗文化，即在人们的生活与交往中形成的民族风俗习惯组成的文化。语言是从生活中来的，生活习俗在某种程度上对语言产生着重要作用。例如，蓝色在英语国家中代表"沉闷、沮丧"，如果不考虑英汉语言的差异性，将"蓝天"牌台灯译为 Blue Sky Lamp，会使其销量产生巨大不利。

3. 历史文化因素

历史文化是指在一定的历史发展过程中，经过一定的社会传承而产生的一种文化。不同的历史文化背景，造就了不同的民族生活方式和性格气质，并反映在语言中，尤其是在一些历史典故中，对浓厚的民族色彩和鲜明文化个性的反映更为明显。

在商务英语中，要想达到目的，必须要把握其深厚的历史文化意蕴，采取适当的翻译手段。例如，在我国文化中，诸葛亮是个家喻户晓的智慧的象征，然而西方人对此并不一定了解。例如：

三个臭皮匠，赛过诸葛亮。

The three cobblers with their own intelligence match Chuke Liang，aster mind.

显然，对于汉语中的这句谚语，翻译时只有将直译法与增译法结合起来，才能便于读者理解与把握。

第二节　基于文化信息等值的商务英语翻译

加拿大知名翻译家让·德利尔认为，编码转换是用来判断词语是否存在，而翻译则是获取信息等值。同时，他还指出语言等值、代码等值、翻译等值、意义等值等都是同义词。

这种翻译标准观对于商务英语翻译起着非常重要的作用。同时，在商务英语实践中，常常存在着扭曲文化信息的情况，译者有时候也无法察觉到。下面就来分析具体的不等值情况以及如何对文化信息加以调整

一、文化差异引起的文化信息翻译不等值

据相关调查显示，每年，全球销售的产品都有40，000多种，其中50%的产品是在美国销售的，但这些产品中的85%都以失败而告终。可见，国际营销之路也是建立在广告战

役的失败和错误营销之上的。究其主要原因，就在于跨文化交流的错误，很多是由于对文化差异的无知和忽视而致。因而，忽视文化差异的客观存在，实现翻译的等值也就无从谈起。具体有如下几方面的体现。

（一）源语中的指称对象在译语文化中根本不存在

目前，很多国际商务英语翻译工作者跟不上现代科技发展的步伐，对一些科技新词、新领域的词汇也一知半解，因而等值翻译也就无从谈起。尤其在医学领域最为明显。例如：

Sulvvit 永乐维它

Intralipid 英脱利匹特

Pedel 派达益儿

由于国内医疗行业中没有相关的药物名词，也没有相应的名词，因此，只能采用音译的方式进行翻译。但显而易见，这些中文名绕口、缺失美感，而且没有译出产品的用途特点。

（二）源语文化在概念上有明确的实体，但译语中不存在

例如，英国的 Hunt-Wesson 公司把新的"Big John"推向了说法语的加拿大（Gros Jos），并以法语的名字命名 Gros Jos，但随后人们发现，该词组在法语厘语中的意思是"大乳房"。

（三）对于同一指称对象，源语与译语所选用的词语不同

源语和译语中同一个指称对象可能由字面意义不同的词语加以指称。

干货。对这一点，英汉语言中都有，但是不能将其直译为 dry goods，因为这指代的是纺织品。在英语中，"干货"一般用 dried food and nuts 表达。

白酒。"白酒"在中西方文化中都存在，其对应表达并不是 white wine，因为这一词在西方指代的是葡萄酒，而应该改用 spirits 或 liquor 这样的词汇来表达。

二、商务英语翻译中的文化信息调整

由于各国语言的差异很大，所以商务英语译员必须清楚地了解这种差异，以便采取适当的策略进行翻译，从而达到对文化信息的灵活对等。因此，在商业英语的实际翻译中，商务英语翻译工作者需要对比源语与译语之间的差异，从而就文化差异展开调整，具体可以从如下几点入手。

（一）原文的指称对象可能引起译语读者的误解

指称对象往往通过词语、句子或篇章反映客观世界。但由于不同文化环境的人对自然

和社会的认识深浅程度不一，角度各异，因而不同语言间词语的指称并不完全一致，翻译时应注意避免对指称对象理解不到位而引起读者误解译语的情况。

（二）译语的"语义过载"让读者费解的现象

例如，"精神文明""三资企业"这类汉语词汇在英语中无对应词的"词汇空缺"的现象，其负载很重的文化内涵，在翻译过程中要做适当的文化调整。同时，在翻译时，尽可能地降低文化信息的损失，使译文和原作具有相似性。

第三节　商务英语翻译教学中的跨文化意识

一、跨文化意识和跨文化转化策略

（一）商务英语翻译中的跨文化意识

1. 跨文化意识的概念

跨文化意识是西方学者汉维在理解和认识不同文化的过程中所产生的一种理论。西方学者陈恩和斯塔科斯塔对"跨文化意识"作了以下的阐释。跨文化意识需要我们认清自身的文化属性，并在此基础上探索其他民族的显著特点。在跨文化交流中，他们可以更好地了解不同文化背景下人们的行为。由于各民族的思维模式都是独一无二的，因此，在跨文化交流中存在着许多的误会。

在商业上，跨文化意识就是指国际商务者对不同文化间存在的差异有较深的理解和认识。具有跨文化意识的人有着较强的文化敏感性，即能够敏锐地感觉到并客观地观察、评估和理解不同文化间的差异，包括细微的差异。换言之，跨文化意识是指在语言环境中，英语学习者对所学习的语言文化有很好的理解，能够很好地适应和交流，能够像译语读者那样进行思考、做出反应、进行多种交流。从翻译的观点来看，跨文化意识是一种由译者在交际过程中有意识或无意识地形成的一种认知准则和调整方法。

2. 影响商务英语翻译的文化障碍

文化是翻译过程中必然会面临也可能是最难的问题之一。由于文化和语言是紧密联系在一起的，因此，翻译既是一种语言的交流，也是一种文化之间的交流和沟通，它涉及了两种文化，如果没有这种认识，就会产生文化的误会，甚至是文化的碰撞，从而影响到交流的正常进行。为了使原文更深刻、更贴切地传达，译者就必须弄清英汉两种语言之间的文化特点和差异，合理"对接"其文化内涵，使原文的本来面目得以真实呈现。在翻译方面，文化障碍即文化差异，主要体现在以下几个方面。

（1）地域文化和翻译。地域文化是指不同地区、自然条件和地域条件所构成的一种文化。在这些因素中，自然地理环境是造成文化差异的最根本和最直接的因素。山川、海洋、沙漠等天然屏障阻碍了不同民族间的文化传播和交流，客观上为不同民族文化的个性的独立发展提供了机会。这是因为，不同地域的人们对于相同的现象或事物所使用的语言的方式也不尽相同。如汉语"人心齐，泰山移"中的"泰山"就是特定地域的事物，喻指显赫的事物，这对一个缺少中国文化背景的外国人来说，是难以体会到该成语所要表达的意义的。又比如，中英两种语言中，"东风"和"east wind"的意思是一样的，但是它们的联想含义是完全不同的。中国人喜欢"东风"，"东风"是中国文化的"春天"和"温暖"的意思，"东风报春"是一种很好的表达方式。英国人对"西风"的喜爱程度更高。英伦三岛由于有北大西洋暖流经过，其所带来的西风往往温暖和煦，而从欧洲大陆北部吹来的东风却寒冷刺骨，所以英语中用西风代表"春天"，东风代表"冬天"，而这在汉民族文化中则恰恰相反。

不同的生态环境使得不同民族对动植物的喜好也各不相同。在中国传统文化中，人们对"岁寒三友"松、竹、梅具有很高的评价，常用来比喻人类高洁正直、刚正不阿的品性。英语中的"pine""bamboo""plum blossom"则没有这样的联想意义。如"雨后春笋"不译成"spring up like bamboo shoots after a spring rain"，而应考虑代之以英语读者熟知且喻意相近的"spring up like mushrooms"，因为英国受其海洋气候的影响多产蘑菇。

（2）历史文化和翻译。历史文化是指经过特定的历史发展过程和社会变迁而积累起来的人类文明。不同国家、不同的民族、不同的历史发展，有时甚至存在着很大的差别，因此，不同的历史和文化在不同的时代背景下，形成了不同的历史和文化。这一历史和文化上的不同，妨碍了语言交流的渠道。差距愈大，就愈难以跨越。比如，英文"John can be relied on. He eats no fish and plays the game."这句话的意思就是："约翰是个值得信赖的人，他不会吃鱼，也不会打游戏。"实际上，英语中"eat no fish""play the game"都蕴藏着丰富的文化意蕴。在英国的历史中，宗教与政治的斗争是非常激烈的，保守的天主教信徒在星期五只有鱼肉，但是新教徒们却不愿意遵循这个规则，以表明他们对新教和新政府的忠诚，所以"eat no fish"就是"忠诚"的意思。"play the game"又一次来源于"公平竞争"，即"守规矩"。因此，这句英语应该正确地翻译成："约翰是一个值得信赖的人，他是一个忠实而有原则的人。"

（3）风俗文化和译文。风俗文化是指在人们的日常生活中广泛存在的各种风俗习惯所形成的一种文化，在打招呼、称谓、致谢、致歉、告别、约会等方面，都有各自的民族文化规范和风俗。比如，一种形式的问候语，就是一种用于交流的人在见面时打招呼的方式。在英语和汉语中，最常见的是：

Hi/Hello!

How do you do? How are you? How are you doing?

Good morning! Good afternoon! Good evening!

您/你好!

早!早上好!您早!

吃了吗?去哪里?干什么去?

中国人在问候别人时常用上述话语。这些只是打招呼的形式,听的人也是用一种程式化的应答语表示回应,不需要当作问题来认真对待。从语用的角度来看,它们起着"问候"的作用,反映了说话者对听话人的关怀。但是,如果你用英语翻译"吃了吗""去哪里""干什么去",以及用英语来向英语使用者打招呼,那么他们的语用作用就不会再像"问候"那样简单了。而是你真的想从对方那里获取信息,或者可以被推导出一些他们习惯了的"会话含意"。若问"你去哪儿(Where are you going?)"就会有打探别人隐私之嫌,好像对方要去一个不该去的地方,会引起对方的不高兴。再如,在中国人婚礼宴会上人们常用"恭喜"二字对新郎新娘表示祝贺,但在英语文化中"congratulations"一词却只适于说给新郎,而不可以此向新娘道喜,因为"Congratulations!"表示几经努力终于得到某人或做成某事。对新娘说"Congratulations!"似意为"你终于不择手段找到了一个丈夫"或"你终于嫁出去了",难免让对方不悦。

在汉语的答谢语中,当说话人受到别人称赞时,往往表达"谦虚"的语用意义,这与礼貌原理中的谦逊原则相一致。然而,在许多情况下,中国人的"谦虚"可能会对老外构成"面子"的威胁,导致了跨文化交际中答谢行为上的语用失误,使说话人原有的语意消失,造成误解。清朝时李鸿章出访美国,曾在美国餐馆设宴,席上对客人说了这样一番话:"今天蒙各位光临,非常荣幸,我们略备粗馔,没有什么可口东西,聊表寸心,不成敬意,请大家包涵。"第二天报纸上刊登了这一讲话的译文,餐馆老板大为光火,说李鸿章污蔑了餐馆的名声。

(二)跨文化转换策略

1. 跨文化语篇

翻译活动从原来人们认为的纯粹的语言之间的转换活动越来越被看成是跨文化的活动。然而,翻译作为特定语境下的跨文化交际活动,并不涉及某一文化整体的所有方面。

浙江大学许力生教授在其著作《跨语言研究的跨文化视野》中认为,讨论翻译问题要找到语言和文化的结合点——话语。特定的跨文化翻译通常并不涉及整体文化的所有方面,而只涉及相关的话语系统和话语社团。从"话语系统""话语社团"的概念和理论出发,许教授认为语言之间的翻译实际上应该进一步划分为"话语内翻译"与"跨话语翻译"。他认为,表面上不同的语言体系或语言社团之间并不是彼此孤立、毫无联系的,而是有所重叠和交叉,即不同的语言体系或语言社团中包含有相同或相似的话语体系或话语社团。也就是说,使用某一语言的某些人可能会与使用另一语言的某些人属于同一个话语体系或社团,因此这些人之间的交流就是同一话语内的交流,就会很容易做到相互理解。

他们之间交流的障碍主要产生于各自语言之间的差异。而对于那些不属于同一语言社团，又不属于同一话语社团的人们来说，他们之间的交流就比较复杂，理解上也会遭遇很多困难。同一话语社团内的交流与不同话语社团间的交流所存在的差异，必然对其产生深刻的影响，并因此呈现不同的特征。

这种观点为我们进行语篇研究和语篇翻译方法的选择提出了一个崭新的视角。文化的差异一般是存在于不同话语社团之间的。当然，"话语翻译"要建立在语篇分析的基础上。

（1）语篇及其语篇特征。

"语篇"在英语中可以是 discourse，也可以是 text。除了"语篇"这个术语外，在汉语中我们也常用"篇章"这个概念。我们这里说的"语篇"主要指言语行为的成品。它可以是书面的，如写成的文章；也可以是口头的，如说出的一段话，像一个交际行为的磁带录音就是这个交际行为的口头语篇。

语篇特征主要包括两个方面：结构性语篇特征和非结构性语篇特征。结构性语篇特征指句子本身的结构（如主位结构）；非结构性语篇特征指在不同句子中的不同成分之间的衔接关系。从语段发展模式分析，则可以看出文章作者是如何将一组概念和命题缀合成篇章段落的。

1）结构性语篇特征。

语篇的结构性衔接，即"主位推进程序"。主位是指位于句首的成分，它的作用是充当句子其余部分叙述内容的起点，而句子其余部分则称为述位。在孤立的句子当中，主位和述位是确定不变的；但是，在由若干句子组成的语篇中，各个句子之间，主位和主位、述位和述位、主位和述位就会出现某种联系与变化，我们称之为推进（progression）。占据句首位置的主位，承担的信息负荷较小，是语篇组织的重要构造手段。因此，各句主位之间的联系与变化所形成的主位推进程序就能在一定程度上体现出语篇结构的基本框架。

2）非结构性语篇特征。

语篇的非结构性衔接，又称为语义衔接。一般可分为照应、替代、省略和连接。①照应就是用代词等语法手段来表示语义衔接关系，即语篇中的一个成分作为另一个成分的参照点。照应分为人称照应、指示照应和比较照应。②替代指使用替代形式去替代上下文出现的词语，以实现语篇的衔接、意义的连贯。英语替代分为三种：名词性替代、动词性替代和分句性替代。③省略指的是把语言结构中的某个成分省去不提，它是为了避免重复、简练语言、突出新信息，使上下文紧密衔接的一种手段。④连接就是运用各种连接词语来标明语篇中前后成分之间的某种逻辑关系。比较常见的连接类型主要有递进、因果和时间等。

（2）语篇的文化差异。

话语结构模式实质上是指在特定的文化背景下，人们运用语言来实现自己的交际活动。虽然同一种话语模式在不同的语言中，其实施方法也存在着一定的差别。文化是构成语篇的主要因素，它是指如何看待外在的客观世界、人与世界的关系、人与社会的关系。

这些因素决定了文化的根本特征，将极大地影响到人们所能形成的话语。

卡普兰曾经认为，由于"八股文"对汉语语篇的深刻影响，使其成为"螺旋型"的语篇。并且认为八股文至今还影响着中国人的写作，以"起、承、转、合"方式来组织篇章段落依然十分普遍，他这样看问题实质上是将语篇结构方式归结为文体特征的影响。斯考仑也认为汉语表述方式是间接的、迂回的，但他并不将其仅仅归结为八股文的影响，而认为这与中国文化中的传统价值观有关。相对而言，西方传统文化强调个体，交际双方通常被认为是相对平等的。因此西方人在写更加突显个人的观点与见解时，直截了当，较少掩饰。而中国传统文化强调群体，个体被看作群体中的一员，由社会所规定的双方地位、双方关系以及是否归属同一群体，对人们的行为有很大影响。因此中国人在写作过程中善于将个人观点隐藏在群体观点之中，喜欢使用成语、名言，过多地依赖历史、传统和权威来阐述自己的意见和观点，以获得他人的认可。

因此，语篇的差异与使用的语言之间的不同并无本质上的联系，而与人们对语言的使用，即话语密切相关。因此，在某些篇章中，一些语篇的相似度要高于同一类型的篇章，而在某些篇章中又存在着明显的差异。那就是说，有些汉语语篇会跟某些英语语篇有更多的相似，而同样是汉语语篇或是英语语篇，有些语篇各自内部之间的差异也许还会大于另一种语言语篇的差异。

语篇结构的差异，在深层次上反映出传统文化因素的内在制约，这是毋庸置疑的，也是客观存在的事实。值得指出的是，不同民族语篇结构的差异实际上是不同风格的体现，没有高下、优劣之分。中国人常常是先摆事实、讲理由，然后再得出结论；而英美人一般是先表明自己的立场观点，然后再加以论证。就表达结果来看，是殊途同归。但由于传统文化的影响，东西方的思维习惯、表达方式存在一定的差异，往往会在跨文化交际中产生一些误解。如英美人时常认为中国人讲话不着边际，喜欢绕弯子；而中国人则觉得像英美人那样一上来就表明自己观点立场的做法显得太突兀，不够礼貌。

在当代的民族国家中，多元文化的异化已经是一个普遍的事实，不同的民族文化已经不再具有同质性，不同的语言之间的界线也日益被跨越。同时，今天的语言，尤其是那些使用范围广泛、使用者人数众多的语言也在不同国家、不同地区、不同群体中发生种种变异，形成众多的各不相同的话语系统，而这正是社会文化的多元化所致。文化上的不同导致语言使用上的不同，由此而产生了不同的话语系统，即语言使用上的变异。

这种情况的存在就要求我们应从跨语言、跨文化的角度出发来研究问题，发现问题。

2. 跨文化转换策略

翻译既是一种语言符号之间的相互转化，也是一种不同文化之间的相互转化。不同民族之间的共同性使得这种转化是有可能的，不同的文化差异使得这种转化不能达到完美，甚至在某种程度上阻碍了这种转化。不同的文化之间存在着不同的文化差异，因此，翻译工作者的任务就是在不同的文化之间架起一座桥梁。英语与汉语中存在着大量的文化词汇，尤其是成语、谚语、俚语、方言、颜色词、动物名词、人名、地名等词汇，这些词汇中蕴藏着大量的文化意蕴，翻译这些词汇时，既要尽量表达源语的文化意蕴，又不能超出译语文化、译语读者的接受范围，具体来讲，进行不同文化之间语言的转换主要有三种策略。

（1）移植法/直译法。直译是指译文在形式与内容上都与原文非常接近的一种译法。只有原文中的词语用法、词序排列、句式结构等各个方面均与译入语非常相似的句子才能采用直译法。这样既能保持原作的形象，又能更好地理解外国的文化。同时，引进新的意象有助于译语文化在理解和吸收外来文化方面的能力，成为译语的"新鲜血液"，但表达时切忌生搬硬套。

（2）意译法。意译就是以意义为基础，只要把原文的大意写清楚，不注重细节，就能使译文流畅自然。这种方法不注意原作语言形式，包括句法结构、用词、修辞手段。如将英语成语 ñsh in the air 译为"水中捞月"或"缘木求鱼"，而不是译为"在空中钓鱼"，将汉语成语"粗枝大叶"译为 to be crude and careless，而不是译为 with big branches and large leaves。

（3）借用法。借用法就是借用译入语现成的俗语来传译原文中的俗语。有两种情况：①源语中的表达方式在意思和形象上同译入语的表达方式相似。例如：将英语成语"go through fire and water"译成"赴汤蹈火"，将"castle in the air"译成"空中楼阁"；将汉语成语"有其父必有其子"译成"Like father, like son"，将"英雄所见略同"译成"Great minds think alike"。②源语中有许多表达方式尽管在译语中找不到"形同意同"的对等表达方式，但却可以找到"形异而意同"的表达方式。

二、翻译教学与跨文化意识

（一）我国翻译教学的现状

1. 教学目标

教学目标的科学制定是进行教学的指导和前提，对翻译教学的效果发挥着至关重要的作用。然而，长久以来，人们都有一种错误的观念，即："翻译"的教学应该是教育学生、培育，甚至是翻译者。我们并不排斥在课堂上培养翻译者，但是我们必须明白，翻译教学是为了使学生理解和掌握翻译的基本原理，从而为将来的发展打下坚实的基础。教学实践表明，在一、二年的时间里，译者千万不要指望自己能成为一位优秀的译员。但现在，因为目标不明，导致了培养方法的偏差，很多学生都将翻译课程当成了自己的课程，希望能通过大量的实践来提高自己的翻译能力。就可以应用到以后的翻译实践工作中。而对老师讲授的翻译基本理论则毫无兴趣，这显然是不能学好翻译的，也不可能成为地地道道的译者。

2. 课程设置

目前，国内大多数大学的英语专业都只有一般的翻译课，主要是教授英汉语的基础知识和技巧，而且大多是以文学作品为主要内容。针对时效性较强的应用翻译，目前多数高校已不开设此课程，主要是因为课时及其他因素的影响。特别是在英语教学中，翻译教学一直没有受到应有的关注。而国内大学英语专业本科生的翻译课程一般都是在三、四年级开设，一周两节课，一般都是在 70 个小时以内。因为翻译要求中英文水平比较平衡，而且还涉及很多其他门类的知识，所以要在这么短的时间里掌握翻译的基本知识，并接受系统的正规的训练，是不可能取得明显的进步的。更别提把英汉对照的研究扩展到不同文化之间的比较，以及如何找到解决问题的方法，从而培养学生的跨文化意识。

3. 翻译教材

一方面，目前一些学校仍沿用 1980 年出版的《英汉翻译教程》或郭著章的《英汉互译实用教程》。这两种教材虽有许多可取之处，但由于时代的变迁，科技的进步，书中的很多供教师和学生翻译学习和参考的译例有些过时了。缺乏系统性，个别译例生硬、欠准确。另一方面，目前，对翻译教科书的研究还停留在对别人的教科书进行批判和褒奖的程度，很少有人提出对其进行改进和设计。在翻译教材中，只讲理论、技术的人很多，但很少有人能把理论运用到实践，并将理论融入到讲课中。这也导致了许多教师和学生产生了一种误解，即做翻译不一定要讲翻译理论，也不一定要教授翻译理论。

4. 翻译教学方法

由于中英文两种语言之间的巨大差异，我国翻译课的教材和课题教学大多遵从传统的教学模式，即把重点放在语言的讲解上。从理解的角度讲，教师会帮助学生理解难懂的词语和句子结构等；从翻译技巧的角度讲，教师会着眼于句子结构和篇章逻辑的分析与转换。这样做在一定程度上提高了学生的语言能力和具体的翻译技巧，但是没有将翻译活动提升到跨文化交流以及翻译理论与翻译实践相结合的高度，难免有"一叶障目"之感，忽略了翻译的精髓。在英语翻译教学实践中，很多老师更注重的是英语与汉语两种语言的转换，忽略其所在国家文化、思维方式的差异。

5. 跨文化意识的阻力

在跨文化交际中，人们对其他文化的态度直接影响到其跨文化交际行为。由于难以摆脱母语文化的约束，文化态度中一个极为突出的问题是，人们深受母语文化观念的羁绊，在处理问题时习惯于自觉不自觉地从母语文化的角度去观察和对待其他文化，最突出的心理干扰因素是"文化中心论"，或称"文化优越感""文化模式化"和"文化偏见"。

（1）文化偏见。文化偏见论者采取的是一种处于固有的成见所持有的不公平、带偏见的，甚至是顽固不化的歧视态度对待与己不同的文化，喜欢专门搜集可以证实自己偏见的"证据"，对与之矛盾的其他事物和现象则置若罔闻。持有文化偏见的人总是以所谓的

"自我参照标准"，就是用自己的文化价值来衡量人们在不同的文化中的行为和事情。在国际商务活动中，经营管理者的文化偏见必然导致企业的经营管理尤其是人力资源管理和市场营销等方面发生偏差，进而影响企业的经营绩效。

（2）文化优越感。文化优越感，或称文化中心论，是阻碍跨文化意识形成的最重要的原因。受文化优越感毒害的人会自觉不自觉地将母语文化的风俗习惯、交际规则、思维方式和价值观念作为唯一的标准，衡量和判断世界一切文化的行为，与之一致者才是正确的，其他则都是错误的和不好的，都必须加以反对。文化优越感患者处处以自己的文化为中心，认为自己文化的行为标准必须是所有文化的标准。

文化中心论造成的恶果必然是对其他文化和其他社会的严重偏见，无法客观地认识和对待与自己不同的文化。文化中心论会使人们失去获取跨文化意识的意愿与要求，一切以我为中心。持这种态度的人认为只有自己的国家、自己的城市、自己的州或省和自己的民族才最为道德，自己国家的政治体制是唯一合理的，其他人只能了解"我"、认同"我"和适应"我"。

（3）文化模式化。那些被文化模式化毒害的人，会预先设定一种模式，把它强加给另一种文化，把它简化、概括、夸张地归类，把所有其他文化的现象，都硬生生地塞进自己的模型里。例如，文化模式化论者认为美国人都很富有、无拘无束、过于友善、讲究物质利益；意大利人感情丰富，情感外露；英国人保守、礼貌，勤奋而且爱喝茶；德国人固执、勤劳、循规蹈矩，而且爱喝啤酒；远东人则含蓄、机敏、狡猾，而且难以捉摸。

（二）翻译教学中跨文化意识的培养

教育部《高等学校英语专业教学大纲》中明确了"跨文化交流"的教学原则，强调了"跨文化交流"的培养。除了语言的恰当使用之外，它还具有对不同文化差异的敏感性，以及适应不同文化的适应性。而作为将英语、汉语等双语转化为主要内容的翻译教学，在文化交流中起着举足轻重的作用。随着全球经济一体化进程的加快，商务英语在国际上的应用越来越广泛，越来越重要，因此，在商务英语中，如何培养学生的跨文化意识就显得尤为重要。在翻译中，译文的可信度和被接受程度主要依赖于译者的跨文化意识，也就是译者对源语与译入语之间的细微差异、完整性和多样性的认识。

1. 跨文化意识培养的目标

根据跨文化交际的需要，Stempleski 提出了跨文化意识培养的七大目标，对外语教学有一定的借鉴作用。陈申总结了七个主要的目标。

（1）协助学生了解一个事实，即所有人在不同的文化背景下都会有不同的行为；

（2）使学生了解社会中的一切因素，例如年龄、性别、阶级和居住地，这些都会对他们的言语和行动产生影响；

（3）使学生对目标文化中普遍情况下的特定习惯行为有更深刻的认识；

（4）培养学生对目标语言中词语和词组的文化意义的认识；

（5）协助学生发展以证据为基础的整体识别目标文化的能力；

（6）协助学员建立所需的搜寻及整理文化资讯的能力；

（7）使学生了解目标文化中的智慧，并使他们了解其他种族的人。

2. 语言教学与文化教学

语言与象征不仅是一种文化的要素，更是一种积累与储存的工具。人只能通过文字与符号进行交流，而只有交流与沟通，才能产生文化。而文化的所有层面都只能透过文字与符号来传达与传递。语言作为一种特殊的符号体系，在人们之间的交往中起着媒介的作用，是人们之间的互动；在人与客观世界之间的联系中，它是认识事物的一种手段；在对文化产生影响的同时，也是文化信息的载体。语言的学习离不开对语言所体现的文化的理解。所以，学习一门外语，除了要掌握其语音、词汇、习惯用语外，还要懂得其民族的价值观念、交际习惯、行为方式等。在此基础上，外语教学可以说是一种文化的传授。文化教学是培养跨文化意识的有效工具。所以，英语翻译不仅要重视学生的语言技能，更要重视跨文化交际的培养。

（1）文化教学的定义。

语言作为一种文化的载体和表达方式，如果不能理解其文化，就不可能掌握其语言。因此，英语教学除了注重听、说、读、写等基本能力的培养外，还要注重文化知识和文化适应能力的培养。

文化教学是指在语言教学中注重文化知识的灌输，使其能够充分运用文化背景知识，从而提高对外语的了解与掌握，达到交流的目的；在教学过程中，应注重对学生的文化敏感度、文化比较等方面的训练，以增强他们的跨文化意识。

文化教学是英语教学的一个重要内容，它具有特定的目的：文化知识的传授、文化意识的培养、文化能力的培养。文化知识是学生在学习外语时必须具备的文化传统、价值观念、思维方式、生活习惯、风俗习惯等方面的知识。而"文化自觉"是指在外语教学中，使学生认识到源语与目标语文化的不同，能够在日常生活和交流中积极地体验和对比，从而使其在心理上获得合理的认同，这是恰当地使用语言的保障；文化能力是以文化知识、文化自觉为基础的，以培养学生的跨文化交际能力，是外语教育的最高目标和终极目标。

（2）文化教学的原则。

必须清楚，文化教学是为培养学生的跨文化意识而服务于语言教学，而非以文化为目的。在英语教学中，文化教学应该遵循下列原则。

1）趣味性和关联性。在文化教学中，文化信息的输入不仅要使学生产生兴趣，而且要激发学生对各种文化现象的探索和经验获取的积极性；同时，文化信息的输入必须与学习者所学的语言内容有关，或者与现有的信息网络和将来的语言实践有一定的联系。

2）分阶段的原则。文化教学要有一定的阶段性。文化教学的内容应从学生的语言水平和接受程度出发，由浅到深、由简到繁、由表象到实质。在英语教学过程中，教师可以将中西文化差异的教学分成两个部分。第一个阶段是在日常生活中学习的文化知识，在英、汉语言的表现和使用中存在的文化差异；在高级阶段，我们将会介绍中西思维方式，价值观的不同和对比。在这两个阶段，逐步地进行文化知识的灌输，可以让学生在语言的学习和使用上有一个质的飞跃。

3）适应性原理。在文化教学中，应掌握好尺度，明确主体和轻重缓急。在英语翻译课中，文化教学要注重语言，注重文化，避免主次颠倒，喧宾夺主。

4）实践性的原理。英语教学中，要结合具体的教学目标、教学内容、日常交流等因素，合理地选用适合自己的文化内涵。在有限的教学时间里，应尽可能地选取与所学习的语言和日常生活紧密联系的文化。在进行跨文化交流时，必须把课文中出现的具有很高应用价值的文化知识作为重点，并将其作为文化教学的核心，讲授时要做到细致、清楚。

5）科学的基本原理。要有计划、有步骤地进行文化教学，避免主观随意和偏颇，尽量做到准确、全面、客观，把文化教学和语言教学有机地结合起来，才能达到较好的教学效果。

6）弹性的原理。了解文化是一件很简单的事情，但是要使学生轻松地进行跨文化交流就不那么容易了。为了激发学生的学习兴趣，调动他们的主动性，教师要根据自己的需要，采取相应的教学手段。通过组织专题讲座、组织小组讨论、角色表演等多种形式的课外实践，增强学生的综合应用能力。

（3）加强文化教学要注意以下几个方面。

跨文化意识的培育是一项具体而广泛的复杂系统工程。要培养学生的跨文化意识，就必须把文化教学与外语教学相结合。在进行文化教学时，应注重以下几点，以促进学生跨文化交流的能力。

1）在词汇教学中要注意词汇的文化意义。语言和文化的紧密联系常常体现在词汇水平。一个国家所特有的物质环境、社会结构、精神信仰，等等，都是由这些国家的语言所表达的。词汇的含义可分为观念和文化两大类。概念含义是指词语的语言含义；文化意义是指词语的情感色彩、文体意义、隐喻意义等。文化意蕴是一个文化团体对客体自身的主观评价，不同的文化背景下，同一客体在不同的文化背景下会有不同的联想含义。语言文化差异是英语翻译中一个很大的障碍，所以在词汇教学中应重视目标语与原语间的文化含义。例如，英语中的"龙"在西方文化中代表邪恶和可怕，而汉语中的龙则是中国历史上的一种象征，象征着"龙""龙舞""望子成龙""真龙"等；另外，汉语和英语的"狗"有很大的不同。"狗"这个词在英语中的文化含义是很好的，英语里有"a lucky dog"（幸运儿），"love me, love my dog"（爱屋及乌），"a gay dog"（幸福的人），汉语中"狗"是贬义词，汉语中则有"落水狗""走狗""狗仗人势"等词，但在英语中，没有"落水狗""走狗"，"狗仗人势"的表达意思。

2）在文本中实现话语的自觉。韩礼德把语言看作是一个有规律的体系，它包含着多种特点，包括语音、文字、语法、词汇和语义等方面的特点。语言的应用就是通过对这些编码特性进行选择，从而产生能够表达意思的篇章。在实际的翻译实践中，我们经常遇到的仍然是由句子构成的文本，翻译就是译者的意思。而在翻译的过程中，首先要对文本进行分析，而语篇的参数是进行文本分析的基础。译者必须熟练掌握两种语言的语音、文字、句法、词汇、语义等特性，才能创作出与原文相当的文本。

英语的语篇结构以直线为主，而汉语的语篇则以曲线为主。英语的段首通常是以主题句为中心，以一条直线为主线，以主题句为中心，以每一句话为中心；汉语讲求"曲径通幽"，其叙事与论证通常都是隐晦、委婉的。中国学生在翻译过程中经常会出现用汉语的形式来表述英语，从而导致思维逻辑的混乱。

3）英语在教学过程中的日常交流行为的不同。文化对人类的所有行为和言语行为都有一定的限制。由于语言和习俗的不同，人们所使用的称呼、问候语、称赞语、感谢语、电话用语等也各不相同，有的在形式和用法上也有很大的差别，这些差异往往会造成语言上的障碍和误会。举例来说，称颂是一种非常常见的语言现象。英汉在不同的文化环境中，称颂和回应的方式也有很大的差别。比如，美国人和中国人对此的反应各不相同，美国人往往会说："Thank you!"而中国人却觉得不好意思，连忙用"不敢当""过奖了"来回应。

4）在教学过程中，价值观与思维模式的对比。在进行跨文化交流时，由于不同的人具有不同的价值观和思维模式，会产生不同的冲突，从而造成跨文化交流的困难。在英语教学中，教师要让学生认识到中英两种语言的价值与思维模式的异同，从而能够准确地进行交流，达到跨文化交流的目的。

（4）教学中的文化内涵。文化是一个具有广泛内涵与外延的复合体系。文化的内涵是多种多样、包罗万象的，因此，要使学生在有限的翻译课时内，完全、系统地了解英语国家的文化，是不现实的。陈光磊把文化内涵归纳为三大类，即语构文化、语义文化和语用文化。其中，语构文化是指因文化背景差异而造成的语言结构差异；语义文化是指在语义体系中所包含的文化内涵及其所反映的文化精神；语用文化指的是一种语言运用的文化规范，它是一种将语言与人之间的联系的规范。本书从英语翻译的目的出发，提出了文化教学应该包括以下几个方面。

1）了解相关的背景。所谓"背景知识"，就是与所学语言内容有关的一种知识。在英语翻译过程中，学生所接触到的英语句子通常都包含着大量的背景知识，而背景知识也是英语文化的一部分。通过对背景知识的挖掘，将其与英语的翻译结合起来，使学生能够更好地掌握英语句子和语篇。

2）语言的文化。语言是由词汇组成的，它是最活跃的一种，它最能反映人们的社会生活和思想的变迁，是最能体现人类文化特点的语言。作为最具活力的语言，最能承载文化信息，最能反映人类社会和文化生活。因此，在英语词汇教学中，教师要培养学生对具有深厚文化底蕴的词汇的认识与运用，并通过对比分析，找出不同文化内涵的差异。在商务英语翻译中，要做到用词准确，不仅要掌握词的字面意义，而且要知道由文化语境所决定的词语内涵意义，避免错译。比如，在中国人的观念里，龙并不是什么吉利的东西，它只是一种恶魔。韩国，中国台湾，中国香港，新加坡，被称为亚洲四小龙，这是一种比较好的文化等值翻译，"The Four Asian Dragons"是很不合适的，不过，如果把它译为"Four Asian Tigers"，那就是更好的文化等值翻译了。

3）社交文化。文化教学的目的是培养学生的跨文化意识，从而使其具有较强的跨文化交际能力。英语中的社交标准也是影响文化教学的重要内容之一，包括社交礼仪、称呼与称谓、禁忌和委婉、问候与回答、告别与回应、赞美与安慰、批评及其回答、感谢及其回应、感谢及其答复、感谢及其回复、道歉及其回复、祝贺及其答复、邀请及其答复、请求与提供帮助、赞同与反对、同情与安慰、劝告与建议、社交与书信等。

4）非语言的文化。非语言的行为有：语调，语气，语速，音量，姿势，手势，表情，衣着，体距（谈话时的身体距离）。它们可以作为信息传递、思想和情感的工具，在语言交流中起着举足轻重的作用，可以起到很好的辅助作用。

非语言行为具有明显的文化特性，不同国家和民族对非语言行为的社会规范存在着巨大的差异，有的还表现出了完全不同的含义。不了解当地的风俗习惯，很容易造成沟通上的障碍，甚至造成国家与民族间的矛盾。因此，英语中非语言行为的文化背景知识必须通过文化教学来保证学生的跨文化交流。

（5）翻译工作者在文化教学中的地位。在世界范围内的文化交流和对话中，翻译起到了非常关键的作用。一方面，它通过语言和文字的转化，将外来的文化引入到自己的文化中，从而使得这个国家的文化可以吸收外来的优秀文化成果，并进行持续的交流和学习；同时，也将自己的民族文化传播到世界各地，让世人了解自己的国家。在跨文化交流的过程中，译者的文化身份地位对译者的影响很大，这直接关系到译者所采取的翻译战略和产生的译文。

全球化背景下的不同民族之间的文化交流与融合，全球化与民族性的对立也越来越明显。全球化对译者来说，必须具备一定的包容性，才能以一种积极、开放的态度去吸纳外来的优秀文化。同时，民族性也要求译者在保持自身文化特性的同时，也要保持自身的民族文化特性，这样才能在一定程度上克服全球化带来的负面影响。在全球化背景下，翻译工作者要面对全球化与民族对立的矛盾，需要从多层次、多角度地进行研究和剖析。

1）从全球角度来看，全球化是一种不可避免的现实趋势。作为翻译工作者，首先，要以一种积极的态度去看待全球化，并正确地看待全球化所带来的机会与挑战。在进行翻译时，译者不但要掌握双语文化知识，而且要精通源语、译语等语言，并能准确地表达出不同的民族文化。

2）就民族性而言，各民族均有其特有的生存环境与社会结构，并由此而形成其特有的文化系统。全球化为各国间的沟通与对话提供了一个巨大的平台，而各国的文化也日益融合。译者是翻译的主体，其首要任务是保持其自身的文化特质，防止其在全球化的影响下丧失其自身的个性。同时，也要把自己的民族文化作为自己国家的一种语言，在国际上进行交流与合作。

（6）文化教学的课堂活动。

在语言教学中，目标文化的学习不仅仅是一种理论上的堆积，而且这种方法只能让学习者逐渐失去对目标语言和文化的兴趣，跨文化的能力培养也就无从谈起了。其实，在培养目标文化的同时，我们也应该从具体的教学环节设计出发，让学生在跨文化交际过程中，真正认识和体验目标文化中的人的行为方式，从而使学生的跨文化意识才能真正得到提高。英语翻译课的教学实践中，存在着多种形式的文化教学。

1）老师的解释和演示。通常来说，老师在课堂上进行讲解和演示是必要的，但文化教学并不仅仅局限于老师的讲解。学生们从对方或目标文化中获得的文化知识要比在老师自身中获得更多。老师在教室里的作用不仅仅是一个口若悬河的讲解员，更是一种不同的文化教育活动的策划者和支持者。

2）课堂上的研讨。课堂上的文化讨论是为了让学生更好地理解某个话题，而非说服他人或与他人争论。在讨论过程中，老师作为讨论的组织者和主持人，不能占用过多的发言时间，以学生为主，老师只会在引导、纠正偏题的时候发表意见。课堂讨论对学生的文化意识的培养起到了很好的促进作用，但是这种学习方式并非只有一种，而且这种教学的开展离不开各种激发方式与输入方式的协调。文化作品阅读、文化影像欣赏等多种文化仿真活动均可作为教学讨论的一种输入方式。

3）文化类比。任何一种文化仿真活动都能让学习者更好地理解认识目标文化。同时，这种教学活动还有助于学生对跨文化交流中的误会和隔阂进行分析。在文化仿真中，我们可以采用"角色扮演"的文化教学方法，使学生能够在现实生活中找到并及时地发现文化和语言的缺陷，并引导他们认识到不同的文化背景，培养他们的跨文化意识。

4）实物和图画。在跨文化交流的课堂上，老师可以安排实物、图片，来体现目标文化。在这种氛围下，学生可以随时感觉到目标文化的符号。这种教学方式的优势是可以在不同的文化背景下，让学生从自己的母语和目标文化中找到相似的物品和情景来进行比较。通过对一些具有特定文化团体的物体和图片的观察，如对某种物体的使用进行计算和探测等，这些都可以用于这种文化教学。

5）欣赏文学。文学作品是人们认识文化传统、价值观念、风俗习惯和社会关系的最生动、最丰富的资料。同时，我们也可以利用外籍教师的资源，与外籍教师进行直接的沟通，使他们能更直观地了解英、汉文化之间的不同，同时也能获得第一手的信息，激发他们的学习热情，增强他们的跨文化意识。

文化知识的学习并非单纯的理论堆积，而是要与特定的跨文化教学相结合。其实，培养文化意识、提高跨文化交际能力，绝非一朝一夕之功，而是英语老师与学生的持续努力。在跨文化交流中，教师既要传递语言知识，又要传递目标文化知识；教师要具备指导学生理解和分析母语和目标语文化的能力，从而促进学生的跨文化交流和跨文化意识的培养。

第四节　跨文化交际视阈下商务英语翻译对译者的素质要求

商务英语翻译的复杂性对译者提出了高水平、高素质的要求。不同于文学文体的翻译，商务英语翻译作为实用文体翻译的一种，注重的是翻译的高度准确性和专业性，这就给商务英语的翻译带来了一定的难度。一般来说，一名合格的商务英语译者需要具备以下几种素质。

一、良好的政治素养

商务英语的翻译工作涉及国际间的贸易往来以及文化交流，这就要求译者必须具备良好的政治素养。商务文本中经常会出现如中国台湾、大陆、APEC 等词汇，翻译这类词语时，译者首先要明确自己的立场，并选用恰当的译文准确地将原文含义表达出来。如翻译大陆时，应译为 the mainland of China 或是 China's mainland，不能将其译成 mainland China。再如，有人将 APEC members 译成"APEC 成员国"，这显然是不合适的。以中国为例，中国是亚太经济组织（APEC）成员国，中国的香港和台湾地区也属于这一组织的成员，因此，APEC members 的正确翻译应为 APEC 国家和地区。

二、高度的职业责任感

无论做什么工作，职业责任感是其必备的素质之一，当然翻译人员也不例外，尤其是商务英语翻译人员，他们必须认识到自己的使命和责任，一丝不苟地对待自己的工作，谨记翻译是人与人沟通的工具和桥梁，因此在翻译时，不仅要对自己负责，也要对他人负责。

当前，国际之间的贸易如此频繁，很容易出现语言障碍，因此商务英语翻译工作者需要将这些障碍扫除，确保业务的正常进行。商业英语的译员必须意识到这份工作的重要性，这样才能真正地将自己的责任感建立起来。

另外，商务英语文本一般具有法律效力，译者如果缺乏职业责任感，在翻译时，对于不熟悉的东西随意处理，得过且过，最终必将造成严重的后果。

三、扎实的语言功底

商务英语翻译虽然不像文学作品翻译一样注重语言的美感，讲究修辞手法的运用，但商务英语的翻译对语言准确性和专业性的要求很高，要做到译文用词上精确到位，句子通顺流畅，逻辑合理清晰，没有一定的语言功底是不行的。例如：

With all the downsizing, reengineering, overwhelming technological changes and stress in the workplace, I think it is essential for each of us to find a way we can really feel good about ourselves and our jobs.

原译：在裁员，重组，势不可挡的技术创新和工作的压力面前，我想我们每个人都应该寻找一条让自己满意的方式和工作。

改译：面对裁员、重组、势不可挡的技术革新和令人窒息的工作压力，最重要的是，我们每个人都能对自己和工作感觉良好。

原译照搬原文的句子结构，基本上是逐字逐句地翻译过来，虽然在语义上没有太大的问题，但译文明显不符合汉语的表达方式，过于罗唆拖沓，翻译腔太浓。改译恰当地调整了部分句子结构，使其在达意的基础上，做到了通顺流畅。

四、准确把握商务语境

一般来说，商务语境主要涉及两个层面。

第一，商务语言语境，即在商务英语中词与词之间的搭配问题。

第二，商务情景语境，即其涉及的文化语境问题。

在商务英语中，很多专业词汇的意义需要根据上下文来确定，这是因为很多专业的词汇存在着一词多义的情况，这些词所在的语境不同，它的意义必然存在差异。例如：

Whether it is called "reengineering", "downsizing" or "delayering", the goals are the same: to eliminate tiers of middle managers in order to delegate responsibility to those actually running factories, designing products or dealing with customers.

原译：无论是称作"重组""缩减编制"还是叫作"经营延缓"，目标都是一致的，即减少中间层管理者，从而将责任集中到那些真正操控生产、设计产品和负责营销的人员上去。

改译：无论是称作"重组""缩减编制"还是叫作"减层"，目标都是一致的，即减少中间层管理者，从而将责任集中到那些真正操控生产、设计产品和负责营销的人员上去。

原文中 delayering 一词有"推迟，延迟"的词义，但联系该词在文中的语境，很明显此处将其译为"经营延缓"是犯了望文生义的错误，与原文语境格格不入。众所周知，企业内部结构通常被概念化为层级，这里的 delayering 是由 layering（分层，层次）加前缀 de（减少……）构成，应该将其译为"减少层级"。

五、深入理解文化背景

翻译与文化有着密切的关系。就表层而言，商务英语翻译是语言与语言的转换，实际上其是文化与文化之间的转换。我国学者王佐良教授在论述文化与翻译的关系时这样说道：译者虽然是对个别词的处理，但是其所需要考虑的是两种文化。同样，商务英语翻译也是如此，其需要译者对文化背景有清楚的了解，尤其体现在广告、说明书等具体的翻译工作中。例如：

Brown sugar 字面意思为"棕糖"，汉译过来是"红糖"

Russia dressing 字面意思为"俄国酱"，实际为"蛋黄酱"

India ink 字面意思是"印度墨水"，实际是指"墨汁"

"亚洲四小龙"按字面意思翻译应为 four Asia dragon，译为英文则是 four Asia tiger

"月季"译成 American beauty，字面意思为美国丽人

"毛笔"译为 writing brush，字面意思是"书写刷子"

商品名称的翻译如果充分利用文化差异的优势、将商品的译入名与译语的文化相结合，通常能起到渲染商品正面形象、增添商品名称文化联想的效果。比如，Revlon 化妆品的中文译名为"露华浓"，这就使人联想到李白所作《清平调词三首》中的一句诗词："云想衣裳花想容，春风拂槛露华浓。"这句诗词的大意是：云朵都想与杨贵妃的衣裳媲美，花儿也想与杨贵妃的容貌比妍，春风吹排着栏杆，花上的露珠是那么浓盛。消费者看到"露华浓"这个牌子的化妆品，很自然地将其和杨贵妃的美貌联想在一起，侧面宣传化妆品的功效，称得上是商名翻译中的佳译。

六、较强的翻译能力

商务英语的翻译要求译者具备较强的翻译能力，即翻译技巧的应用能力。翻译技巧实际上就是"翻译经验和方法的提炼、总结和理论的升华，是翻译处理某些翻译过程中出现的问题的一般规律"，具体体现在对原文透彻的理解，选词的精准以及流畅的语言表达等方面，当然这些技巧不是通过纸上谈兵就能掌握的，需要大量的实践和总结。

比如，现在英语学习界一直在强调阅读能力的重要性，认为阅读能力的提高有助于翻译能力的提高，但两者并非同步，有很多人学了很多年的英语，也阅读了不少英文书籍，但是连最基本的文章都翻译不好，可见，实践练习是提高翻译能力必不可少的一项工作。

翻译的练习注重"质"和"量"双方面要求。"质"指的是翻译练习的效果，我们建议译者选择安静的地点进行翻译练习，尽量避免受到他人的影响，在练习过程中要集中精神，做到一气呵成；"量"指的是每次翻译练习的时间和翻译练习的次数，俗话说"量变产生质变"，只有通过大量的、持续的练习才能保证翻译能力的稳步提高。

第四章 商务英语跨文化翻译策略及方法

第一节 跨文化翻译策略

翻译策略是一个与翻译实务密切相关的概念，是每个翻译工作者与翻译研究者都需要弄明白的问题。《现代汉语词典》中所说的"策略"，就是"按照形势发展而采取的行动方针和方法"。据此推演，所谓"翻译策略"可界定为：根据所涉及语言文化的诸多因素及要求而制定的翻译行动方针和翻译方式。

翻译不仅是一种语言交际，更是一种跨文化交流。而文化交际则是一种文化的移植，它是一种跨文化的信息传递，源语文化的再现。英汉文化因其地理位置、文化背景、思维方式、价值观念、生活方式等因素差异较大，英汉又是两个语族，所以，英汉两种文化之间存在巨大差别，正是这种差别给翻译带来了困难。因此，在翻译策略选择上文化因素往往是译者必须考虑的首要因素。

一、归化与异化

由于其自身的特点、文化因素的多面性、翻译目的的复杂性以及翻译"形势发展"的多变性等原因，从理论上来说，翻译策略的采纳并没有一个统一的模式。其实，影响翻译策略选择的因素很多，这不仅涉及到语言、文化，还涉及文化帝国、语言霸权等方面。在翻译实践过程中，虽然译者可以采用各种各样不同的翻译策略，但自古以来的种种翻译策略可以大致分归为两大类：一类为"归化式"翻译策略；另一类为"异化式"翻译策略。关于归化与异化的概念自翻译活动出现就一直存在。中国译论对从支谦的"文质"之争、玄奘的"求真"与"喻俗"、马建忠"善译"、严复"信达雅"、鲁迅"宁信不顺"、赵景深"宁顺不信"、傅雷"神似"，钱钟书"化境"、现代许渊冲的"语言竞争论"，都可以看到"异化"与"归化"的观念。

《翻译研究词典》指出，"归化"和"异化"是美国翻译理论家劳伦斯·韦努蒂在1995年所用的一种说法，它源自德国哲学家施莱尔马赫1813年所著的《论翻译的方法》（*On the Different Methods of Translating*）。施莱尔马赫认为，"翻译的方式有两种，一种是译者不去干扰作者，让读者接近作者，另一种是译者在不干扰读者的情况下，使作者接近读者"。前者被称为"异化"，即有意地让译文突破目标语言的惯例，保持其原有的异域色彩。

异化既能使原文的"异国情调"得到充分的传递，又能将原语的某些表现形式引入到译者的语言中去。如中文从英文引进的"瓶颈"（bottleneck）；英文从中文引进的"toufu"（豆腐）、"yamen"（衙门）等。在异化处理时要考虑两个因素：一是译入语的语言习惯；二是译语文化的制约。否则，读者看不懂。后一种方法就是所谓的"归化"（domesticating method），也就是说，在翻译过程中，以目的语为最终目标，以目标语言和译文读者为中心，以使译文更加易于理解，力求用传统的方式来取悦译者。归化法一般包括：①仔细挑选合适的译文；②自觉采用一种自然流利的译文风格；③将翻译的文本按目标化的文体进行编排，④在文本中加入解释材料；⑤协调翻译中的概念和特点。

在当今世界的多元文化背景下，"归化"与"异化"之间的对抗与对话，是中国乃至全球翻译领域的一个热门话题。奈达是当今世界译坛的主要代表，他的归化翻译思想是以宗教传教的文化观念为基础的，他的归化翻译理想是"最接近自然的等值"。劳伦斯·韦努蒂是异化派的领袖。在《译者的隐身》一书中，韦努蒂清楚地表明了他自己的"异化"战略。他认为，"异化"的翻译实际上是"抵抗式"的翻译，也就是刻意地采用一种非流利的或陌生化的译法，目的在于突出源语的异质性，并使译者的思想意识无法支配译文，以彰显译者的存在。所以，英语中的"异化"翻译可以作为对抗民族优越感、种族主义、文化自恋、文化霸权、促进民主政治关系的一种工具，有利于民主的地理政治关系。

在中国的译史上，归化与异化也是一大特色。严复、林纾是中国现代翻译家的代表，他们倡导的是"归化"的翻译策略，而鲁迅则是"异化"。尤其是鲁迅先生以睿智的眼光、独特的视角挖掘出传统翻译理论的新异之处，提出"异化"是译者选择的合理手段。鲁迅一生基本上就是根据自己的主张从事翻译实践的，他在"异化"移植外国语言文化方面起到了模范作用，其目的就是为了改造中国语言文化。

因此，在跨文化翻译中，归化和异化是两种不同的翻译策略，其各自的优点是什么？尤其是当今世界文化全球化进程程度日益深化，商务英语翻译作为一种跨文化交际活动，这两种翻译策略对商务英语的翻译又发挥着怎样的作用呢？中国读者与国外读者在进行商业交流时，由于各自的生存环境、不同的文化背景而产生了不同的认识和情感。中国读者对自己的东西一眼就能理解，而且可以引起不同的情感和联想，而国外的读者却未必理解，更不用说联系情感，所以"归化"的翻译策略更多地考虑到了目标读者的接受程度，从而使译文更易于被目标语读者所接受。但"归化"是将一种文化的异质性成分向其他文化中的人所熟知的东西，失去了原有的意义，使其原本的语言和文化特征大为丧失。

事实上，"归化"和"异化"这两种翻译策略并不能说谁更好，"从翻译目的、读者对象和要求、文本类型和译者的意图等方面来看，归化翻译和异化翻译都是有其存在和运用价值的"。因此，"归化"和"异化"这两种跨文化翻译策略是相辅相成的，可以缓解源语与译者之间的矛盾。"归化"的译文在很长一段时间内都会频繁地出现，但在文化全球化的今天，特别是跨文化贸易的发展趋势下，商务英语的文化交流作用日益增强，适当地使用"异化"的译法，对于丰富的语言、推广本土文化、吸收外来文化，都是有益的。

二、直译与意译

对于直译和意译的含义，国内翻译学界历来众说纷纭。

朱光潜在《谈翻译》一书中说："所谓的直译，就是按照原文的字面意思，一个字一个字地译出来，每一句话的顺序都不变。意译就是用中文来表述原文的含义，而不是按照原文的字句和顺序。"

孙迎春认为，"直译"是指在译文的语言状况允许的情况下，保持原作的原意和原作的内容，尤其是保持原喻、意象、民族、地方色彩等。意译是指在原作的思想内容与译文的表现方式发生冲突时，不能直接使用直接译法，而意译则是指译文在不受原作形式限制的情况下，能够准确地传达原文的内容。

直译是翻译中的一种方法，它与译文的形式和内容都很相似。翻译的前提是，在词汇意义、句法结构和文体风格上，原文和译文是完全相同的。也就是在词义、词序、句式结构等各方面都与译入语十分相近的情况下，可以采取直接译法。直译法常用于商务广告的翻译。例如：

例：Every man is the architect of his own fortune. （Appius Claudius Caecus）

译文：每个人都是自己命运的建筑师。

例：The accuracy of scientific observations and calculations is always dependent on a scientist's time-keeping method.

译文：科学观察和计算的准确性始终依赖于科学家们的时间安排。

例：Breakfast without orange juice is like a day without sunshine.

译文：没有橘汁的早餐有如没有阳光的日子。（橘汁广告）

例：Real wisdom is knowing what is most worthwhile and doing the right thing. （Doris Humphrey）

译文：真正的聪明是懂得什么是最有价值的，什么是最值得做的。

而意译就是以意思为基础，只要把原文的大意写清楚，不注重细节，翻译就可以了。意译中没有注重原文的语言形态，它包含了句法结构、用词和修辞手段。

但是，意译并不是说可以任意地修改或增加内容。例如：

例：There is no smoke without fire.

译文：无风不起浪。

例：A friend in need is a friend indeed.

译文：患难见真交。

例：A diamond is forever.

译文：钻石恒久远，一颗永流传。（戴比尔斯钻石广告）

例：Both Intel, the world's biggest maker of computer chips, and Microsoft, the world's biggest computer software provider, have taken on the role of Big Blue's pioneer.

译文：作为全球最大的计算机芯片提供商"英特尔"，和全球最大计算机软件提供商"微软"，取代 IBM 长期担任的计算机行业的领袖地位。

从上述实例中我们可以看出，无论是直译还是意译，它们都起着举足轻重的作用，但究竟在何时、何地采用何种翻译策略呢？其实，直译与意译的争论源远流长，在中外译坛上也曾有"直译者"和"意译者"之说。举例来说，美国翻译家奈达认为，直译是一种很好的翻译方式。英国人纽马克是翻译中的一个典型。鲁迅在中国提倡"宁可信而不能顺"，提倡直译，而林语堂和梁实秋则主张"意译"。时至今日，译界已基本形成了一个共识，即直译与意译应当是相辅相成的。比如：

例：The winner is concerned with the world and the people. He is not cut off from the common issues of society.

译文：成功者关注天下，关注所有民族，他不是一个脱离于一般的社会问题的人。

例：Too many executives are burdened by their decisions, particularly those who are over-educated.

译文：有太多的管理者因为做决定而犹豫不决，特别是那些受过良好教育的管理者。

一个句子的翻译是否直接或意译，常常要考虑到文体、翻译目的、读者等因素，并非一成不变。在商务合同中，直译的比例较高，而在商务广告、宣传手册等方面，其翻译的效果也较好。

直译、意译、异化和归化是翻译学中的两大二元对立概念。归化与异化可以看作是直译与意译的一种概念扩展。归化与意译均要求译文通顺，并与译入语的语法规范相符。异化、直译均要求与原文相等，并遵循原文的文法和表述标准。但是，归化与异化更注重文化因素，注重跨文化交流，而直译与意译则注重语言层面的问题。

当今世界，不同国家之间的往来越来越频繁，不同国家之间的文化交流也越来越紧密。特别是在各国商业交流日益频繁的今天，跨文化商务的翻译显得尤为重要。译者要有文化修养，有宏观的文化视野，有文化的沟通，要善于运用异化、归化、直译和意译等多种翻译策略，要积极地传播和接受外来的文化，发扬和发展本地的文化，并推动各种族间的相互交流、相互沟通与了解。

第二节　商务英语词汇的翻译

词汇是构成语言的最小的、最基本的独立运用单位。不同语境中的英语词汇，在词义上有很大的差别。商务英语词汇由于其专业性强，规范严谨而又灵活丰富，在翻译时尤其要谨慎。在商务英语英译汉时，如果按词典上的意义生搬硬套，逐字死译，翻译必然是生硬的，而且有很大的误会。这时，翻译人员要依据语境的内部关系，从句子的词形、词组，甚至整个句子的字面意思，在准确把握词义内涵的基础上，精心选择词义，必要时加以适度的引申和词性转换，选用最贴切的汉语词句，将原文内容的实质准确地表达出来。

一、词义的选择

词义的选择是英汉翻译的基本功之一，正确理解一个词在具体场合的确切含义并忠实表达源文内容是翻译过程中一个最基本的环节。在译文中，词汇意义的选取一般可以从下列角度进行。

（一）根据词性确定词义

很多英语词语具有不同的词性，也就是属于若干个词类群。在进行英汉互译时，应先判断该词语在句中属于何种类别，而后依其类别选取准确意义。比如，like 作为"相同的"的形容词；做动词的时候，表示"喜欢，盼望"；作前置词时，表示"像什么一样"；做一个名词，就是"爱好"；同样的人/物"。例如：

例：I've never seen his like.

译文：我从来没有见像他这样的人。（名词）

例：Like knows like.

译文：英雄识英雄。（名词）

例：Like enough the train will arrive at the station at six.

译文：很可能火车将在六点钟抵达。（副词）

例：He prefers math to physics.

译文：比起物理学，他更爱数学。（字）

例：I feel like a cup of coffee.

译文：我想喝杯咖啡。（介词）

（二）根据语境确定词义

商业用语是含糊不清的。上下文在判断词语的意义方面具有很大的作用，而在上下文中，词语的意义也会有所不同。比如 move，在不同的语境中，move 的含义也不同，需要根据上下文来正确地表达。

例：That car is really moving.

译文：那辆车的速度真是太快了。

Stock prices moved forward today.

译文：今天股价上涨。

例：Unless employers act quickly, there will be a strike.

如果雇主再不做点什么，他们就会发动一次罢工。

My suggestion is that we support the introduction of this new technology.

译文：我建议我们赞成这种新的过程。

语言是一种文化。没有文化，语言是无法生存的。在特定的文化背景下，语言必然会产生。在翻译过程中，我们不能把译文与文化区分开来。因此，语言的翻译不仅仅是表面上的指称意义的转化，同时也是两种文化之间的交流与移植。商务英语因其社会历史传统、风俗习惯、思维方式等原因，在汉译时必须结合特定的文化背景加以阐释，从而使其具有独特的西方文化特色。

（三）根据搭配关系选择和确定词义

英汉两种语言都有其自身的习惯搭配关系，它们以形容词、副词、名词和动词词组为特征。同样的单词被用在不同的成语中，其意义是完全不同的。英译汉时，应注意词语之间的搭配关系，明确词语在特定语境中的准确意义，并按照汉语的搭配习惯来处理英语成语或搭配，从而找出合适的翻译方法。

例：Also, many managers realize that it is important to respect the environment when deciding on the composition, design and packaging of products.

译文：与此同时，很多管理者也意识到了对环境的关注。他们在决定产品的成分，设计和包装时，都会把环境因素考虑进去。

在这个例子中，除了"尊敬"之外，"respecting"还包含了"考虑""关心""重视""敬慕""尊重""遵守"等多种含义。在该段中，可以理解为"重视"的含义，这取决于是这个单词的宾语 environment。汉语中，"尊重他人"是指"尊敬环境"，而非"尊重他人"。

But Mrs. Thatcher, too, declared war on the working class. In a series of set-piece confrontations in the mid-eighties, which culminated in the yearlong miners' strike of 1984-1985. she stood for laisser faire, the entrepreneurial spirit and the strong individualism of the middle classes.

译文：但是，撒切尔夫人也曾对有组织的工人阶级宣战，并于 1980 年代中期采取一系列逐个打击的方式削弱了工会的实力，并于 1984 年至 1985 年发动了一年的矿工大罢工。她赞成自由主义的原则，企业家精神，以及中产阶级坚决的个人主义。她提倡的创造财富的理念，就是为了推动经济的发展，社会阶级的划分已经变得微不足道。

分句 stood for 后面的宾语 "laisser-faire" 和 "the entrepreneurial ethos and the sturdy individualism of the middle classes"，可以将 stood for 分别译成"支持"和"主张"，符合汉语语言习惯的搭配。

二、词义的引申

在英汉两种语言中，扩展是一种被广泛应用的技术和手段。英和汉是分属不同语族的，它们在漫长的发展和运用中，形成了具有自己独特的修辞方法、搭配习惯和文字规范。英汉的历史背景、社会习俗、风俗习惯等都是不同的，而这些不同的文化差异也不可避免地在语言上体现出来。商业英语的汉译中，词义的扩展需要翻译人员不受词汇的字面意义和字典的基本意义的限制，而要从语境的逻辑关系、汉语的搭配习惯、词汇的实际意义等方面对词汇的语义进行相应的调整和变化。如果照搬或逐字翻译，常常会导致译文的意思模糊、生硬，甚至产生误会。因此，在翻译过程中，往往要采用灵活的方法，既要正确地理解词语的意思，又要适当地加以扩展，才能使译文的意思更加清晰。

（一）抽象化引申

在翻译过程中，一些特定的词语可以被抽象地引申出来。英语中表达特定含义的词语通常是指某一事物的性质或概念，在翻译过程中要通过抽象的方式加以扩展，即由实转虚，使译文流畅自然。

例："How they bow to the Creole because of her 100，000 pounds！"

译文："她有几千块钱，他们才会对这个克里奥乐人献殷勤！"

翻译只能将特定的"某物"扩展为"财产"的笼统、抽象，而将"bow"扩展为"奉承讨好"，使其更自然、更符合汉语的特征。

例：One of the major advantages of an individual proprietorship is the ease with which it can start. There are few formalities，relatively little red tape and few fees to pay.

译文：独资企业的主要优点之一就是企业启动比较容易，手续简单，相对而言无需太多的繁文缛节，所付手续费也较少。

"red tape"原指以前扎公文用的红带子，现在已经成为官僚主义的代名词。在此引申为繁杂、拖拉、冗长的商务公事程序，因此，可转译为"繁文缛节"，而不译为"红色的带子"。

例：The reason why the large multinational corporations were able to pick out the best graduate students from US universities was that they had higher salaries than their local counterparts.

译文：美国各大企业从各个高校的商学院中挖出了最优秀的毕业生，原因是这些企业提供的工资要高于当地企业。

"撇取奶油"的意思是"cream off"。奶油会自动漂浮在牛奶之上，它是最富含营养的一种，因此，它就有"萃取奶油，萃取精华"的意思。在这个例子中，抽象地把"cream off"扩展成"获得最佳部分、挑选（人才）"。

例：We maintain that international trade is not a one-way street.

译文：我们坚决认为，国际贸易不应该只有一种形式。

在这个例子里，"one-way street"的意思是"单行道"，把"单行道"和国际贸易结合起来，就可以很容易地把"有来无往"的意思延伸出来。因此需要基于语境以及"one-way street"的内涵及联想意义，进行抽象化引申。

（二）具体化引申

具体化扩展是指在原文本中，用较为广泛的词语来表达抽象的概念，根据上下文准确、合理地把握其含义和外延，并将其扩展为具有特定含义的词语，即由虚化实。

例：The distributors looked with favor on your sample shipment.

译文：您发来的样货得到了经销商们的赞许。

"shipment" 作不可数名词时有"装运、运送"的意思，而在该句中，shipment 用作可数名词，其语义应具体化为"所交运的货物"。

例：They trouble over every detail.

译文：他们为每个细节煞费苦心。

原文中的 trouble 本来是"麻烦"的意思，译文引申为"煞费苦心"。

例：E-business can be divided into two major groups：dot com and existing ones.

译文：电子商务分为两个主要类别：建立在网络上的企业和已经存在的企业。

随着互联网的发展，大部分公司已经拥有了自己的网站，而公司的网址通常都含有"dot"和"com"，因此，"dot com companies"可以译为"网络公司"，在此句中具体化为"建在网上的公司"。

例：In 2002，the total volume of imports and exports rose from USD 325. 2 billion in 1997 to USD 620. 8 billion in 2002，rising from 10th place to 14th.

译文：中国对外贸易进出口总值从 1997 年的 3252 亿美元增至 2002 年的 6208 亿，从 10 大跃至 5 大。

"exports"与"imports"在"进口"与"出口"这两个词中都是抽象的，而在该句中具体指"进口的产品"和"出口的产品"。

（三）内涵化引申

除了有固定的基础含义和某些衍生含义外，单词在某些情况下通常也具有一定的附加含义。由于这个附加含义是由语境决定的，所以它在某种程度上是含蓄的。在翻译过程中，为了使这种隐含的含义得以表现，必须结合语境，并通过特定的词汇方法进行扩展。比如：

China，which posted its highest growth rate in a decade，is Asia's new star performer.

译文：十年中，中国的发展速度是最快的。它是亚洲新出现的最出色的经济发展国。

"star"一般作"明星，名角"解。也可指"扮演最重要角色的演员"。本句的语境与经济发展有关，故"star performer"引申译为"最出色的经济发展国"。

三、词类转换法

词类转化是一种常用的翻译方法。翻译是指在翻译过程中，将原文的词类转化为与目标语言的表达方式和习惯相一致的一种方法。在商业英语中，名词、介词、形容词和动词之间的相互转译是非常普遍的，这使得译文更加通顺和自然。

（一）名词转译为动词

名词是英语词组中的绝对主宰，而名词则是汉语中动词所表示的概念；在汉语中，动词是最常见的，一句话中有多个动词连用。所以，在商务英语和汉英翻译中，很多名词，特别是一些有抽象意义的名词，往往会被译为汉语的动词。

例： The liberalisation of the international economy was widely seen as a means of preventing a similar disaster from happening again.

译文： 一个普遍的观点是，要想避免再次发生同样的灾难，就必须放松国际经济系统。

本例句因英语的文法局限，仅使用名词，英译汉时，将其转化为动词，其意义显露，表达简明。

例： It is our desire to have the pleasure of serving you.

译文： 殷切希望能为您服务。

原文中"desire"为名词，译为汉语的动词"希望"，避免了逐词翻译，译文更加通顺。

例： Before the payment of these tariffs, the imported goods will be in the custody of the customs.

译文： 交关税前，进口货物由海关保管。

payment 和 custody 都是名词，但译成汉语时，payment 译作"交"，custody 译作"保管"。

例： In 1846, Great Britain repealed the Corn Laws and put an end to Britain's long-standing policy of protectionism.

译文： 英国于 1846 年废止《谷物法》，使英国长久以来的贸易保护主义政策宣告终结。

"repeal"是一个动词和一个名词，都有"取消"或"废除"的含义。

在该句中 repeal 为名词，但是按照汉语的语言习惯，转译为 repeal 的动词形式。

（二）名词转译为形容词

例： The instrument has been welcomed by users because of its stability in serviceability, reliability in operation and simplicity in maintenance.

译文： 该仪器性能稳定，操作可靠，维护方便，因而受到用户的欢迎。

例： There's no future in trying to sell furs in a hot country.

译文： 在气候炎热的国家里做皮货生意是不会有前途的。

上述两例中名词转译为形容词的翻译方法，使译文更加符合汉语习惯。

（三）名词转译为副词

例：It is a pleasure to learn that you are quite satisfied with the quality of the sample of our article.

译文：我们很高兴地获知你们对于我公司商品的样品的质量深感满意。

例：The new mayor got a little credit for coming to visit the poor in town.

译文：新市长有礼貌地前来看望城市贫民，获得了他们的一些好感。

（四）形容词转译为动词

例：It was clear that they had no desire for cooperation.

译文：很清楚他们没有合作的诚意。

例：There are a lot of risks in the export trade. Ships may sink or be shipped Damaged in transit, exchange rates can change, buyers will go bankrupt, or a sudden embargo will be imposed by governments.

译文：在外贸中，经常会面临很多的危险。比如，船只会沉没，货物会在运输过程中损坏，汇率会发生变化，买家会违反合同，政府会突然发布禁令。

（五）介词转译为动词

例：This machine is out of repair.

译文：这台机器失修了。

例：We would suggest that you contact them regarding your request.

译文：建议贵方联络他们，以便洽谈所需要的货物。

例：The cost of producing goods can be drastically reduced by mass production.

译文：大量生产可以大大减少产品的成本。

四、增补法

美国现代翻译学家尤金·奈达曾说过，"一个真正的成功的译者，要懂得两种文化，而不是两种语言，因为只有在一个特定的文化中，单词才会有意义"。在商务翻译过程中，译者难免会遇到大量的文化载体，其中有英语文化中所具有的、汉语文化中所缺失的、与英汉语中存在着的，但具有不同文化意义的词语。要想准确地翻译商务英语的原作，就要正确理解和把握源语的文化背景，使其具有独特的文化意蕴。在商务英语中，文本的补充是一个非常关键的技术。

（一）英语文化中特有而汉语文化中空缺的词

由于不同的社会制度、历史传统、风俗习惯、思维方式等原因，商务英语中存在着许多英语文化中特有的、汉语文化中缺失的词语。为了使普通读者能更好地了解英语中所具有的独特的汉语文化中的空白，在翻译过程中必须添加一些文化信息，使普通读者能更好地了解其所包含的文化意蕴，从而达到商业交流、吸收外国文化的目的。

例：In the U. S. , it is common practice for publishers to give a professor a desk copy if he or she chooses a book that has been published as a course book at a university.

译文：假如一名大学教授选择了一家出版社的书籍作为教科书，那么出版社就会把这本书送给那位教授，以表示对他的感激，这在美国的出版商中是很普遍的。

desk copy 是美国出版业的一种特殊习惯，直接翻译成"赠书"，很难表达其所蕴含的文化意义，因此，只能通过解释的方式来实现。

例：Breaking through the glass ceiling, the regulation allows women to move more easily into top management positions.

译文：这个规则突破了无形的晋升界限，使得雇员们在晋升高层时不会遇到任何困难。

glass ceiling 指的是"看不见的顶部或者是玻璃的顶棚"，这是指女性、少数族裔成员在事业上的晋升限制。由于汉语文化中存在着大量的空白，因此，翻译时必须对其进行解释，以弥补其文化信息。

（二）英汉语中都有但文化内涵不同的词

英汉语中存在着大量的词语，但其背后所蕴含的文化意蕴却不尽相同。其中最具代表性的是中国龙与西方的"龙"。中国人对"龙"的联想就是"吉祥、高贵"。在西方的神话中，巨龙代表着邪恶，是一种必须要铲除的邪恶生物。因此，在翻译过程中，译者要格外注意，不能仅从汉语的形式上来理解，而要准确地理解英汉"貌合神离"之处，并将它们恰当地表现出来。

The CEO ordered his product managers to dispose of all the dogs in order to reduce their losses and increase their profits.

译文：为了降低损失，提高整体的盈利能力，公司总裁要求生产部门的经理把不合格的产品全部销毁。

在具体的商业背景下，dog 是指产品质量不佳、不赚钱的企业，而不是汉语中"狗"的意思。

Since it was a Friday, they would go out and have a drink.

译文：星期五是发工资的日子，他们很快就会到外面去喝酒。

"Friday"这个单词在英语里有特殊的意义，意思是指工资发放的日期。"星期五来了，他们……"这句话的意思听起来像是真的，但读者却不知道他们是怎么在星期五就去喝的。只有把 Friday 中所蕴涵的独特的文化讯息译出来，才能达到我们所倡导的商业翻译的功能对等。

五、缩略语的翻译

在全球经济高速发展的今天，企业间的竞争日益加剧，企业的工作效率也在不断提升。商务英语作为一种表达商业信息的语言，其显著特点就是大量地使用了缩写。缩略语具有语言简练、使用方便、信息量大等优点。缩略语所指向的客体包括多种社会和文化知识，其本质是百科性的，其内涵远超普通词汇，而被译为其他语言时，其意义也不是单纯的文字对等那么简单。所以，在缩略语的翻译中，我们应该根据具体的情况，将其所包含的信息完整地表达出来，或者模仿英语中的缩略语，翻译为汉语。在商务英语中，缩略语的翻译一直是一个很大的难题，常用的缩略语我们可以在英文缩略语字典中找到。而许多商务英语的缩写在字典里是找不到的，要想把它们译成英文，就必须要运用一些缩略语。一般而言，商业英语中的缩略语通常采用下列方式进行翻译。

（一）音译

国际通用的缩写可以按读音来翻译。音译是当今世界翻译术语的一种趋势，它促进了术语的统一，促进了国际间的沟通，促进了人们对知识的共享。音译可以用于将欧姆、伏特、Ampere、Joule 等以人名命名的测量单位。此外，材料、产品、商品名称也大多是音译的，比如奥纶、雷达尔、激光等。它的音译方法简单、易于推广。

Enrollment for the TOEFL（Foreign Language Test）usually begins two months prior to the examination day.

译文：托福的注册时间通常是在考试的两个月之前。

（二）意译

意译法就是把英语的缩写词还原为原作，然后再进行译文。该方法可以把原文的意思译出来，并且易于记住，大部分的缩写都是用这个方法来进行翻译。

例：The pit flalls of giving ground on economic reform became apparent after the IMF（International Monetary Fund）allowed the government to maintain flood subsidies that were due to be phased out.

译文：在 IMF 准许各国政府继续维持应被废除的粮食补助后，该国退出了经济改革的危险开始显现。

例：The GMT（Greenwich Mean Time）has since developed into an important and generally accepted worldwide time benchmark.

译文：格林尼治标准时间后来发展成为一个重要的、被广泛接受的时间基准，被全世界所采用。

（三）音译和意译兼用

单靠音译很难表达事物的基本性质和类型，可以采取音、意兼译的方法。这一翻译方法，即以本名的发音，表示事物的类别、属性，也称为注释性的翻译，与汉语的"以形见意"的特点相适应，便于读者理解和接受。

The Multicast Backbone （M） is a software that routes video conferencing through the Internet.

译文：多点广播骨干网络是把视频会议传输到互联网上的一种软件。

（四）词类转译

一些缩写词起初只能用作名词，但是随着时间的推移，这些词都变成了动词，因此在翻译中要把这些词译为动词。

We'll send the files to Federal Express immediately.

译文：我们会以最快的速度把这些资料寄给你的公司。

（五）引申译法

一些缩写词具有扩展的含义，而不是原来的意思。

例：His rugged style has earned him a place in the RR class.

译文：他粗鄙的风格让他成为了最好的演说家。（RR 最初是世界著名的汽车，在此延伸为"最佳的"）

（六）不译法

一些缩写已经很长时间了，即使没有翻译成汉语，每个人都知道它的含义。此外，业内所熟悉的一些专业词汇并没有翻译过来，反而在沟通中更为简练。随着时间的推移，英语的缩写不但会英语的人熟悉，而且很多不会英语的人也会觉得很熟悉，所以他们就在不知不觉中广泛传播，不再需要翻译成汉语了。

例：Japan's young people are crazy about personal HPS.

译文：日本的年轻人对便携式电话系统非常着迷。（HPS＝电话系统）

例：The memory capacity of personal computers had increased from 16 KB （kilobytes） in the late 1970s to 64 MB （megabytes） by the late 1990s, with hard disks exceeding 10 GB （gigabytes）.

译文：20 世纪 70 年代末期，个人电脑的存储器只有 16 KB，而 90 年代末期则是 64 MB，而硬盘的容量则是 10 GB 以上。

第三节 商务英语句式的翻译

商务英语文体各异，句型复杂，长句的出现频率高，逻辑性强，给译者增添了许多困难。然而，英语语言具有"形合"的特点，不管它的长度和复杂程度如何，它都是由几个基本要素构成的。译者应先确定句子的主语结构，确定主语，谓语，宾语，并对其功能进行分析，对其在句子中是否存在固定搭配、插入语等因素进行分析。然后，根据汉语的特征和表现形式对翻译进行整理，从而确保对其进行准确的理解。

一、长句的翻译

长句翻译是常常令译者感觉困难的一项任务，因为中英两种语言的句子结构差异较大：汉语是分析型语言，其语法关系主要通过虚词，词序来反映，而英语是发展型语言，其语法关系主要通过词语变形反映；汉语中动词占优势，英语中名词和介词占优势；汉语重心在后，英语重心在前，等等。这些对比在短句中相对容易处理和安排，而应用在长句中，则需要译者同时处理众多矛盾，因而有必要运用多种手段。

（一）合译法

若将英语并列句或复合句的内容结合得很好，可以用汉语的简单句子来完整地表述，则可以采取合译。

例：What suits don't do to the same extent as they once did is revealing the wearer's background.

译文：西服已不再能清楚地显示穿戴者的社会背景。

原句包括一个 what 导引的主语从句，后面是一个短小的定语从句"they once did"和"they once did to the same extent"，在汉语结构上进行了重新组合，使这两个后置成分被提早，翻译成了一句完整、意义清晰的单句。

例：By contrast the machinery which it replaced was capable of producing only 257 million eggs annually.

译文：与此相反，原来的替代设备一年只能处理 2.57 亿个鸡蛋。

这一句的后置定语从句是汉语中的一个前置定语，它与汉语的习惯是一致的，它能使句子之间的联系紧密、语义清楚。

（二）分译法

一些英语长句在汉语中，其主语和子句之间的修饰限制作用比较薄弱，因此，在译文中，可以把一段长句子分解，这样就能增加汉语译文的逻辑和层次，使译文的意思更清晰。

例：That was the lesson Apple had tragically missed when it pulled out of licensing the PC interface，promising that Microsoft's more open Windows operating system would take over the market.

译文：令人遗憾的是，"苹果"没有领会到其中的原理。微软公司将其更具开放性的 Windows 操作系统霸占了在计算机图像接口上的销售授权。

例：Four volumes of the Tender Document have been collated and bound mechanically，and the Tenders shall verify that they include all the pages（which are numbered in sequence）and that all the additions mentioned are also covered.

译文：招标文件共四册。投标人必须认真检查有无缺页（页数连续）和附件的完好性。

（三）包孕法

"包孕"是一种运用了大量句型的翻译方法。它的基本方法是把原语后面的定语移到前置词前面。当汉语和英语语言中的句子和逻辑性相近时，应尽可能不改变其他部分的原文次序，只需按照顺译的方法进行翻译。

例：Finally，the declaration stated that it was imperative for the world economy to change，or else there would be a further widening of the gap between the developed and the developing world.

译文：该宣言声称，如果不改变世界经济秩序，发达国家和发展中国家的差距会越来越大

例：The two parties agree to set up a joint Co-operation Venture Company for the purpose of introducing the patent and cooperating in production.

译文：由甲乙双方组成一个合资公司，负责申请专利，并根据专利的规定进行技术合作。

（四）逆译法

在英语中，把重要的信息放在前面，把次要的放在后面，可以采用反译的方法，把原文的顺序反过来。

He wondered why I didn't want the job，which was clearly a "step" towards what all Americans were taught to want when they grew up with money and power.

译文：美国人的教育都是为了钱和权势，而这份工作显然是"一大步"，而我却拒绝了，这让他很困惑。

例：The Sellers are not liable if they fail to deliver the goods within the time stipulated in the Sales Contract due to Force Majcure，or are unable to deliver them.

译文：由于非人为原因导致卖方无法按销售合同的规定时间发货或交付，卖方将不承担任何责任。

前面两个实例中的英语原作都是按照"先果后因"的方式来表现，而汉语则按照"习惯"的"因果"来表示。

二、从句的翻译

（一）定语从句的译法

英汉两种语言中，定语的位置存在着差异。汉语的定语一般都位于名词中心词之前，英语中的定语比汉语更有弹性。英语中单字作定语时，除了个别情形外，通常置于中间词之前；在短语、介词短语、从句等长语作定语时，通常放在中间词之后。本文从英汉两种不同的角度出发，对商务英语中常用的一些翻译方式进行了简要的介绍。

1. 前置法

限定性定语从句与其先行词大多有很强的修饰限定关系，因此在翻译时要提到先行词前面。在商务翻译实践中，结果表明，在这种情况下，前置可以更好地适用于那些结构和语义相对简单的限定式，而在某些简短的、带有描述性质的定语从句中也可以使用前置，但是没有限制性定语从句那么广泛。

Furthermore, it will have its own offices, partners or agents in countries where it does business.

译文：公司还拥有办事处、事务所或代理商，这些公司都是在其业务合作伙伴的国家。

例：In our society, the function of sales is to identify and supply products and services that meet the needs and needs of consumers.

译文：在一个社会中，销售的角色就是确定和提供能满足顾客需要的产品和服务。

In addition to the Buyer's coverage according to the contract, the Seller shall cover the insurance with China Insurance Company.

译文：中国的保险公司，除了按协议承保的人以外，由卖方承保。

例：In an urban culture, where mobility is valued, and land is not an issue, female talents are more emphasized.

译文：在重视流动性且土地不成为其问题的城市文化中，女性的才能更受重视。

2. 后置法

当从句比较长，结构比较复杂，或翻译为汉语时，其前置定语与汉语的习惯不符，常常采用后置的方法，译成并列分句，重复或者省略关系代词所代表的含义，有时还可以完全脱离主句而独立成句。

例：The managing director receiveda letter from her that announced her resignation.

译文：总经理收到了她的信，信中说明她要辞职。

例：During transport，the importer may sell the goods to the new purchaser using negotiable transport documents，which are of great convenience.

译文：进口商可以在运输过程中，利用可转移的运输文件把商品出售给新的卖家，这种可转移的文件很容易使用。

这两个例子都是以后置的形式出现的，即把限定的定语从句后置，反复使用前置词，以达到表达清楚的目的。

例）They developed a new method by which production has now been rapidly increased.

译文：他们开发出一种新的方法，在使用后，产量很快就得到了改善。

The fact that these early entrepreneurs built their industries out of very little made them seem to millions of Americans like the heroes of the early frontier days who went out into the United States and converted forests into farms，villages，and towns.

译文：在上百万美国人眼中，他们就像是早期开拓时期的英雄，踏入美国广袤的原野，把森林变成了农场、村庄和小镇。

此例中，定语从句"who went out into the United States and converted forests into farms，villages，and towns"，如果将其前置译成定语的话，译文比较累赘，也使人很难理解。在这种情况下，将定语从句从引导词 who 这里与主句拆开来，译成并列的分句并省略先行词，译文简洁明了。

3. 融合法

限定定语从句通常与主句有很大的联系，因此，在翻译过程中，可以将主句与定语从句合并为一个单一的句子，也就是将定语从句融入到句中。

The majority of the workers，whose T-shirts bear the words "Welcome" on their shirts，have been closed to the public for a long time，making items such as jewelry or packaging.

译文：大部分员工都会在他们的 T 恤衫背面打上"欢迎"的标志，这些人以前是与世隔绝的，他们在专门为残疾人士设计的车间里制作首饰，或者是负责包装。

翻译时，把主句和非限定定语子句结合起来，并将其重组为句子。

Nonetheless，Hyundai executives are increasingly worried that China's competitors are closing the technological and design gap with South Korea —— a move that could be catastrophic.

译文：但是，在返回韩国后，现代公司的管理人员对中国竞争者在技术和设计上与韩国的差距日益感到担忧，这对于公司来说将是一场灾难。

（二）状语从句的翻译

英语状语从句可以分为时间状语、地点状语、原因状语、条件状语，通常情况下，英语中的副词子句具有很大的灵活性，它可以放在主句的前面，也可以放在主句的后面。在汉语中，状语的位置是固定的，在汉语中，状语常常位于主谓语的中心，也就是"主语+状+谓+宾"；或在主语前面的副词通常是用来强调的。所以，在英汉两种语言中，我们必须遵循汉语语言的习惯，适当地调整语序，而不能过于拘泥于原作的语序和结构。

The reason why I contacted you is that I can help you improve the pulling power of your，advertising without increasing your advertising revenue。

译文：我方能协助贵公司减少广告费用，并使其更具吸引力，故请与贵公司联络。

Once the level reached 6%，the crew would be in a state of mental confusion and would not be able to take precautions to save their lives.

译文：当浓度超过6%时，船上的人就会失去理智，失去自我保护的能力。

例：The Purchaser agrees to complete all operations in each area prior to the commencement of the next section or zone.

译文：买方同意在下一个区域内进行所有的作业，直到下一个区域的砍伐。

例：You might also need a resume and a suitable cover letter in case you decide to send an unsolicited application to a company that you found during your initial search.

译文：如果你打算给第一次搜索时找到的公司发送一封求职信，那么你可能会被要求提供你的简历和推荐信。

三、被动句的翻译

在英语中，当不需要说出这个动作的人、不想说出这个动作的人、不能说出这个动作的人时，就使用了一个被动的语态。英语被动语态的基本组成是"be+过去分词"，这是一个非常重要的组成部分。与此相反，汉语中也有被动语态，但是它的用法要比英语少得多。由于被动语态可以强调语调的中心性，使语调显得客观、委婉，英语商务语篇更多的是客观的叙述，更多的是以事实为导向的商业英语。英汉两种语言的表达方式存在着差异，因此，在翻译被动语态时，往往要遵循汉语的习惯，而不能只采用"语法对等"的方式。本文就商务英语中的被动语态的翻译进行了讨论。

（一）译成主动句

英汉两种语言的不同，使得英语中很多被动语态在被译为汉语时，往往难以找到与汉语习惯相适应的被动句，因此往往需要将其转化为汉语的主动句。英语被动句的翻译在汉语中有如下几种形式的积极作用。

（1）保持主体在原文中的位置。

在英语转换为汉语时，主语在汉语中依然是主语，而谓语动词则是主语。

例：Please do not touch any of the items.

译文：请不要触碰展品。

例：The invitation cards are for the end of this month, and must be sent to the operators and the hotel management.

译文：这些邀请函是在月底举办的一个商业晚宴，必须发给旅游代理商和饭店经理。

例：New cars have been greatly improved in quality.

译文：这辆新汽车的品质大大改善了。

例）On such a basis, the question of restructuring the company been raised.

译文：公司的重组问题正是基于此提出的。

（2）把英语被动句的主语翻译为汉语句子的宾语，并对主语进行增译。

有时，原文的主体可以被译为宾语。如："大家、我们、所有人"等具有普遍意义的词作为主体。比如：

例：A special program is installed on the computer to detect and kill computer viruses.

译文：计算机中装有专门的监控和杀灭计算机病毒的程序。

例：Children should be taught to tell the truth.

译文：儿童要学会诚实。

The MBA degree is regarded as one of the most important requirements for a company.

译文：MBA 学位被认为是这个公司中的一个重要因素。

例：Along with the development of modern electric engineering, electricity can be transferred to any place where it is needed.

译文：随着现代电力技术的发展，人们可以随时随地向他们提供电能。

（3）把英语被动式句子中的行为执行方或与动作执行方对应的介词宾语翻译为汉语句子的主语，并把 by 后词组翻译为主语。

例1：Less paper work is required than in the past by the modern banking industry.

译文：现代银行对纸张的需求比以前减少了。

例2：A new way of displaying time has been introduced by electronics.

译文：电子技术为时间的展示提供了新的途径。

例：The compass was invented by the Chinese a long time ago.

译文：中国人很早就发明了罗盘。

例3：Hotel room reservation, check-in and check-out will be fully automated with a new computer program.

译文：一种最新研制的计算机软件将使客房预订、入住和离开房间都能自动完成。

（4）把英语中的一个句子翻译为一个主题。

例：The United States has established a free trade relationship.

译文：中国和美国之间的贸易往来有了一些进展。

例：International Broadcasting Satellite is used worldwide to carry out international live transmissions.

译文：在世界各地，使用通信卫星进行国际直播。

Neither of the three factors is to be ignored.

译文：这三点不容忽视。

例：Lots of high-rise buildings will be built in the city.

译文：这个城市将会有很多高楼。

（二）译成被动句

（1）在汉语中，"被""由""让""给""给予""受到""遭""经过""靠着""叫""为……所""挨""获""得""加以""予以""被""由"，保持原有的主体，以汉语被动的方式进行翻译。

例：Although Americans today may think that Alger's story is too good to be true, they continue to be inspired y the idea of earning wealth and Success as an entrepreneur who makes it on his own.

译文：尽管今天美国人有可能认为阿尔杰的故事好得令人难以置信，但是他们却依然为那种自力更生赢得财富和成功的企业家精神所鼓舞。

例：

例） The company was enjoined from using false advertising.

译文：该公司被取缔了不实的广告。

例） In the last few years the city was hit by severe financial crisis. Payment arrangements and the establishment of L/C. will be discussed in the forthcoming negotiations.

译文：付款条件，信用证的开立，将在谈判中进行。

例：The company was enjoined not to use false advertising.

该公司被禁止发布虚假的广告。

Enforcement of the Treaty on the Functioning of the European Union （TFEU） The region has been affected by a serious financial crisis in recent years.

译文：在过去的几年里，该区域一直处于严重的经济危机之中。

例：Once the project is approved, work on it will begin immediately.

译文：计划一旦通过，项目就会立刻开始。

例：Furthermore, the governance process of such companies is also hindered by the time it takes to realize that change is needed.

译文：在这样的公司中，改变通常的需要要花费很长的一段时间，而这也导致了管理部门的失败。

（2）汉语在中长期内所形成的"被动"和"积极"两种表达方式。在汉译部分英文被动词而不带有行动执行者。

在句子中，经常使用"被""为"等词语来表达消极。仍然把原被动句的主语作为翻译句子的主语，翻译为"主动"而非"被动"。

例：Electric power can be transferred over long distances.

译文：电力可以在很长的一段时间内传输。

例：You have to finish it by New Year.

译文：过年之前，一定要把这件事做完。

（三）译成无主句

在汉语中，没有主语的句子是很普遍的一种。英语被动句，特别是带有 must/can should 等情态动词的被动句，可以转换为汉语中的"无主语"。

Do not worry, Your timely confirmation will be greatly appreciated.

译文：非常感谢你的及时回复。

She only had one day to prepare.

译文：一天之内，她必须做好一切准备。

例：Since the end of the decades of the twentieth century, one of which is the Internet.

二十世纪后十年间，出现了很多贸易形式，其中之一就是电子商务。

例：Under no circumstances may the contract be terminated immediately.

译文：不能马上终止合同。

第四节　商务英语修辞的翻译

一、押韵类修辞及翻译

在商务英语中，使用语言表达方式来达到修辞效果的一般是商业广告和商标。音韵修辞手法的运用，使得语言具有了和谐、优美、突出的意义，从而提高了音韵的美感和节奏感。

押韵是英语广告中最常用的修辞手段之一，它是广告商运用头韵、尾韵、腹韵（也叫元音韵）等方式在音韵上营造有标记语境，表达朗朗上口，易于记忆，从而达到让消费者过目不忘的效果，刺激其购买欲望。在翻译时要尽量以押韵方式再现原文效果，一是通过叠韵、叠字再现原文音韵效果；二是当押韵手段难以运用时，可用四字结构、对偶结构等体现原广告在韵律上的标准性。

二、比喻修辞及翻译

隐喻主要是明喻、暗喻和换喻，是用一个具体的、明显的、熟悉的事物或情景来描述另外一个抽象的、深奥的、生疏的事物或情景。这样描绘的事物更加形象生动，易为人们接受。

（一）明喻

为了使事物生动、形象，往往把两个具有相同特点的东西进行比较，而用另外一件东西来模仿要表达的东西。在比喻中，主体和喻体通常以动词、like 等介词相联系，这样就能给人一种清晰、明确的联系。

广告英语作者运用这一修辞手法，使消费者能够更加具体、形象地了解品牌，进而获得消费者的认同、信赖和喜爱。

（二）暗喻

以两件东西之间的某些共性或内在的关系，将一件东西的名字与另一件东西的名字相对应，这是一种隐喻，它不是直接指出，而是要读者自己理解。比喻中的对比通常很隐晦，但是很容易被理解。隐喻中没有可以把本体和喻体联系在一起的介词，例如 as、like等。比喻和明喻一样可以引发人们的联想，而在广告英语中，隐喻的词义更能激起消费者的丰富想象力。

（三）换喻

换喻是指将与其相关的其他物品的名字替换为其名字的一种修辞方式。如果 A 和 B 不相似，但是有很深的联系，就可以用这个方法代替 B 的东西。换喻与明喻、暗喻等比喻方式不一样，使用不同类别的物体的相近性或相似性来进行对比，而是借用与其部分有密切关系的事物来表达，并通过两者间的联系来引起他人的联想，避免了生硬的直言不讳，故称"借代"。例如，将美国政府称为"White House"（白宫），"Downing Street"（唐宁街），"Dove"代表着和平与平等，"蓝领"（blue-collar）。在广告英语中，使用换喻也是一种非常有效的修饰语言。

三、双关修辞及翻译

由于其具有诙谐、睿智、独特的语言魅力，双关修辞深受广告主的喜爱。所以，在广告语中，双关是比较普遍的一种现象，具有很高的理论与实际意义。

（一）双关语在广告中的分类

许多学者对英汉语的双关作了不同的分类，这本书赞成李国良把英语双关分为四大类，分别是：谐音双关、语义双关、语法双关、成语和俗语双关。具体来说，英汉语广告中使用的词语的近音、同音组成谐音双关，从而造成句子的歧义，吸引读者的注意力；运用词汇的多义性，形成语义双关，从而更好地与商品、服务有关的信息进行关联；运用一个词汇的两种或多种语法功能来形成双关，通过其特有的双关结构来吸引听众；运用人们熟知的成语、俗语，对其进行修改，形成双关语或成语，或模仿，以达到吸引人的效果。

（二）双关语广告中的翻译方法

（1）用双关翻译成双关。在译语中寻找与源语等价的双关，使其既能在翻译中充分反映源语的含义，又能使其幽默、隐喻等含义得到充分发挥。这是双关语广告翻译的最佳选择。

（2）把双关翻译成类似的双关，或者反过来。在双关翻译中，运用头韵、脚韵、反复、反问、矛盾修辞等方式来传达原文的双关语，从而提高广告的感染力。

（3）文法、词组和谚语双关的翻译，可以采用仿拟双关，但不能一一对应，只要能起到预期的作用就行。

四、仿拟修辞及翻译

仿造（parody）源于希腊语 parodia，最初是指一首模仿的诗歌或歌曲，后来演变成为英语中比较常用的一种修辞形式。修辞是指说话者在临时性的改变人们熟悉的成语、俗语或篇章中的特定词语的时候，创造出一个与原来的词语相关的新的上下文，营造幽默、诙谐的效果，使听众对其产生印象，从而提高其语言效果。仿拟包括本体论与仿体论两大类，它是通过对已有的语言形态的变化来创造新的语言形态，以实现"仿""拟"新的语境。仿拟在新的环境中常常会有丰富的影响。在商业语篇中，仿拟经常被运用到广告中，而仿拟由于其具有灵活性、生动性、幽默等修辞特征，可以使其具有出其不意的作用。

（一）仿拟的分类

一般说来，仿拟可分为仿词、仿句、仿调（篇）三种，以下我们结合具体的实例来分析这几种仿拟在商务文体中的应用。

1. 仿词

在模仿对象中，由于词汇形象生动、表意凝练、和谐悦耳、人人皆知等特点而倍受人们的喜爱，因而在许多英汉语广告中都是直接或模仿的对象，如：富翁——负翁；空姐——空嫂；草木皆兵——草木皆冰；默默无闻——默默无蚊。

2. 仿句

通过改变原谚语或名句的个别词汇，从而达到仿句的效果。

3. 仿篇

英语中的仿篇是指模仿成段或成篇文章而创造出新的语篇。模仿的语体有公文语体、政论语体、文艺语体和广告语体，模仿在语篇层面的仿拟叫仿调（或仿篇），即模仿上述语体而产生的新作品。

（二）商务文体中仿拟修辞的翻译

仿拟修辞在商务文体中的翻译，即在不影响译入语受众的情感诉求前提下，尽量以对应修辞翻译，若此等目标难以实现，就以类仿拟的方法或其他修辞弥补，以实现语用标记等效。

修辞因其独特的表现方式而拥有旺盛的生命力。我们在翻译时，要尽量理解原文本的话语目的与商业功效，并在译文中尽量体现，简言之，尽量用对等修辞译相应的修辞，若此目标难以达到时，以其他修辞予以弥补，以实现语用标记与商业目的之等效。

五、商务书面语体中的修辞技巧

从本章内容可看出，商务文体中的修辞往往在广告与口号中体现，除此之外，对外商务交际、商务谈判等经济活动中，不管是口头语还是书面语，由于表达效果的需要，也常用到修辞。一般来说，商务汉英语的句子有时偏长，结构比较复杂，句式规范，语体正式等。值得注意的有以下几点。

（1）商务汉英文体较少使用任何形式的疑问句和感叹句，而较多使用陈述句、祈使句。

（2）商务汉英文体中，长短句交错使用，以避单调，但短句更适合于商务信函文体的写作。

（3）在商务英语文体中，圆周句与松散句交错使用，但松散句占多数。

（4）在商务汉英语中，能用一句表达清楚的，决不用两句或三句来表达，应直截了当，避免赘述。

所有这些有关商务汉英语的语句写作修辞特征，均与商务这一特别的语境有关。

因为商务活动追求利润和效益，所以，商务信条之一就是"时间就是金钱""效益就是生命"。因此，商务汉英写作修辞要求语句表达简洁高效，也就是使用信息含量极高的简单句、并列句、复合句和并列复合句等。总之，书面语句或语篇修辞效果的好坏与语体恰当与否，都需要以表达或交际效果来定。

六、商务口语体中的修辞技巧

在交流方式上，语体分为口头和书面两类，而商务英语口语体主要是用商业英语进行谈判、交谈等，就像文字交流，要结合具体的环境和具体的语境，要掌握大量的语言修辞和谈判技巧。

以下是商业谈判中常用的几个常用的修辞手法。

（一）委婉表达

在谈判中，由于谈判对象、内容、时间、场合、气氛等因素的差异，一些话不能说得太直白，要用委婉的、含蓄的语言来缓解谈判的气氛，摆脱尴尬的局面。委婉的说法并不表示讲话人的语气和态度是软弱的。在实践中，这是一种非常有效的谈判方法和战略。

1. 善用温和的言辞

"温和（mild）"是一个很好的词语。这两种语言的不同之处是，前者更婉转、更含蓄，而后者则更强烈、更刺激。其中一种方式是避免过度强调自己或激怒他人，而是善于使用柔和的语言。婉转的用法主要是"恐怕"（I am afraid），"我想说"，"在我看来"，"我要说……"，"我们能不能提……"等等。这样的婉转的话能让更尖锐的语言缓和一点。

2. 善用被动语态

因为省略了"行动者"，因此，"被动"的意思往往模棱两可。在英语商务洽谈中，为了避免正面的指责和批评，往往采用了被动语态，所以说话也比较客气。

3. 善用感情移入法

在英语商务谈判中，要把自己放在别人的位置，了解别人，在心理上进行交流，减弱对手的敌意，这样才能在谈判中起到微妙的作用；或者在心理上引起对方的好感；或动摇或改变另一人的思想；或说服另一人。这是一种通过情感转移的方法来缓解紧张的氛围，降低对抗，淡化矛盾。

4. 善于提供"台阶"

他说的"台阶"，其实是在"留面子"，而不是在给别人。要给自己留点面子，就得用礼貌的语言，委婉的表达。所谓"面子"，就是要维护双方良好的商业关系，让谈判在一个和平、友好的氛围中进行，从而达到谈判的目标，达到双赢。从语言修辞的角度来说，要不要面子，就看你有没有用语言威胁。例如，批评他人等于在威胁被批评者的颜面，所以，要使批评或指责变得温和，尽可能地减少对被批评的人的伤害。

（二）模糊与明确表达

模糊语言是英文商务谈判中常用的一种策略和语言修辞方法。它是一种很好的交际手段，经常在商务谈判中起到出人意料的积极作用。模糊语言可以调整谈判的氛围，让谈判能够顺利进行，同时也可以了解到双方的真实目的和问题。模糊语言的运用可以使谈判各方寻找并扩展其共同点，从而达到最终一致意见。

1. 因授权有限而使用模糊言辞

在一些特殊情况下，授权限制是相当有效的。当谈判代表们因为权力的限制而不能明确地表达自己的意见时，往往会用含糊的语言来表达。

2. 因特殊情形使用回避的言辞

在国际贸易谈判中，由于受到涉外环境的限制，谈判人员往往会刻意地使用含糊或泛泛的语言。这是很常见的事情。例如，在一次商业洽谈中，甲方就公司的业务方针和公司的信用问题，由于各种原因，乙方的谈判代表认为，在当时的条件下，不能直接答复。在这种情况下，双方最好不要在这个问题上纠缠，所以，双方都采取了回避策略。

3. 使用模糊限制语

"模棱两可"是指"使事物变得模糊不清"的词汇。模糊限制语既能反映言语的真实性，也能反映其对言语内容的直接、主观的态度，或提供客观依据来间接评价言语。在商业谈判中，人们往往会故意使用各种含糊的限定语，尤其是在某些情况下，如果他们不能准确地做出判断，或者为了自己的地位，或者为了自己的尊严，模糊限制语就能使他们很好地应对，并成为他们的一种有效的语言表达方式。

（三）得体的表达优势

因为大多数的对外交往和合作都是按照"利益驱动"和"实力政策"运作的，所以谈判的双方都乐于宣传自己的长处、优点和所取得的成绩。太过分的话，往往太过激烈，太过霸道。要做到这一点，谈判各方必须掌握自己的优势。低调行事是言过其实的另一种表现，它遵循着谦虚的原则和礼节。说话的人，尽可能地夸奖别人，而不是夸奖自己。这被称为"礼貌原则"。在商业谈判中，为了达到更好的效果，双方必须掌握得当、行之有效的方法。下面是一些常见的低调表现优点的方法。

1. 少用感叹语气

在陈述自己的优点和长处时，不能露出洋洋自得、慷慨激昂、语气嚣张的表情，而是尽量避免使用带有强烈感情色彩的感叹词。

2. 避免华丽辞藻

华丽辞藻在商业谈判中很难实现其可信度。比如，"最佳""一流""超级""首屈一指""无与伦比"……这些夸张和渲染之词，都会让人产生怀疑，让人厌恶。一般而言，准确的资料或典型的事实能更形象、更准确地反映出"优势"的东西性质。

修辞是一种优化语言的方法，它指的是在一定的环境下，使所要表达的内容更好、更恰当、更有效。王德春认为，语言的各种方式和手段的形成取决于语言的环境，而对语言的修辞作用的测量，则取决于语言的修辞方法、文体等方面的研究。由此可以看出，修辞是无法脱离上下文的，脱离了上下文，就谈不上什么修辞，更谈不上什么修辞的效果和艺术。"相比于其他活动，商业活动对外语的需求更大，在语言艺术中，更要注重语言技能的运用，正确、得体地进行商业口头和书面的交流和协商，以避免或减少商业冲突。为了获得最好的效果和最大的经济利益，我们必须尽可能地拓展商业机会。"

在商业英语中，要加强修辞意识、选用适当的修辞手段、通过对比、加工等手段来提高其表达能力，这就是符合上下文的修辞选择。同时，在商务修辞翻译方面，力争用对应修辞对译，若此目标难以达到，也要以适应目标语语境为前提，以适当的修辞译之，以达到翻译文本与原文本的商务目的和语用功能等效。

第五章 商务广告跨文化翻译的技巧与实践

第一节 商务广告的目的和作用

一、广告的概念

(一) 广告的由来

"广告"这个字源自拉丁语"advertere",意思是"关注和指导"。中世纪英语时期(公元1300-1475),演化为advertise,意思是"让某人留意什么"或"为了吸引人们的注意力而向其他人通报什么"。英国在17世纪后期出现了大量的商务,这个术语才得以普及和应用。广告由来已久。远古时期,作为一种象征出现在市面上,用于宣传器内的血液。最早期的广告是以声为基础的,称为"口",也就是"叫卖",是最原始最简单的一种方式。在希腊奴隶时代,早期的时候,就有人贩卖奴隶和性动物,进行公共的宣传,以敲锣打鼓地推销自己的产品。罗马的街道上到处是小贩的吆喝声。在欧洲和殖民地时期的美国,店主常常会雇人在镇上喊叫某个信息。

在商品经济高度发展的今天,几乎没有一个空间不在传递广告信息,广告已渗透到人们生活的各个方面,报刊与电视台、电台等各种媒体到处可见广告的影子,人们几乎没有可能逃脱广告的影响。

(二) 广告的定义

广告是一种交际形式,旨在劝说受众(观众或听众)来购买产品、观念或服务或者对其采取某种行动。它包括产品或服务的名称以及产品或服务对消费者的益处、劝说目标市场购买或消费某个特定的品牌,而这些品牌通常是由登广告者付费并出现于各种传播的媒介。由此可见,广告对一项产品的推广起着极其重要的作用。广告不仅是一种经济活动,而且是传播文化的主要媒介。

著名的美国市场营销协会(American Marketing Association,AMA)认为,广告是以一定的费用为代价,通过非人的方式进行广告,通过各种媒体对观念、商品或劳务进行介绍、宣传的活动。

美国《广告时代》在 1932 年曾经公开征求广告定义，最后把广告的内涵重点定性为劝服和影响："个人、商品、劳务、运动，以印刷、书写、口述或图像为表达方式，并以付费方式进行公共推广，以促成销售、使用、投票或支持。"

《简明不列颠百科全书》这样描述："广告是一种宣传商品、服务、影响、赢得政治支援、推动某项活动或其他回应，以达到广告人所期望。"广告讯息透过报纸、杂志、电视、广播、张贴广告和直接邮寄等多种形式的推广活动，以传递到要招揽的受众。与其他的新闻媒体相比，广告的发行方需要支付一定的费用。"

《辞海》于 1980 年发行，对广告的界定亦有相似之处，商品介绍、报导服务内容或娱乐活动等的宣传方式。一般是通过报纸，广播，电视台，海报，电影，幻灯，橱窗，商品陈列等。"广告包括商务广告和非商务广告。在现实生活中，绝大多数广告实为商务广告，即营利性的经济广告。非商务广告指不以营利为目的的广告。本书所研究和讨论的广告是指商务广告。

二、商务广告的目的和功能

戚云方教授曾说过："广告之于商品，犹如戏剧之于人生，它既是商品又高于商品。"进行商务广告翻译之前，我们首先必须了解商务广告的目的和功能。广告赋予物品某种身份，因而使之具有能见的价值，这便是广告所特有的力量。商业广告的一个成败标准就是要看看其能否满足美国 E·S·Lewis 所规定的四个条件，其中 AIDA 的准则包括：吸引注意、发生兴趣、开发、行为。广告对顾客产生了不同的冲击，作为一种竞争性的商业行为，商业广告最主要的目的是争取消费者，促成其购买活动，进而实现消费者由 Attention-Interest-Desire-Action 的逐渐转变。虽然广告的主要目的是劝说，但是达到这个目的有不同的方式。一般来说，广告主要有以下三个重要功能。

第一个重要的功能是识别功能。一则成功的广告要具备自己的个性，能引起人们的注意，获得人们的认识，从而区分于其他产品。识别功能包括突出自己的鲜明特征、表明自己的独特优点，显示其与众不同的功效，其目的就是影响信息受众，由此创造对该产品的意识并提供了消费者选择该产品的基础，它有助于企业树立良好的市场形象。例如，爱迪生电气公司一条广告就是"一切归功于"爱迪生"。同样，万宝路的成功与它个性鲜明的广告词分不开—"哪里有男人，哪里就有万宝路"。一句精彩的广告语往往能捕获消费者的心。

广告的另外一个重要功能是传递产品信息，即信息功能。这对企业和消费者都是有益的。通过广告可以使企业把产品或劳务的信息传递给广大消费者，达到沟通产需之间联系的目的。要实现这一功能，广告必须要容易被理解。例如，福特卡车曾用过这样一则广告"美国就像福特卡车一样坚固"，向公众传递的信息就是福特卡车的牢固特性。某银行为强调其服务范围的周全和便捷，推出了以下的广告："您可在一个屋顶下办完所有的金融业务。"

广告的第三个功能是诱惑消费者购买产品，即说服功能。广告以劝说性的方法以期改变或强化消费者的观念和行为。广告最终目的是劝说性及创造性地销售产品或服务，这也是商业广告翻译的最终目的。李奇教授在《广告英语》一书中提到，"广告是否可达到销售商品的目的是衡量广告成功的标准"。脑白金的广告无疑是成功的，"今年过年不收礼，收礼只收脑白金"，语言简洁直白却极有说服力。"千万别忘了上一次大水灾"，这则保险公司的广告同样是以理服人、以情动人。"请喝可口可乐"，同样这则可口可乐公司的广告里只有请求而没有丝毫的强迫。

随着国际经济技术交流的日益频繁，国际市场竞争愈演愈烈。广告对于商品的推销和品牌声誉的建立有着不可忽略的影响。在 21 世纪的今天，作为一种经济手段的广告，还担负着传播文化的重任。现代广告是传播文化的主要媒介，它是中西方文化交流的重要桥梁，它能够帮助我们更好地了解西方文化，同时向世界传播中国文化。

第二节　商务广告的文体特点

英语商务广告在漫长的历史发展过程中，无论从词汇、句法、修辞等各方面都显示出其自身的特色。

一、广告英语的词汇特点

（一）广泛使用人称代词

现代英语中，人们普遍采用的是称代名词，特别是"you"，以缩短消费者和商家之间的关系，同时也反映出消费者对产品的喜爱程度。

商人们的每一步都考虑到了客户。

Chapter 1：We made this watch for you to be part of you. （手表广告）

为你精心制作，美好的生活伴随你。

No. 2：Our philosophy is simple. To give you the most important things youwant when you travel. （酒/广告）

我们的目标是：让你在旅行中获得你所需要的东西。

以上所说的"our""you""we"的用法，让消费者有一种与商人进行了一次真正的面对面沟通的体验，增加了他们对店铺的信任。

（二）常用形容词及其比较级、最高级

一名广告师曾经形容过，"没有邪恶，没有痛苦，没有蛮荒。"商家在销售产品时，往

往会对产品进行修饰，所以在广告中往往会用很多贬义、赞美的形容语来描述产品的性能、质量和优点。英国语言学家 Leech 称，在使用的次数上，人们所用的最多的是：

l. new 2. crisp 3. good/better/best 4. fine 5. frcc 6. big 7. fresh 8. great 9. delicious 10. real 11. full，sure 12. easy，bright 13. clean，14. extra，safe 15. special 16. rich

如果仔细地剖析，可以看出，在所有的形容语中，都是以评估的形式出现的。商家还利用形容词中的对比等级和最高级的词语，来与其他类型的产品进行间接的对比，从而提高顾客的信任。

Chapter 1：Why our special teas make your precious moments even more precious？（茶叶广告）

在这里，形容词 special，precious 和对比的 more precious，强调了这款茶的独特之处。

例 2：There's never been a better Time. 从未有过的好时代。（时代周刊）

例 3：Let us make things better. 让我们做得更好。（飞利浦）

例 4：It's finger-licking good. 哈指回味，其乐无穷。（肯德基）

（三）杜撰新词、怪词

在广告中，经常运用词语的变化来产生新的词语、古怪的词语，从而使顾客在无意中发现广告中的产品。这种方式，既能使产品具有新颖、独特的特点，满足顾客的时尚心理，又能达到一定的修饰作用，吸引眼球，是行销的一种行之有效的方法。

例 1：你为什么要这样做？（虚假宣传）

Delisher 是由谐调 delicious 刻意编造而成，旨在给后面的 fisher 营造一种押韵的感觉，强调了钓鱼的乐趣。在翻译时，可以从"子非鱼焉知鱼之乐"中得到启发，译为"子不渔知渔之乐"。或者，也采用谐音，译为"还有什么比钓鱼更余味无穷？"

例 2：You are not fully clean until you're Zestfully clean.

干净？用激爽。（激爽，沐浴产品）

如果把"Zest"这个品牌作为一个通用名词，就相当于创建了一个新单词。Zestfully 是根据一般名词的后缀加上 ful 来表达"赋予 zest 特色"的含义。Zestfully 是在 Zestful 上加上一个后缀-ly，根据形容词变成副词的规则。这则广告的含义是："唯有使用 Zest，你才会真正的清洁。"为了使广告和原作的相似，译文采取了创造性的翻译方法。

Chapter 3：The Orange Most Expensive Beverage.

"orange most est"是一条"orange most est"的饮料，它的意思是"most+ most+ est"，是最高级的形容词，所以在这里，它和"orange"是一种很好的表达方式，可以让人联想到它的"质量、纯度和……"。

（四）雅语、俗语各有特色

由于不同的产品和不同的消费者，广告的语言风格也会有很大的差异。在广告中，雅语、俗语的运用可谓各有千秋。"雅"是一种高雅、正式的文字，"俗"是一种口头、一种非正式的语言。为了突出广告的流行特征，往往采用通俗易懂的谚语，使其更接近生活，更容易被消费者所接受。

例1："I couldn't believe it, until I tried it!"

"I admire you!" "I'm impressed!"

"You have to give it a try!"

"I love it!"

这是一条用来推销微波炉的短语，非常通俗易懂，还用了"Gotta"这个单词。这个词语在美国英语里就是"got to"，让这个广告看起来就像是一个曾经用过这个微波炉的人的亲身经历，让人觉得这个广告很有可能是真的。

当然，并非所有英语广告都是基于口语的，英语广告受众的差异和使用的语言也会有所不同。一些广告英语还带有浓厚的文字色彩，带有浓厚的文学性。巧克力、饮料、大众食物等日用品的消费人群，无论男女老少，贫富贵贱，社会中的每个人都有机会成为此类广告的受众。所以，所用的语言要通俗易懂。不然就会丢失。昂贵的葡萄酒、豪华的汽车、高档的化妆品，都是有钱的、受过良好教育的人所设计的，它们的语言必须是高雅的、具有文学意味的，以迎合这个阶层的顾客的胃口，否则，他们就不喜欢阅读了，也就失去了潜在的顾客。而优美的广告语也能衬托出产品的尊贵和华美，体现出其社会地位。

Chapter 2：The pleasure of sharing the genuine warmth and charm of Malaysia never ends.

No matter where you go, to more than 80 destinations on five continents, you will be greeted as honored guests from all over the world, and you will share with us the magical world that is Malaysia.

No matter whether you are in First Class luxury or in the comfortable Golden Club, you will discover that the joy of flight is never over in an international airline with an increasingly modern fleet, including the newest 747-400.

这是一家航空公司的广告，因此使用了大量优美的广告语，例如：genuine warmth，honored，enchantment，luxury 等等，表明顾客的社会地位。

（五）拼写变异/错拼

广告英语中，商家对常用词进行拼写改动，以求标新立异，离奇醒目，增强广告的"记忆价值""审美价值""情感价值"。

例1：These are Grr-eat!

好吃，好吃，好好吃！

将 Great 写成 Grr-eat，表示的是顾客评价家乐氏糖时，特意将 Great 一词拖长音，以表达对其美味的赞叹之情。同时该拼写变异将 eat 分离出来，另有"吃"的意思，凸显了购物意图。译文创造性地译为"好吃，好吃，好好吃！"再现了原文口语化的特色，一定程度上反映了原文拖腔的效果。

例2：Delicious, delightful, demand it!

美味，淡雅，给我来一瓶！

将 delightful 中的 light 改为大写，使之另成为单词，话中有话，意在突出啤酒"淡雅"（Light）的品质。译文采用直译的方法基本上传达了原广告的创意。

例3：Drink a

Pinta

Milk a

Day

这是一则关于牛奶的广告，其实，这三个单词应该是"Drink, pint, Milk"，如果按照标准的语法来写，那么"of"就会被拼写得很淡，而"Milk"在 of 之后的单词"Milk"也是辅音，所以，"of"就变成了"a"，所以，"a"就像是"Drink, Pint, Milk"的后缀一样，既能吸引人的注意力，也能增加它的音律美感。

（六）使用缩略语

现代的广告价格非常高昂，所以采用缩写可以减少广告开支，节约空间。

例1：BIG Ops for Our RNs in the US.

这是新西兰护理管理协会所作的招聘广告标题。利用缩略词获得了简练，引人注目，给人悬念的效果。RN 分别是 Registered Nurse（注册护士）的首字母，而 Ops 则是 opportunities 的缩写。

例2：TO LET OR FOR SALE Furnished Edinburgh Court, 426 Argyle St, 2nd floor, 1500 sq. ft. 4, with dining and living room, and a garage. Sale at ＄130, 000. rent ＄1, 400. Tel. 38954 office time or 823784.

这是一张出租或卖房子的广告，上面写着：艾尔格尔大街 426 号 Edinburgh 公园大楼三楼，占地 1550 平方英尺，拥有四个卧室，包括起居室和餐厅，并配有汽车房。价格：＄130000，租金 ＄1400。如有需要，请致电 38954 或 823784.

二、广告英语的句法特点

英语广告种类繁多，但由于其共同的目标，使用的语言句型具有相同的共性，归纳起来具有如下特征：

（一）多用简单句，口语性强

就像广告英语中的词汇特征，那些简单、口语化的句子往往被广泛地用于满足广大消费者的需要。同时，由于广告英语的篇幅有限，要想降低成本，就得把篇幅压缩到最小，这样就需要用最小的篇幅、最简洁的文字来传达最大的讯息，从而有效地激起读者和听众的购买欲，为商品开辟市场。因此多用简单句，口语性强成为广告英语的重要特点之一。

例：Coca-cola is it. （可口可乐广告）（还是可口可乐好！）

The diamond is eternal. （钻戒广告）（钻石恒久远，一颗永流传。）

The taste is great. （雀巢咖啡广告）（味道好极了！）

英语广告的书写可以归纳为 KISS 的基本原理，也就是 Keep short 和 sweet.

（二）多用并列结构，较少使用主从结构

候绍瑞表示："英语中，一系列的并列结构要比一组简单得多。"为了追求简明和容易理解，广告英语往往会采用更多的并列式，而不会采用复合式。"由此总结出广告英语的语法结构特征。

例1：To laugh. To love. To understand each other. （《娱乐世界》广告）

有时并列结构可以形成排比的气势，给人留下极为深刻的印象。

例2：Don't do too little, don't have big problems. （IBM 公司的广告）

做一个小企业，就没有什么大问题是无法解决的。

（三）多用祈使句

祈使句具有诱导的功能，可以起到很好的广告宣传效果。不同的句子搭配组合的运用使得广告的形式更加生动。

例1：Make yourself heard. （爱立信广告）理解就是沟通

例2：Go well, use shell. （壳牌石油公司广告语）行万里路，用壳牌。

例3：Give your lungs a good vac. （伊莱克斯吸尘器广告）

（四）少用否定句式

广告可以传达讯息。可以用来介绍不同的产品的优点，使读者有购买的欲望，并由此而采取相应的措施。所以，否定结构在英语广告中很少见，我们在随机抽取的二十个广告中，97%是肯定句，3%是否定句，另外，这种否定句往往是用来对比其他产品的，这其实是对其他产品的一种否定。

例1：No cigarette makes me taste better. （香烟广告）

例2：You can't find a faster, simpler, cleaner way to improve your looks. （化妆品广告）

（五）多用省略句

省略句的使用可以使文字简洁，缩短广告的篇幅，便于消费者快速阅读，抓住主要信息。疑问句的使用能唤起受众的购买欲望，加强广告的"鼓动性"，劝告或瑟消费者购买所宣传的商品。

例 1：Going East，Staying Westin.

这是一篇很有创意的酒店广告，只有两句话，没有主语，用词对称，简洁明了。"Westin" 是旅馆的名字，也是 "East" 的意思。

例 2：Born to run.（Benz）天生奔驰。

例 3：Intel Inside（Intel Pentium）给我奔腾的 "芯"。

例 4：Fresh-up with Seven-up. 清新七喜，清新气息。例 5：A world of comfort.（Japan Airlines）充满舒适与温馨的世界。

（六）疑问句的使用

疑问句在广告的标题和正文开头都会引起读者的好奇心，从而提高读者的阅读兴趣。

例子：What's so special about Lurpark Danish butter? Well，do you still remember what it used to be like -- really fresh out of house butter? Do you still remember what it was like when you were a kid? Now，the taste of Lurpark reminds you of all of that.

这则广告多次使用疑问句，从第一句 "黄油的特点是什么?" 入手，一环扣一环，抓住读者的心理，突出了这种黄油的特点。如用陈述句则平淡无奇。疑问句的特点在此类广告中的特色被凸显出来。

再如：美国克莱斯勒汽车公司为其生产的客货两用车作的广告，是一幅精致的彩色照片配上两句广告词：

Q：Who can tell what builds the best family wagon?

A：Put them to test.

第三节 商务广告的翻译

广告翻译的好坏并不在于译文与原作之间的 "对等" 程度，而在于译文在译语和社会、文化背景下所期望的作用。在译语语言和文化语境中，广告翻译是否能够实现其预期的商务功能，主要取决于译文是否能够被接受。即，在广告翻译中，要充分利用译入语的语言优势，采用灵活的译法，避免死板的硬译。在翻译的时候，我们不仅要从语言的规律中找到与原文的 "对等" 的一致性，还要注意到由于文化的不同而产生的差异，以及原文的词汇、句法和修辞的特征。

一、文化与商务广告翻译

由于文化差异所产生的语用差异是无法避免的。同时，语言和文化的不同也会限制广告语用的翻译，从而影响到广告的使用效果。在广告中，商品的介绍最主要的作用是传达信息，因此，在翻译过程中，译者必须通过对商品的描述，把握其实质，确保产品的形象和信息的准确传达。

比如，将中国"金丝小枣"翻译成英文"Golden Silk Small Dates"，就会让外国投资者认为这种枣子是"有丝绸，身材娇小"，从而将"金丝小枣"的优良品质完全遮蔽，误导消费者。通过对"Honey-Sweet Dates"的省略和补译，可以达到很好的翻译效果。

文化差异对广告信息的正确获取有很大的影响，这主要是因为汉语的英译法不能让英语母语的用户在脑海中形成同样的思想。例如：某机场的候机大厅里，有一条英文和中文的广告牌：

"为了你和所有人的身体着想，请到吸烟区抽烟。"

For the health of you and other people, please go to the smoking area.

这个横幅就是要告诉所有人，在候机室里不能抽烟，如果要抽烟的话，就去吸烟区。中国人一眼就能读懂这句口号的含义。但是，从汉英翻译的角度来看，英译本就是"欢迎旅客在等待航班时吸烟，保持身体健康"的含义。因为机场是专门为吸烟者准备的。这哪里是什么禁烟，分明就是在纵容别人抽烟！

广告的翻译要有共同的语用条件。由于英汉语的民族心理、思维方式和思维习惯都有很大的不同，因此，不同文化背景的人们在进行交流时，不可避免地会受到文化差异的限制。在广告翻译中，它主要是获取不准确，有时是错误的。以下是一条小米锅巴的广告语："该产品可买即吃，食用起来很方便。"

原文：Open and eat right away.

汉语中"买到就吃，吃起来很方便"这样的说法，就是在描述某种食物的食用上的便利。用 immediately 来翻译上面的"即"，是错误的。外国消费者在阅读 eating immediately 时，会有一种"如果不吃，食物就会立刻变质"的想法，这肯定会损害他们的品牌形象。而且，用英语的习惯用法，将"买到即吃，吃得好"翻译成"吃得好"。只有这样，才能在双语广告中实现对商品形象的等价效应。所以，广告的翻译不仅仅是表面上的"符合"，更要体现在信息与语言的内涵上。只有在译文中所引发的对译文的心理反应极为类似时，译文的翻译才能实现对等。

中国文化的价值观念具有很强的人文精神，一些学者说："中国人重视产品的内涵，重视实证"。中国人民牢固的心理构造，在"仁""务实""忍耐"等方面，构成了中国民族独特的文化心态，强调团结，提倡"自上而下"的绝对权威，许多汉语广告往往包含"荣获省级优秀""国际金奖""引进国外先进技术""用科学的办法"等模棱两可的词语，来表现其品质。但这种承诺式的表达方式与英语国家的风俗格格不入。而西方文化则偏重个人、独立自由，消费者更多地关注产品的外观形态，追求感官效果。

美国耐克品牌的广告口号"Just do it"，被翻译成了"想做就做"，它的主题是标榜个性的自由，反映了西方人们追求个性、追求新奇的心态，但中国的文化并不认同"想做就做"，因为他们相信这个广告会让年轻人做出一些不好的事情。后来，为了符合中国人的价值观，将其翻译为"该做的事情"。

美国柯达胶片的广告语是"My son slew the last of the dragons.",照片中的小男孩拿着一把剑,脸上挂着满意的微笑,这是美国人的成功象征。然而,就中国文化而言,对等翻译不可避免地会遭遇"white elephant",所以柯达将其在中国的宣传语改为"尽情地享受这一时刻",这更符合中国人的"家庭团聚"的精神。

英汉人对于同一件事情的思考方法并不统一,如果忽略了这种文化差异,那么,交际中的人们就会产生信息沟通上的障碍,从而导致信息的传递受到阻碍。由于语言和文化的差异,使得广告的翻译具有了"再造"的意义。为了保持一个良好的商品形象,在翻译过程中应充分考虑到消费者在不同的文化环境中的心理因素,并正确地理解词语的联想含义。

二、商务广告的翻译原则

从英语广告的文体特点来看,英语广告语言应富有创意,具有语言魅力和活力。从商务广告的宣传效果来看,对外经济活动中,商务广告必须能有效地传播信息、激发兴趣、诱导消费。因此,广告译本应具备与读者相同的感染力,并与本国的风俗习惯相适应,为读者所接受和喜爱,从而达到其应有的作用。总体而言,应遵循下列原则:

第一,在广告的翻译中应遵循"忠实""统一"的原则,尽量体现原文的风格特征,以恰当的体裁、措词来表现原文的文采,使原文的魅力得以重现。

第二,要使广告的翻译充分发挥其信息和说服作用。它不仅要做到简洁、明了,而且要有鲜明的个性,能引起人们的兴趣和爱好,激发人们的欲望。

第三,要有艺术的感觉。英汉语的语音和语义差异应引起重视。为了增强广告语的音乐美感,广告中经常使用拟声、头韵、元韵等韵律。译者要充分理解源语的内涵,充分挖掘其内在的表达能力,并将原文转化为音韵美。

第四,要充分认识文化的差异,掌握英汉语广告的跨文化和语言因素,并关注消费者群体的文化价值和心理接受的差异。在英文广告的翻译过程中,译者要正确地理解中西方文化差异,并按照社会和文化习俗进行适当的转换。同时,要掌握不同文化消费人群的心理变化,尤其要关注受众的心理接受,从而达到对不同文化人群的影响,实现广告的作用。

因此,商业广告的译文应充分反映原文的语体特征,在保持原文深层结构的语意基本相等、功能相近的情况下,将原文的表面形态进行重构,注重与当地文化的联系,保留当地语言的特色,尽量做到音形、义兼顾,以达到译文达意、传神、形美,既实现广告原文需要达到的市场效益,又体现原文的语言艺术美和欣赏价值。

三、商务广告的翻译策略

广告翻译要充分利用译入语的语言优势,采用灵活的译法,避免死板的硬译。在翻译的时候，我们不仅要从语言的规律中找到与原文的"对等"的一致性，还要注意到由于文化的不同而产生的差异，以及原文的词汇、句法和修辞的特征。有下列几种常见的翻译方式：

（一）直译

直译也被称为"语义转换"/"异化翻译"。直译就是把源语中的一个单词按照词的单位，机械地转换为目标语言中相应的单词，也就是所谓的"逐字译"。它主要用于处理某些具有较明确意义、结构简单、完整、能够根据字面意义直接翻译而又能同时传达其深层含义的广告标语或标题。在广告的翻译中，可以直接翻译，也可以用意译的方法，这是一种最基本的方式，例如：

（1）To win the hearts of the world.（Air France）（赢得世界的心）

（2）Were Siemens，We can do that，西门子，我们可以。（西门子）

（3）Take TOSHIBA，Take the World. 拥有东芝，就是全世界。（东芝）

上述直译充分体现了产品的广告意图，实现了广告的独创性。

在商业广告的翻译中，可以将句子看作是一个基本的翻译单元，并在一定程度上兼顾了文本和上下文的限制，保留了原文的内容和原文的形式，尤其是在保留原文的比喻、意象和民族特色等方面。比如：

（4）No orange juice breakfast is like no sun.

没有桔子汁的早餐就像没有太阳的一天一样。（橙汁的广告词）

Pepsi-Cola hits the spot，12 whole ounces，that's a lot，double that for a nickel，and Pepsi is your beverage.

百事可乐的口味很好，12个盎司，五分钱就能买24个盗贼，还能喝到百事可乐。（百事可乐的广告词）

广告4就是典型的直译方法，使原文的词汇、句法和修辞特征得到完全的再现。翻译可以和原文一样漂亮。广告（4）是通过诗歌的节拍和韵律来增强审美效果的语篇广告。原作与翻译的趣味相投，令人拍手称快。同时，译本也采用a、a、b、b等押韵形式，押韵严密、协调、朗朗上口、容易背诵。

（二）意译

意译，是一种与"直译"相关的老生常谈的概念，它一般是指在保留原文的基础上，放弃原有的格式，是一种"语内翻译"，允许译者在保留其基本信息的同时，也允许译者进行一些创造性的尝试。意译的翻译方法更自由、更灵活，翻译时往往要顾及到译文读者在不同文化背景下所造成的阅读与理解的不同，因此译文在读者的观点上更加地道、更具可读性。为了表现语言的习惯，有时还会采用一种朗朗上口、意味深长的句子。

例1：All right down to the last drop. 滴滴浓郁的香味，让人欲罢不能。（麦斯威尔咖啡）

例 2：Intelligence everywhere. 到处都是智慧。(摩托罗拉手机)

从上面的实例中可以看到，意译很好地表现了商品的特点，尽管它的意义不能一一对应，也不能把句子的结构形式完整地保存下来。但细细品味，原版广告语的精华与内涵仍能很好地保存下来

例 3：Ask for more. 渴望无限。(百事)

(三) 活译

活译法分为直译法、意译法和精巧表达法，而活译法则是对原文忠实的先决条件。有时，为了保证译文忠实、流畅、明朗，达到"功能对等"的目的，译文往往需要直译法和意译法。在广告翻译中，可以采用"直译"和"意译"相结合的方式来进行。

例 1：You can spread your wings with open study.

开放的大学给你飞翔的翅膀。(开放大学的宣传用语)

例 2：Bringing people together.

技术是人类的核心。(诺基亚广告语) 上述两个广告都是直接翻译和意译，将广告翻译为"暗语"。翻译文言简意赅，如原文一样精炼、妙不可言。

例 3：Seven-up!

若把它翻译成"七上"，就会让人想起汉语中的"七上八下"这个词，把"seven"翻译成"七"，"up"就是"come up with"，它的意思是"生机勃勃，令人愉快"，它的意义就是"喜"，这两个字合起来就是"七喜"了。

(四) 增译、减译与创译

增词法是指根据语意 (或修辞) 和句法上的要求，添加某些词语，使其更加忠实、流畅地传达原文的意思。这并不是凭空添词，而是在原作中添加了一些没有意义的词语。一些中文广告虽然言简意咳，但是在翻译为相应的英语时，也要尽可能地与行销惯例相一致，并要运用增词法。例如：本公司对产品实行"三包"：包修、包退、包换. 可以翻译成：We offer 3- Rguarantee, namely guarantee, refund.

在中文化妆品广告中，有些信息中国观众已经非常熟悉，所以显然没有必要详细说明。但是西方读者缺乏对于中国文化背景的了解，如果单单直译源语文本，他们也许就很难理解。在这种情况下，为了使这类广告更加易于理解，就需要采用增译的方式，将一些有用的信息额外地增加到译文中间。举个例子，大宝的护肤品的广告就是："要让你的肌肤变得更好，早晚都要用大宝。"

原始的译文为：

(1) Good skin comes from Dabao.

该版本的含义非常清晰，但是用词过于苍白，缺乏说服力。并且原文的押韵并没有体现出来。

（2）Applying "Big Treasure" every day and night will give your skin a real pleasure.

这一翻译可以说非常精美，不过中文"早晚"双重含义 morning and night，sooner or later，这两个字的意思却不能很好地表达。

（3）Apply MORNING & NIGHT with "Treasure" to keep your skin supple and bright.

该译文通过增译既体现出了原文的双关，也十分押韵。其中双关体现在了"MORNING and NIGHT"中。据调查，客户同时在早上和晚上使用该产品，通过类比英文习语"day and night"体现了双关。而"soft and bright"则体现了押韵的部分。同时，通过增加"Dabao—you will prefer，sooner or later"使得该广告给人的感觉更为清晰。

汉语广告因其美学习惯、历史文化等原因，常常充斥着英语广告所不多见的广告语。另外，汉语的符号体系中也存在着某些特殊的词法性的圆周信息。广告语用的是短小精悍的语言，所以在广告的翻译过程中，这种"空洞"的信息应该被删去，或者干脆不译。例如：茅台酒的广告：酱香浓郁，清雅精致，酒体醇厚，余韵悠长，空杯余韵绵长，历代全国名酒评优，被誉为国酒。

Carefully Brewed

Pure and Mellow

With a Long-Lasting Aroma

又如一张化妆纸的广告：此产品100%纯棉，质地柔软，贴身，适用于化妆。经过专业的化学高温灭菌、脱脂，产品质量干净、卫生、安全。纯棉质地细腻，能彻底去除污垢和残妆，使您的皮肤更有活力。适合于卸妆，擦去乳霜，口红，指甲油，清洗珍贵的东西。

这种方法可以被译成：

A NATURAL WAY to get rid of make-up and cleansing powder, nail polish, cream, etc. PERFECT for all applications that require a soft absorbent.

创译，就是在原文的基础上创造性地进行翻译。如：

（1）Connecting People. 科技以人为本（Nokia）

（2）That's what's going on at the Hilton. 希尔顿饭店，你想要什么就给什么。（Hilton）

（3）More than you can imagine. 意想不到的天空（Korean Air 大韩航空）

（4）Grace is an attitude. 高雅的姿态，真实的个性（Longines 浪琴表）

（五）仿译

翻译中的仿译意味着译者通过模仿目的语读者所熟悉的固定表达或者成语来传递源语的文字信息。商业广告的特殊性恰恰决定了译者应使用一切可能的手段来最佳的传达广告的信息。仿译来源于模仿这种修辞手法。通常情况下，通过使用目的语读者中流行的习语、谚语或者诗歌，可以有效地拉近广告的客户和读者，以取得令人满意的广告效果。如：

例1：虽然不是药，功效比药妙。（碧丽牌花露水广告）

To choose it or not?

This is the time to decide-for Billi toilet water.

莎士比亚的著作《哈姆雷特》中有一句人们耳熟能详的台词就是："To be or not to be, this is the question."它表达了主人公哈姆雷特的复杂的心理矛盾。在这个广告的翻译中，译者采用了仿译的方式，形象地表达了顾客的立场：面对着大量的品牌，顾客选择碧丽牌花露水需要经过一番复杂的心理矛盾。

例2："黑妹"牙膏，强健牙龈，保护牙齿（广州黑妹牌牙膏广告）

Don't show me any other. But show me Black Sister.

这个广告的翻译，其实参照的是美国一个水晶品牌 Galway 的广告语"Don't show me the crystal. Show me Galway"

例3：今日之风光，昨日之青天。（绿色世界系列晚霜的宣传）

Let me have the Green World, or you can give me yesterday.

该广告翻译模仿的是美国独立战争时期著名的爱国诗人 Patric Henry 诗歌中的一句话："Give me liberty, or give me death"。通过以上这些例子，通过模仿目的语读者熟悉的现成模式更加容易激起潜在消费者的兴趣与共鸣。

例4：条条大路通罗马，百羚款款入千家万户．（百羚餐具的宣传）

All roads lead to Rome. All "Bailing" leads to home.

不论原文还是译文都巧妙地套用习语，"home"和"Rome"是一种很容易记住的韵脚。"All Bailing"更加突出了百羚餐具在销售和售后服务方面的出色表现。

Chapter 5：Time Inc. say Life returns, and if Life comes back, Can See Far Back?

《时代》公司称，《生活》即将回归地球，《生活》回归地球后，《展望》是否还会遥不可及？

很明显，这句话的第二个分句是模仿雪莱《西风颂》中的一首著名诗句："If winter comes, can spring be far behind?"翻译与原文相同，具有形神兼备，它不仅传递了原文的信息作用，而且还体现了原文的祈求和审美功能。

例6：在美国露华浓的英语广告中，这款化妆品的作用是："面子"，"卓越的皮肤保养"，"超值的享受"。

（六）替代

同样的东西，因为社会和文化的关系，也会产生不同的联想。相反，不同的东西会产生同样的联想。这就为选择的法律创造了条件。比如：

作业总算完成了，真是太累了！乐百氏的牛奶就是这样的……（乐百氏饮料的广告）

He said：A Robust a day makes me work, rest and play.

"An apple a day keeps the doctor away"（一天一个苹果，不必去看医生）和"All work no play makes Jack a dull boy"（工作不娱乐，聪明的小孩也会变

愚蠢）。上面的翻译将这两个成语结合在一起，让一个小学生在广告中说"我每天都喝一罐乐百氏，我就会变得很好，并且很聪明。"keeping the doctor away, won't be a dull boy，这一翻译采用了替换的方法，使其更容易理解，也更容易记住。

（七）转译法

由于英汉文化的不同，某些英语结构及某些特殊表达形式在翻译汉语时，不能按照原文一一对应地直接翻译，而是采用"转换"的方法，将英语中的某些词、结构或表达形式转化为汉语。英汉两种语言在深层和表面结构上存在着的差别，并在一定程度上改变了它们之间的关系。由于不同的语言习惯，中英文广告的"转换"现象十分常见。翻译方法需要翻译人员对翻译的语言、文化和市场的理解。虽然在实际应用中，转译器的使用并不多，但是如果使用得当，往往可以在外贸中为品牌塑造一个良好的形象，为广告翻译增光添彩。白沙公司的《白沙鹤舞，我的心在飞翔》就被翻译为"Good and vigorous spirit fly higher"，这句话的意思很贴切。"更灵活、更加敏捷"的广告词，在词的翻译中可以灵活地进行词类的转化，可以翻译成"increase your agility and dexterity"。把原形容词的对比级转化为动词和名词的动宾结构，使得整个句子看起来简洁、凝练。另外，翻译还可以是放弃原有的广告语的含义和读音，使其在译语语言和文化中得到更好的沟通。比如，"联想"；"统一食品"；"洁婷"等。

第六章　旅游商务跨文化翻译的技巧与实践

第一节　旅游商务英语简述

近年来，我国的经济快速发展，同时也引起了民众的广泛重视，随着人们的生活水平的提高，对生活品质的追求也越来越高，而旅游就是其中一个重要的途径。当前，随着旅游经济的发展，适当运用商务英语可以提高企业的自主权，提高员工的自信心，提高员工的团队协作精神，加强员工的职业道德和积极的竞争意识有利于激发员工的逆性思维，为企业今后的发展能打下良好的素质基础。这对我国旅游业的发展起到了积极的推动作用。商业英语是一种很重要的语言，不管是公司，还是生产流程，都是要用到商务英语的，英语在各行各业中的作用也是越来越大，在贸易中起着举足轻重的作用，所以本文就商务英语在我国的旅游业和对外贸易中起着举足轻重的作用。

一、商务英语的简单介绍

在当今世界经济飞速发展的时代，商务英语已经成为了一种重要的国际贸易手段，需要各行各业的专业人士，商务英语是一种英语，是一种专门为商业目的而设计的语言，从内容上讲，商务英语不能脱离商业活动，往往是一种特殊的工作或行业的具体内容，或者是一种通用的交流技能，它具有许多特性，例如，可以将目标明确地应用到一个特定的职业领域，有专门的内容，包括英语的基本知识、行为习惯、人际关系、处理技巧等等，这些都是西方人的工作理念。当今世界经济的竞争日益加剧，商务英语的学习应从英语的基本知识做起，因为商务英语是一门需要英语各方面的知识，因此，对英语的基本知识要求很高。商务英语的特点是，英语的基本语法、句法、结构、词汇等都有自己的特点，除此之外，商务英语的用语一般都是非常的正式，也非常的简单，可以让人很容易的接受，并且，在商务英语的发展中，商务英语的使用非常的精确，因为这关系到双方的利益，如果含糊不清的话，很可能会引起更大的争议，所以，在语言上，要注意礼貌。

二、商务英语是旅游经济发展交流沟通的基本前提

这几年来，中国的经济发展速度很快，很多人都离开了中国，去了世界各地的旅游市场，英语在国际上的竞争非常的激烈，英语在很多国家都得到了广泛的认同，并且遵守了

商务英语的基本原理和术语的使用规范，即便是在不同的国家，公司也可以运用商务英语来进行交流，这样才能更好的促进我们的合作，为我们的经济发展做出了巨大的贡献，在世界旅游经济发展中，参与合作的企业之间也要保持信息沟通，这种交流最重要的方式就是使用一种通用的语言，这一点在许多国家都得到了广泛的认同，并且遵守了商务英语的基本原理和术语的使用准则，可以让不同的公司进行有效的沟通和交流，这样才能更好的促进我们的合作，为我们的经济发展做出了巨大的贡献，在世界旅游经济的发展中，参与合作的企业之间也要保持信息沟通，这种交流最重要的方式就是使用一种通用的语言，这一点在许多国家都得到了广泛的认同，而且还受到了许多国家的欢迎，甚至是不同国家的公司都可以将商务英语运用于商业活动之中。

三、商务英语在旅游经济发展中的重要作用

（一）商务英语是推动旅游经济发展顺利进行的润滑剂

在旅游业的发展中，每个公司都会遇到跨国界的交流与沟通。在这种长期的交际中，不可避免的会有一些商业往来，比如商业英语，商业谈判，在商业谈判的时候，要想让双方都有一个良好的沟通，那么，在商业谈判的时候，就必须要有一个共同点，那就是语言本身就是一种文化，而在商业谈判的时候，更容易被人接受。通过英语的学习，我们的公司在进行贸易的时候，会用同样的语言进行贸易，遵守同样的商业习惯，了解和接受同样的文化，从而促进我们的贸易和我们旅游经济的发展。在旅游经济发展的进程中，商业语言的运用，既是企业与企业之间的协商工作的基础，又是双边、多边的交流与沟通的语言基础。

（二）商务英语是跨文化旅游交际的基本途径

英语是世界上公认的一种语言，尤其是近年来国际间的贸易和旅游的发展，英语对于各国来说都是非常重要的，所以很多国家都很重视商务英语的使用，英语也是一种很好的交流方式，一般情况下，很多外国公司都不可能一次就和国内的公司进行全面的投资，只有这样，我们的商业英语才能在国家的帮助下，更好的促进我们的商业和文化发展。

（三）推动我国旅游经济发展的进步，进而能够增长国民经济

旅游是一项综合性的行业，可以极大的增强我们的直接收益，同时也可以促进其他行业的发展，从而形成一系列的经济效应，产生更多的间接效应，旅游业是我国的一项重要战略，也是一项非常重要的经济发展项目。所以，商务英语是非常重要的。在旅游经济发展的过程中，英语的作用非常的大，在旅游、交流、的过程中，商家会利用英语来为游客服务，而英语的特殊性和广泛性，则是一个很好的平台，它可以让人们在旅游经济的发展中，获得更多的人的认同，从而促进国内的经济发展，同时也可以帮助我们的经济发展。

（四）商务英语是旅游经济发展的重要保障

在信息化的今天，电子商务作为一种新兴的旅游经济形式，将会是今后世界旅游业的发展趋势。商务英语在发展电子商务的时候，也起到了很大的作用，第一，在旅游的发展中，信件是一种非常实用的英语，它可以帮助人们在非正常的交流中，了解对方的意思，就必须要准确的表达自己的意思，在电子商务中，英语的交流，就是一个企业和一个国家的发展，只有掌握了英语，他们才能迅速的将邮件中的内容翻译出来，这样，他们就可以更好的做出正确的判断，而且，电子商务还涉及到产品的销售，技术的推广，企业的结盟等等，都是一个企业成功的重要条件。

（五）商务英语在旅游经济发展网络

这就给了电子商务更多的发展空间和机会，比起以前的一些文档和信息传输方式，网上的交流更加的方便，它可以减少文档和信息的传输费用，大大的提高工作的效率，通过网上的交流，可以减少纸张的浪费，也可以减少运输过程中的各种不可控制的问题，因为商业英语是一种特殊的语言，可以让工作的人更好的理解彼此的意思，从而减少了沟通的困难。

而且还可以让更多的人来做生意，特别是那些想要做生意的人，之前的商业模式只限于两个人之间的交流，这是一种非常不利的交易方式，因为他无法利用英语来吸引更多的顾客，所以他可以利用商业英语来进行商业活动。

商务英语的使用，可以让一个公司在对外贸易和旅游业的基础上更上一层楼，虽然世界上有些国家的旅游业，但公司依然注重英语的使用，从而提升公司的软实力，所以不管是在对外贸易的发展，还是在国内的经济发展中，都要加强与各国的贸易合作，而要加强这种能力，最重要的一点，就是要将自己的英语基础知识和商务英语运用到合作中去，这样才能促进双方的合作。目前世界各国经济合作发展已是必然，而我们国家的旅游业也显示出了较强的竞争优势，商务英语在国际上的影响力比其他语言要大得多，可以极大地减少顾客的顾虑，并且掌握了一定的商务英语技能，就能更好地与顾客沟通，避免各种形式上的障碍，对国内的旅游业发展也是十分有益的。

第二节　旅游商务英语的语言特点

中国是世界上最古老的国家，它具有很长的文化和历史。我国的人文历史、民族风情、风景名胜等优越的自然条件，正吸引着全球的游客。旅游已经是我们国家经济发展的重要支柱产业。我国的旅游事业得到了快速的发展，已经由亚洲的旅游大国向全球旅游强国迈进。语言对于旅游行业的重要性不言而喻，它不仅是旅游行业的一种交流手段，同时也是人们和旅游者之间的一座桥梁。近几年，随着国内旅游行业的快速发展，旅游人员的语言交流水平也越来越高。因此，本文将介绍旅游英语语言的词汇、句法、篇章特征，以供旅游者，特别是涉外旅游者提供参考。

一、旅游英语的词语特点

（一）专业术语

与其他领域的英语、医学英语、新闻英语等语言一样，旅游英语在词汇运用上也有自己的特点。旅游英语中会用到很多英语词汇，也可以说是旅游英语的一个专业名词。比如：国际旅游指南，当地旅游地伴，国家旅游全程陪同，A Sightseeing Bus。

（二）缩略语

随着现代社会的发展，人们对效率的要求也越来越高，在有限的时间里，追求最大的利益，所以在使用语言的时候，尽量缩短自己的话语量，尽量减少不必要的内容，以达到简化的目的。这个词的使用在旅游英语中已经有了很好的表现。例如：B & B = "Bed & Breakfast"（住宿＋早餐），QTS = "高质量的旅行服务"，UNESCO = United Nations Education，科学和社会委员会（教科文）。

（三）复合词

英语复合词由于其结构简练、表现手法生动、富有时代感等特点，深受现代作家、报社记者、广告人的青睐，常用于描景写意、渲染氛围。复合词语的上述特征在旅游英语中也受到了人们的欢迎，从而使其成为旅游语言中的一个重要组成部分。例如："旅游""陆地""草原""七色海"。

二、旅游英语的句法特点

（一）多用同位语

同位语作为一种解释，可以防止由于不同的文化而产生的误会和不同意见，从而实现跨文化交流。例如：①Let's go to the Imperial Palace Museum – the best preserved imperial palace in China. 我们去了故宫-中国最完整的皇宫。②You can look at New Shanghai's Oriental Pearl television tower. 你可以看到新上海的地标——"东方之星"。

（二）多用形容词最高级

在对旅游者产生印象的同时，也能恰当地描写景区，英语通常使用最高等的语言。例如：①Moon Lake Park is the biggest artificial forest in Asia. 净月潭是亚洲最大的人工树林。② Walk a little further, and you'll arrive at the Bund, One of Shanghai's most famous tourist attractions. 顺着这条路，我们将去外滩，这是上海最著名的观光胜地。

（三）多用一般现在时

为了让旅行中的所见所闻更能让人印象深刻，长久的保留在记忆中，经常采用一般现在时。例如：In Beijing, there are many heritage sites and beautiful ancient buildings, such as the famous Great Wall, Heavenly Temple and Forbidden City.

三、旅游英语的篇章特点

（一）旅游英语的致辞特点

在接待客人的时候，要向客人介绍自己的行程，讲解旅游景点，或者在宴会、招待会等场合，都要用到演讲。例如：①Ladies and gentlemen! Welcome to Mt. Huangshan. 女士们，先生们，欢迎来到黄山。②Ladies and gentlemen! Here we are. This is the world-famous Huangguoshu Waterfall. 女士们，先生们，这里是著名的黄果树大瀑布。

（二）旅游英语的协议与合同特点

随着涉外旅游的日趋增多，与旅行社签订的各类旅游合同已成为旅游业对外交流必不可少的一种方式和步骤，因而，在英语中使用协议和合同的特征是不可避免的。例如：In the event that there are no quality issues or accidents, Party A shall, within 30 days of the departure of the tour group, pay the group's travel expenses in TT/cheque/cash（RMB）.

（三）旅游英语的广告特点

由于广告语言简洁凝练，印象深刻，突出功能，激发兴趣，达到推销商品、理念、服务等目的，因而被作为一个综合性的旅游产业所采用。比如：Incredible India（难以置信的印度），Wow!（我的天），Live you R myth in Greece. 在希腊创造了一个神话。

（四）旅游英语的通知特点

为便于组织和安排行程，英语通常采用简短的通知方式，在主体前面加上"NOTICE"，而通知的对象则是"Dear Guests/Travelers"等。例如：Visitors are asked to remember that we eat breakfast at seven in the morning and leave at 7：40 tomorrow morning.（游客们，早上七点吃早饭，七点四十出发。）

总之，随着涉外旅游业的迅速发展，越来越多的具有旅游英语技能的专业人士加入到这一行业中来。了解旅游英语的各种语言特征，对于涉外旅游者的写作和听说能力都有很大的促进作用。

第三节 跨文化交际下旅游商务英语翻译的原则

一、旅游英语翻译是一种跨文化交际行为

旅游英语的翻译是一种具有跨文化交流行为特征的翻译活动。文化包容力很强，涉及到社会、政治、经济、文化、教育、宗教等诸多方面的知识。译者在翻译过程中，最迫切的就是要解决好两种语言之间的转换问题。举例：中国人一提到胡杨林，就会联想到"无惧艰险""隐忍顽强"，但西方人却从来没有想过。因此，在翻译中，我们必须将胡杨树译为"Hu Poplar"，并在表达这棵树"坚强隐忍"的性格时，要尽可能地接近"White birch"（"白桦"），这是西方对"坚强无畏"的理解。

二、旅游商务英语翻译的原则

旅游资源翻译应充分体现"易接受"和"内容高于形式"两个基本原则。易接受是指翻译时要做到通俗易懂，特别是对旅游信息的翻译要具体、形象、贴切、充分地传达给国外的民众；"内容胜过形式"是指译者在翻译过程中要把译文的原意恢复到原稿的意思，然后才是对原文的重新创作；目标受众细分原则是指在翻译实践中应充分考虑到译者的水平，并将译者进行有效的分类。

（一）易接受性原则

中国的旅游资源十分丰富，尤其是对历史事件的抽象性更是如此，因此，译者必须运用各种不同的翻译方法，使其在不同文化之间的转换过程中能够顺畅地进行转换。

要从中西方的思维模式出发，增强易接性。中国人相信，任何形象的形成都是由内心的经验所产生的感觉，它是一个由图像、联想、判断、推理构成的逻辑过程，通过"形象"来反映客观事物。而西方文化则偏重于抽象思维，也就是"物象""寻找共性""整理归纳""推论认证"的逻辑推理。因此，在旅游翻译中应注重从"形象"到"抽象"的转换。

（二）内容优于形式原则

不同的文化导致了不同的语言习惯与美学要求。跨文化翻译的目标是迅速地实现外国游客的文化体验，因此，在翻译过程中，应从读者的视角出发，对译文进行重组和重构，力求使译文的语言更形象、更简洁。

（三）目标受众细分原则

跨文化翻译应注意到不同读者的不同水平，并对其进行合理的分类，这对我们进行跨文化翻译的实践是有益的。正如谚语所说，"哈姆雷特有一千个读者群"。根据文化、受教育程度等因素，本文将旅游对象分为三个层次：大众型、文化型、精英型。通俗欣赏者的要求相对简单，即要透过跨文化的翻译，接收最直观、最浅显的旅游信息，以确保大众欣赏的人能听懂。

文化欣赏者的跨文化翻译应充分考虑到旅游者的鉴赏水平和认知水平，并期望藉由旅游来认识外国的风土人情，因此，在跨文化的译文中尽量详细、精确地传达讯息，尽量保留原作的艺术风格，会使译者更感兴趣。

在英语翻译中，精英欣赏者对翻译水平的要求是最高的。他们不但对中国的文化有着深入的了解，而且对中国文化有着很强的好奇心，以及很高的鉴赏力。他们想知道的是什么，也想知道原因。所以，翻译的文字，最希望的就是能够象鲁迅一样"保留原作的风采"，"不仅要有同情心，还要有智慧……一定要有外国的味道，即所谓的洋气"，这样的译本应当准确地体现出原文的内涵。

总之，为使读者更好地欣赏，译文要尽可能地接近目标语的文化，并尽可能地降低欣赏者所遇到的文化障碍；而对文化类型的欣赏者，在跨文化翻译中，可以根据特定的文化要素，选择最有代表性的旅游景点加以传播，并注意其审美趣味；对于喜爱挑战的精英鉴赏家，更是力求将整个景点的文化资讯都传递给他们。有些史实或典故，应当作必要的注解，并注明来源，便于读者查阅。

第四节　跨文化交际下旅游商务英语翻译的策略

一、注译翻译

从跨文化角度看，旅游英语的翻译可以采用注译法来实现。注译法是一种把词语和词组进行解释和说明的翻译方法，这种注译方法更符合中国特色，有助于加深对中国优秀传统文化的认识。旅游英语的翻译采用了注译法，能够将某一事物的读音与拼音结合起来，例如，在"饺子"的后面可以加上一个"Jiaozi"。再比如，如果将"春节"改成"Spring Festival"，则可以在后面加上"The Chinese New Year"这两个字。在大量、长时间的运用下，中国文化术语的正确翻译，使其在国际交流中得到广泛的应用。

二、音译翻译

音译翻译是指从英语中寻找与中文发音相近的单词，并将其替代，而"长沙"则被译成"Changsha"等。音译是指在翻译的过程中，根据所要传达的信息进行正确的选择，并按照所要传达的信息来进行翻译。音译不一定要按原文的意思逐字逐句地进行翻译，而要把大致的意思翻译出来。音译可以从不同的文化背景中发现语言的差异，而通过音译的方法可以更好地理解不同国家的文化和地域之间的差异。

三、类比翻译

翻译工作者采用类推法，可以使外国游客更迅速、更深入地了解中华文化，并使之更精确地进行文化的交流与传播，而在这些方法中，中国传统文化中的形象被译者们使用得最多。例如，"月老"在中国的传统文化中可以被比喻成"丘比特"，也就是"爱情使者"。通过类推翻译，可以使外国人更好地认识中国的优秀传统文化，从而激发他们对中国文化的兴趣和热情。

总之，在经济全球化的推动下，跨国旅游得到了迅速的发展，而在经济发展的大环境下，跨文化的翻译成为了旅游业的一个重要组成部分。在我国的旅游文化领域，它的重点在于宣传中国的历史和文化。而在英语的跨文化旅游翻译模式中，我们可以通过学习历史、文化、语言、翻译等多种方法来促进中国旅游业的发展，从而促进中国的对外旅游发展，使我们的五千年历史文化得以延续，国外的游客能够更好地了解中国的历史、弘扬中国文化。

第七章　商务信函跨文化翻译的技巧与实践

第一节　商务英语信函简述

一、商务英语信函的构成要素

一封完整的商务英语信函，除了对语言有较高的要求以外，正确的格式也是不可或缺的。通常，商务英语信函会包括以下 13 个部分。

（1）信头（The Letter Head）：一般包括公司名称、地址、电话和传真号

（2）案号和日期（The Reference and Date）

（3）封内地址（The Inside Address）

（4）收信人姓名（The Attention Line）

（5）称呼（The Salutation）

（6）事由（The Subject Line）

（7）信件的主体（The Body of Letter）

（8）最后的仪式（The Complimentary Close）

（9）签名（The Signature）

（10）拟稿人和打字员姓名首字母（Initials）

（11）附件（Enclosure）

（12）抄送（Carbon Copy Notation）

（13）附言（Postscript）

在上述 13 项中，（4）（6）（10）（11）（12）（13）项是额外的，不需要的话可以忽略；其他的，则不能在商务往来的商务信件中被忽略。

二、商务英语信函的特点

商务英语信函的特点可以概括成三句话：内容清晰明了、措辞简明扼要、态度正式礼貌。

"内容清晰明了"就是指信的内容不能使人产生误解，不能有模棱两可的表达。否则，来往解释的功夫会造成时间的浪费。因此，我们在草拟函电的时候，可以将最重要的事情

放在最开始来说。

"措辞简明拒要"指的是行文要突出重点，最好能够做到"一事一段"。但需要指出的是，简明拒要并不一定指信写得越短越好。比如，需要在同一封信中同时说清楚促销、订单和付款条件等几个问题的时候，简明这一要求就可以做出调整。切记，简明不等于简化。

"态度正式礼貌"要求我们要站在"贸易伙伴（trade partner）"的立场上看问题，而不是以自我为中心。及时地答复对方的来信，以礼貌的态度处理贸易中的一些分歧和争端

三、商务英语信函的格式

一份商业英语信函，其内容有：信头、日期、地址、称呼、信函正文、结束语、签名。

（一）信头

信头是写信人所在公司的名称和基本的联系方式，通常包括公司全称、地址、电话、传真号、电传号、公司网站、电子邮箱等。这部分信息总是印在公司或机构信上的，有的公司信上还印上公司标志、图标或商标，并简单说明公司的性质和经营业务。

（二）日期

日期的写法在英式英语与美式英语中是不同的。例如，2012 年 2 月 14 日，英式英语中是表示 14 February 2012，而在美式英语中是表示 February 14 2012。也就是说，英式英语中日期表达顺序是日、月、年；而美式英语中日期表达顺序是月、日、年。写日期时注意月份最好不要用数字表示，而用文字表示，否则不符合正式商业信函的规范。例如，使用计算机上的日期表达方式，应采用日、月、年的顺序，因为英美人日期表达不一样，容易造成误解。

（三）信内地址

日期与信内地址之间的留白取决于信函的长短，在长度一般的信中建议空两行。信内地址的内容应与信封上的姓名和地址相同。信内地址包括收信人姓名全称、职务（如有）、收信人公司全称、公司所在办公楼名称、地址、城镇名、邮政编码、国名。封内地址应在左边顶格写。

（四）称呼

英美企业在称呼使用上有一定区别，主要分两种情况：已知或未知收信人姓名。另外，还要注意对女性的称呼，注意在 Gentlemen 和 Ladies 前不能用 Dear。Dear 在商业信函

称呼中的意思是"尊敬的"而非"亲爱的",所以一般不能省略。信函通常不以这样的称呼开头:"Dear Mr. John"(在 Mr. 后应加姓)或者"Dear Mr. John Smith"(Mr. 后加名和姓)。英国人在称呼后习惯用逗号,而美国人则用冒号。在现代商务英语信函中,称呼后多不用任何标点符号。

(五)结束语

结束语是信函客套语,说明写信人圆满地结束了信息的说明,一般不能省略。要注意的是,在礼貌结束语中只有第一个词的首字母需要大写;结束语中应用 Yours 而不是Your;faithfully,tuly,sincerely 等副词不要漏写-ly;结束语中不用 truthfully。礼貌结束语中使用的词语一般应和信函开头的称呼相配。

(六)签名

签名在商务英语信函中由写信人手签、打印姓名和职务名称构成。职务名称之后有时还打印上写信人所在的部门名称。商务信件的署名部分一般以平头式排列,每行行首应对齐。整个署名部分应在礼貌结束语下面,隔开两行。手签姓名是一种人性化的风格,使读信人倍感亲切,如见其人,尤其是公司地位较高的人(如经理或总裁),通常是由他们的秘书打印信件,加上亲笔签名,就会给收信人留下受到重视的良好印象。第一次写信时,写信人最好能在签名时用括号注明性别,如"Wang Min(Ms)",这样就可以避免外国客商对写信人性别产生误解以及称呼不当引起的尴尬。

第二节　商务英语信函的语言特点

一、商务英语信函的词汇特点

商务英语信件通常是较为正规、用词较为讲究,而信件则应在形式上体现出正规、规范的文体特点,同时也要做到委婉客气。商业英语信函的文字特征可归纳为"5 C 原则"(Five C's Principles),即 Correctness(准确)、Clarity(清楚)、Conciseness(简洁)、Completeness(完整)、Courtesy(礼貌),或概括为"7C 原则"(Seven C's Principles),即 Correctness(准确)、Clarity(清楚)、Conciseness(简洁)、Completeness(完整)、Courtesy(礼貌)、Concreteness(具体)、Consideration(体谅)。另外,商业英语信件也会因通讯双方的关系而发生改变。比如,第一次见面的信函通常是比较正式的,而且特别有礼貌。随着交流的深入,两人的关系也越来越好,信函的用词也就越来越随便了。具体来说,商务英语信函具有以下几点特征。

（一）选词具有公文性质

商务英语信函是正式的、公文性质的函件，因此在文体、遣词造句方面要比普通信函讲究，用词往往正式、严谨、规范、朴素、准确，如 here/there＋prep：构成的复合词－hereafter，hereby，herein，hereof，herewith，thereafter，therein 等。

（二）用词客套、委婉、礼貌

在商务贸易中，每笔业务的达成，与贸易双方的密切合作有着很大的关系。因此，在商务活动中应使用客套、委婉、礼貌的措辞。例如，在传递令人满意的信息时，措辞用语也要讲究客气；当你向另一方提出不满意的消息或表达不满的时候，应更加注意措词的礼貌和委婉；无论是否接受，都要用礼貌的语言表达真诚的感谢。信函中最好还要有表示问候的结语，常见的有正式的结语问候，如 Yours very truly，Very truly yours，Respectfully yours（特别用于地位尊崇的收信人）等；亲切的结语问候，如 Sincerely，Sincerely yours，Very sincerely yours，Cordially yours 等；轻松的结语问候，如 Best wishes，Cheers，Warmest regards，see you in Phoenix。具体可以看下列例子。

Your enquiry of August 10 is welcome, and we appreciate your interest in our products.

请于八月十日前来咨询，感谢您对我们的产品感兴趣。

Please accept my many apologies for the trouble caused to you by the error.

这一错误给您增添了许多麻烦，我深表歉意。

We are in receipt with thanks of your L/C opened through China Construction Bank for 290 air conditioners.

贵方通过中国建设银行开具的购买 290 台空调的信用证收悉，不胜感激。

Referring to your letter of May 20th, we have arranged for an early delivery of your Order No. F129.

根据贵方 5 月 20 日的来函，我方已安排了贵方 F-129 号订单提早发货。

We are glad to know your name and address on the Internet.

我们很荣幸地从国际互联网上获悉您的名称和地址。

Looking forward to your favorable/positive reply.

静候佳音。

Your compliance with our request will be highly appreciated

承蒙同意，不胜感激。

We enclose a check for RMB 70.000 in payment of all commissions due to you.

随函附上支票一张，金额为人民币 70000 元，支付给你方的佣金。

（三）正式、规范

一方面，商务英语信函用词需要简单易懂；另一方面，由于商务活动涉及双方的利益，因此为了保证合作双方的利益，在选词时需要做到天衣无缝。正式词汇更能确保商务文书的准确性、严谨性，并增加文本的慎重感，所以正式词语在商务英语信函中的使用频率非常高。例如：

ask 可以用 request 代替

end 可以用 expiry 代替

prove 可以用 certify 代替

like 可以用 along the lines of 或 in the nature of 代替

before 可以用 prior to 或 previous to 代替

（四）专业化

专业化即商务英语信函中使用了丰富的专业术语。所谓专业术语，是指适用于不同学科领域或专业的词汇，其具有明显的文体色彩和丰富的外延、内涵，是用来正确表达科学概念的词。商务往来中少不了商务英语信函尤其是大量专业术语的使用。

在商务英语信函中，有些术语普通词汇在商务英语信函中的专用。例如，All Risk 在保险领域应理解为"一切险"，而不是普通英语中的"所有危险"。再如，At Sight 在国际贸易支付英语中的意思是"见票即付"，并非普通英语中"看见"的意思。在商务英语信函中，还有些词汇是仅仅用在商务活动中的，这些专业词汇在普通英语中基本不会使用。需要指出的是，专业术语与行话并不是同一个概念。专业术语属于正式用语，而行话在非正式用语中经常使用。例如：

know-how 专业技术

cargo interests 各货方

Layout design 广告布局设计

commodity 期货

Absolute liability 绝对法律责任

Import quota 进口配额

（五）尽量简化

商务活动讲究务实高效，而缩略语化繁为简、快速便捷的特点使其在商务表达中十分受欢迎。所谓缩略语，就是人们在长期的国际商务实践中，约定俗成、演变而确定下来的词汇。商务英语信函中的缩略语大致有四种，即首字母缩略语、首字母拼音词、拼缀词以及截短词。例如：

CSM——corn, soya, milk 玉米、黄豆混合奶粉

CAD——Computer-Aided Design 计算机辅助设计

Medicare——medical+care 医疗服务

Trig——trigonometry 三角学

Flu——influenza 流行性感冒

Taxi——taximeter cab 出租车

二、商务英语信函的句法特点

(一) 提高客观性

为了减少主观色彩，提高论述的客观性、公正性和可信度。因此，被动句在商务英语信函中的使用频率较高。被动语态是一种语法范畴，用于商务英语信件时，能发挥良好的效果。被动语态更多展示的是客观事实，具有说服力，强调核心内容，减少人物作为主语所带来的主观色彩。在商务活动中突出商务内容，增加可信度和文体的规范性。因此，为了语言表达的客观性、逻辑性、严密性，商务英语信函中应多使用被动语态。例如：

The pattern of prices is usually set by competition, with leadership often assumed by the most efficient competitors.

价格构成通常由竞争决定，并由效率最高的竞争者来担任主导角色。

(二) 增强准确性

虽然在商务活动中人们比较喜欢用简洁的语言来交流，但为了防止出现歧义，引起不必要的纠纷，人们需要清晰地表达出来所要说的是什么，这就导致商务英语信函中经常出现句义完整、严密的复杂句。当然，商务英语信函中的复杂句并不是哕唆冗长，而是必要的表达方式，它可以使要表达的概念和内容更加的清晰明了，使行文更加严谨。例如：

If you want to order more than 3000 units, we can accept a deferred payment.

若订货超过 3000 件，我方将会同意延迟支付。

三、商务英语信函的表达特点

商务英语信函以书面形式在传递和交换商业信息的同时还体现出一个企业或公司的"门面"和专业形象，因此商务英语信函的规范性和得体性相当重要。同时，随着商务活动的发展，人们越来越崇尚使用那些简洁、自然、通俗易懂而又不失礼节的商务英语信函，那些古板的老套用词已不符合时代发展的要求。

(一) 清楚

这里的清楚指的是表达的信息、内容要清楚，要使收信人明白信息的意图。所以，在商务英语信函中清楚地表达十分重要，否则即使信函的语言正确、文明有礼，仍难以使收信人明白。

（二）简洁

商务英语信函的文字、语句等表达一定要简洁，但前提是保证信函的礼貌和完整。信函要突出中心和重点，不要绕圈子。所以，商务英语信函一定要使用一些简洁明了的句子和词汇，避免使用那些重复、陈旧的句子和词汇。

（三）完整

信函中所陈述的信息、数据等事实必须完整，这样才能使收信人做出相应的回应或迅速采取行动。如果信息不完整，就会导致收信人在读信后不能及时做出判断，这样既费时又费力，还会增加商务成本。

（四）正确

正确指信函的拼音、语法、标点等应准确无误，这是商务英语信函的基本要求。在注意语法、拼音等正确的同时，要注意使用合适的语体风格，这也是商务英语信函正确的一个体现。

（五）避免以自我为中心

商务英语信函应避免以自我为中心，应从对方的角度出发，站在对方的立场上考虑问题。如果信函是写给某个收信人的，应使其感到他/她受到了极大的重视，这对建立双方良好关系十分有利。必要时，可在信中提及收信人的姓名，这样会使对方感受到得到了特别对待。

（六）直接传递"好消息"，间接传递"坏消息"

商务英语信函中所传递的消息并非全都是好消息，传递坏消息的情况也很多，因此对于这两种消息要以不同的方式传递。好消息或者是平常的信息通常以直接的方式表达。当必须对某一请求说"不"时或必须要表达一则令人失望的"坏消息"的时候，以间接方式表达是非常有效的。

第三节　跨文化交际下商务英语信函翻译的原则

商务英语信函是商家、企业将各自的商品、服务，甚至声誉向外推介的一种手段，也是互通商业信息、联系商务事宜及促进贸易关系的主要手段和媒介。从本质上来看，商务英语信函实际上是一种推销函，写信人总是在推销着某种东西，可以是一种商品、一项服务、一种经营理念，或者是公司的形象和声誉。因此，商家给客户的每一封信函、传真、电报或邮件，都显示着商家的实力和水平。同时，商家通过这种方式评估和了解自己的交易对象。我国自加入世贸组织开始，外贸活动日趋频繁。在国际贸易中，由于贸易双方远隔重洋，不可能事无巨细面对面地进行磋商洽谈，因此商务英语信函在交易双方之间发挥着举足轻重的代言作用。如何正确地进行商务英语信件的翻译，不但关系到企业的成功与失败，还关系到企业在国际贸易中的声誉和未来。严谨、贴切、达意的商务英语信函翻译能够帮助商家达到有效沟通的目的。

反之，商务英语信件的译文若有误，则必然引起双方之间的误会与怀疑，进而影响业务的正常开展，甚至引起贸易争端、投诉，进而妨碍企业开拓国外市场。商务英语信函翻译是一项艰苦复杂而又精细的工作。要想准确、恰当地翻译各种商务英语信函，除了要具备一定的语言基础以外，还要了解相关领域的专业知识，如经济、外贸、法律等知识，并深入研究商务英语信函的构成要素及其语言特征。

一、礼貌原则

商务英语信件的第一要务是建立良好的氛围、解决问题、完成一笔生意。所以，要有礼貌，这是一条必须遵循的准则。同样，在商务英语信函的翻译中，我们必须始终把"礼貌"这个词放在心上，在译文中要尽可能地用合适的词语来表达原文的礼貌和委婉。比如……

We appreciate your timely response.

承蒙您的迅速答复。

在译文中加入"承蒙"这个字眼，它可以很好地解决被动式变成主动式之后的句子不流畅问题，同时也能很好地反映出礼貌的原理。

We would like to point out to you that, as a special sign of encouragement, we will consider paying by D/P at this time of sale.

我们想请您注意：为了特别的激励，我们将在目前的销售阶段接受付款交单。

这里，把"请您注意"的翻译为"请您关注"，要比把它译为"提醒你们"或者"吸引您的注意力"更有礼貌。

Owing to the late arrival of the ship for which we have reserved space, we should be grateful if you could extend the delivery date and the date of the letter of credit until the end of April and May 15.

因我方所订的船晚了，如蒙贵方将装船和信用证的有效期延长到四月底及五月十五日。

在翻译中，"如蒙"这个字有一种谦恭有礼的感觉。

二、专业性原则

商务英语信函中存在大量的专业性词汇，即使是普通词汇，用在商务英语信函中，其含义也与普通词汇的含义有所不同。商务英语信件的翻译要做到专业、得体，就需要具备一定的经济、贸易、金融、法律、运输等方面的专门知识，并且要使用地道的商务语言，使其成为一种真正的商务风格。比如……

Owing to the severe lack of shipping space, we are unable to deliver the goods before October 10th.

因为舱位太少，我们没法在十月十日前装船。

在前面的例子里，如果不懂 shipping space 的人会直接将其翻译为"装运空间"，但是在海上贸易中，这是一种专门的术语，应该被译为"舱位"。

Under the terms of the contract, the seller is required to cover 110 per cent of the invoice value against All Risks as per the Ocean Marine Cargo Clause of the People's Insurance Company dated 1/1, 1981.

按合同规定，卖方应按发票总额110%投保，并以中国人寿保险公司1981年1月1日所订的海上货运条款为准。

All Risks 保险术语，译为"综合险，全险"。

It is our custom to do business by d/P at sight rather than by L/C, so we would like you to accept D/P terms for this transaction and for the future.

我们通常采用即期付款交单，而非信用证付款。所以，我们期望您能同意这次和以后的每一次交易的付款交单。

D/Pat 标准和 L/C 是银行业务中的一个专门名词，

只有了解保险和银行业务方面的专业知识，我们才能把它们翻译成相应的专业术语。

三、简洁规范原则

商务英语信函中大量使用习惯用语和行业套话，在翻译商务英语信函时，同时，我们还应尽量使用正式、规范、准确的文字，以保证翻译的风格。此外，我们还应注重翻译的简练。比如……

We confirm that we have sent you this offer on the condition that we receive your reply no later than October 10.

翻译（1）：我们已经向你方电发了实盘，现在十月十日的复到是有效的。

翻译（2）：我方证实，已通过电报向贵方发送一份实盘，此实盘的生效条件是，贵方的回复必须在10月10日前送达我方。

很明显，（1）译本由于采用了某些正式商务习惯用法（例如"电发"和"复到"，其正式程度和简练程度远高于口语译本（2）。

第四节　跨文化交际下商务英语信函翻译的策略

一、商务英语信函翻译的策略

（一）套用商贸英语知识

在进行商务英语信函翻译时，可以套用与商贸有关的英语知识，也就是说，学习用术语来翻译术语，用行话译行话。商业英语的信件，涉及到与国际贸易的业务往来，涉及到许多贸易术语和行话。而这些信息的正确理解和翻译，直接影响到信件的翻译质量。要正确地将商务英语信件译成英文，译员必须具备一定的国际贸易知识。应借助专业词典或请教他人，不能想当然地随意乱译。尤其对于一些在普通英语中常出现的词语，在商务英语信函中翻译时需更加注意，因为其在商务贸易中的含义一般与普通英语中的含义有很大的区别。例如：

单词	普通英语含义	商务专业英语含义
Acceptance	接受	承兑
Collection	收集	托收
Margin	页边	利润，比较薄的利润

（二）注意英汉格式的差异

在翻译商务英语信函时，还应注意英汉在格式上的差异，以免出现错误。具体来说，汉语书信是一种具有悠久历史的交流形式，经过漫长的历史发展，已经形成了它特有的、固定的形式。在翻译时，应注意以下两个方面的内容。

（1）跟英语信函相比，汉语信函增加了信头、信封地址、正文中事由（Re：）等一系列的内容。在译文中，应将其保存下来，放在原来的位置，以保持原文的格式特征。但是，在地址的各个层面上，应该将地名的次序颠倒过来，由大变小，以适应汉语的习惯。

（2）由于商务英语信函在长期的应用和翻译中，有些格式已经形成了一定的惯例，因此，为了在翻译过程中重现商务信件的风格特征，我们必须牢记在心。比如……

信中地址后面一栏的"Attention"应该是："请看。"

称呼语："尊敬的先生或女士"，翻译成"执事"或"敬启者"，而不是"尊敬的绅士"。这样才能体现商务英语的正式、庄重的特点。

在文本前面，"Re："、"Sub："通常被翻译成"事由："，而不是"关于："或"主题："。在这封信的结尾处，有一句"Yours sincerely/Yours faithfully"，这句话通常不是"你真诚的"，而是"上/敬上"，或者是"复函"。

"Enc:" 通常被翻译成"随信附上的附件"。

"再启"的翻译是"P-s."。

以上是从宏观角度来阐述的商务英语信函的翻译方法。商务英语信函也有更加具体的翻译方法，经常采用的就是词类转译法。例如，动词、代词、形容词、副词等转译成名词，名词、形容词、介词等转译成动词。

二、商务英语信函翻译的实践

（一）拒绝函的翻译

原文：

Dear Madam,

We have received your letter of Aug 20th requesting a delay in payment.

We regret to advise you that we are unable to accept your request and, to be honest; we are puzzled by your letter. More than one year has passed since the contract was signed, and you have had plenty of time arrange financing. Now you tell us that it will take some more time before you finalize the banking arrangements, which is surprising, to say the least. To conclude, we hope you will finalize the arrangement quickly and pay us in accordance with the contract.

Sincerely yours

译文：

尊敬的女士：

我们已收到贵方8月20日要求延期支付货款的来信。

我们遗地通知贵方我们不能接受贵方的要求，老实讲，贵方的来信令我们迷惑。合同签署已一年有余，贵方应有充足的时间来筹措资金。现又说需要更多的时间才能办妥资金事宜，这至少可以说是令人吃惊的。最后，我们希望贵方迅速办妥有关事宜，按合同付款。

谨启

（二）答复函的翻译

原文：

Dear sirs,

We are pleased to receive your letter of 20 Dec. Please take note of what you have written.

We are pleased to note that you have sent us samples of imitation Fancy Earl Necklaces and Earrings, upon receipt of which we will examine them together with your price list.

Also, we have received a price list of toys, but we would like to have the latest models, which have not yet reached the market，and if you would kindly give us a few of them，as our customers would like to have a look at them before they place their orders.

You can be sure that we will make every effort to carry out our orders.

Yours faithfully，

Thomas

译文：

尊敬的各位：

我们已收到十二月二十日的来信。

我们很高兴收到你们的仿制品，耳饰的样品。在收到样品后，我们会根据所提供的报价单进行调查。若产品的款式符合客户需求，且价格具有竞争力，我方将立即订购。

我们也收到了一些玩具的报价，但是希望是设计新颖，市场上前所未有的最新产品。

商品。如果您有此种产品，请随客户的要求送去两个样品。我们会尽力促成这笔交易，请您放心。

托马斯的敬礼

第八章　商务合同跨文化翻译的技巧与实践

第一节　商务合同的基本知识

一、概念与文体

尽管各国对合同的界定不尽相同，但都有一个共同之处：合同是一种对各方的法律约束。例如《中华人民共和国合同法》，"合同是自然人、法人、其他组织在同等主体下设立、变更、终止民事权利和义务的合同。"在 Steven H. Gifts 所著的《Law 词典》中，contract 的定义是 "a promise, or a set of promises, for breach of which the law gives remedy, or the performance of which the law in some way recognizes as a duty"，它是一种对违背合同可获得法律援助的义务，在一定程度上，法律把履行义务视为一种补偿。从以上两方面来看，契约是一种在平等主体间确立的一种法定的权利与义务。

商业合同作为一种法律文书，具有其特有的风格。"文体（style）"是指在使用某种特定的交际内容、交际目的和交际场合时，人们往往会选择一种特定的表达方式，也就是所谓的"语体"；它不仅要适应交际对象，而且要受特定的语言环境的限制。美国语言学家马丁·朱斯在 1962 年对契约英语进行了分类，它是所有英语中最正规的一种。从整体上看，它表现为内容的专业性、语言的严谨、结构的完整性。

二、分类与结构

国际贸易合同是一项复杂而又复杂的合同。按照双方的权利和责任，可以分为以下几种：国际商品买卖合同、国际技术转让合同、国际合作合同、国际工程合同、国际贸易合同、中外合作开采合同、国际劳务合同、国际承包合同、国际租赁合同、国际金融合同、国际信贷合同、国际信用合同合同、涉外信贷合同（Sino foreign Credits and Loans）、国际BOT投资合同（Contracts for International Build-Operate-Transfer），国际租赁合同；根据格式的简化程度，国际商业合同有正式合同、协议书、确认、备忘录、订单等书面形式。

在合同订立和执行期间，双方的信件、邮件、电报等也是合同的一部分，具有法律效力。然而，为了顺利、准确地履行合同，维护双方的合法利益，一切业务交易必须以签订合同、协议书、确认书为前提和依据。

从结构上来看，一般的国际商业合同包括以下四个方面。

（一）合同名称（Title）

合同名称又叫"合同开头"，它反映了合同的内容和性质。例如：销售契约（Sales Contract）、技术转让协议（Technology Transfer Agreement）、股份收购合约（Share Purchase Agreement）等。

（二）前文（Preamble）

（1）签订合同的时间和地点（Date and Place of signature）：签约的日期通常为合同的生效日期，签订的地点关系到合同申诉的地点和适用的法律法规。

（2）合同当事人及其国籍、主要营业所或居所（Signatories and their nationality, main place of business or domicile）：当事人的姓名或经营单位的名称及法定地址。

（3）当事人合法依据（Each party's authority），比如，该公司是"按当地法律正式组织而存在的"（a corporation duly organized and existing under the laws of xxx.

（4）订约缘由/说明条款（Recitals or WHEREAS clause）：这是合同合法性的重要表述，至少要表明订立双方出自自愿并谋求达到一致的协议。

（三）正文（Main Body）

（1）通用条款（General Terms and Conditions）；

（2）特别条款，也就是"特殊条款"，是一种仅存在于一些特别性质的合同中的条款，比如合伙合同中，一般都会规定由双方共同经营的公司，以及由谁来担任董事和监督人，而抵押合同则没有这样的条款。反之，按揭合同中必须记录的抵押品项目、抵押期限等，则不会在合资企业合同中体现出来。又比如，由于双方的背景不同，对于特定的词语的理解和用法也不尽相同，因此，必须在合同中加入"定义条款"，并将有关的重要词汇、专有名词和术语进行解释，从而明确其意义。

（四）结尾条款（Witness Clause）

（1）结束语（Concluding Sentence），包括数量、使用的文字和效果等，有时也会包含一些条款或附加条款，以供修订或增补；

（2）署名（Signature）；

（3）盖章（Seal）。

三、商务合同的主要内容

合同的内容由双方协商确定；根据《中华人民共和国合同法》第 12 条的有关规定，

本合同的主体包括下列条款：

（1）当事人的名称或者姓名和住所（Titles or names of the parties and the domiciles thereof）；

（2）签订合同的时间和地点（Date and place of the contract signed）；

（3）合同的种类及标的种类及范围（Contract type and type，scope of contract object）；

（4）合同标的的技术条件、质量、标准、规格、数量等（Conditions，Quality，Standard，Specification and Quantity of the Contract Object）；

（5）履约期限、地点和方式（Time limit，place and method of performance）；

（6）价格条件、支付金额、支付方式和其他附加费用（Price，amount and method of payment，as well as all kinds of other fees）；

（7）合同能否转让和转让条件（Whether it is possible to assign a contract or assign terms）；

（8）违反合同的赔偿和其他责任（Damages and other liabilities in case of breach of contract）；

（9）合同发生争议时的解决办法（Methods of settling disputes in the event of contractual disputes）；

（10）合同使用的文字及其效力（Languages to be used in the contract and their validity）。

第二节　合同英语的词汇特点及翻译

商业合同是一种非常讲究的语言形式，它是一种特殊而又严谨的文体。总的来说，合同语言的特征主要表现在两个主要的层面。

一、用词专业，具有法律意味

合同是法律上的官方文书，多使用专业术语。这些术语是合同语言准确表达的保障。不同的商务合同有不同的专业术语，如销售合同有关于销售的术语，技术转让合同有技术转让方面的术语，承包招标合同有承包招标的术语。合同英语与专业类别息息相关，一个词在不同专业中含义也不尽相同，因此在翻译过程中要注意以下几点。

（一）根据不同的专业来确定词义

ARTICLE 1：Premium rates are different according to the insured interest.

Article 2：If the Buyer does not make any payment when due，the Buyer shall be liable to pay default interest on the outstanding amount from the maturity date until the effective date of payment at 5% annually.

Third：Your "CHON-HOI" Agricultural Washing Machines are our main interest.

前面三个句子均含有 "interest"，但是由于各自的产业而有差异。第一句话来源于保险业，它是关于 "货物已投保" 的；第二句是从国际贸易中来的，意思是 "一方还未偿还的应付款项而向另一方支付的利息"；第三句是有关市场的，这时 interest 的意思是：对哪种商品有兴趣，对某一种商品有兴趣。由此可以看到，在合同的翻译过程中，要特别注意职业道德问题。

（二）注意合同本身的术语

合同本身也存在着许多具有法定特征的合同用语。例如，"权力与责任"（rights and obligations）、"仲裁"（arbitration）、"终止"（termination）、"不可抗力"（force majeure）、"管辖"（jurisdiction）等。这些专门或法律词汇具有相对固定和单一的意义，一般不能被其他词汇所取代，因此，无论在何种情形下，人们都要作出相同的解释。因此，在翻译时，译者必须从普通的文体和法律的角度来辨别它们的含义。

Section 1：Contractor shall assure full responsibility for the entire project work until its acceptance.

错误翻译：在接受项目前，承揽人对工程的一切负责。

Section 2：Complete Ship's Bill of Lading issued according to the shipper's order and blank endorsed.

错误翻译：由承运人出具的一套完整、完整的装船提单。

Section 3：Payment shall be made by means of a confirmed irrevocable letter of credit and documentary credit.

错误翻译：以确认的，不可撤销的书面信用证支付。

在上述三个句子中，"acceptance" "clean" "to the order of" "confirmed" "documentary" 等中文含义分别为 "验收" "清洁" "以……为开头" "保兑的" "跟单" 等，都不能充分表达出合同的真正含义。通过上述案例，可以看出，在商业合同中，由于误解或翻译了专业术语，导致了一种错误的信息传递，从而引起了法律纠纷。

（四）注意 may，shall，should，will，may not，shall not 等词语的法律内涵

May、shall、should、will、may not、shall not 这样的词语比较普遍，但在 "契约" 中却有着特别的含义，因此，翻译时要格外小心，以免引发争议。

（1）may：用于代表合同的权力、权限或特权的情况。如果一项权力是法定的，则通常使用 "been titled"。

（2）shall：通常用于指在契约中并非仅指未来的情况下，指的是法定的强制性义务。如果不履行，则被认为是违反了合同，并承担了一定的赔偿义务。因此，在译本中 shall

的意思是"应该"或者"必须"。

Article 1：The Parties to this Agreement shall，first and foremost，resolve any dispute arising out of or relating to the contract through friendly negotiation. If the dispute does not arise，the dispute may be submitted to the people's court with jurisdiction to settle the dispute if there is no arbitration clause in the contract at issue or if it is concluded after that dispute has arisen.

译文：在本合同中，当事人应当通过友好协商，来解决因本合同而产生的纠纷。若双方协商不成，且在合同中没有约定仲裁条款，或者双方在纠纷后未能达成一致，则由有管辖权的人民法院来处理。

"shall"与"may"在前一句中的正确表述。在发生纠纷后，应该首先进行协商，因此采取了"约定"，如果无法通过协商来解决，那么，作为当事人的权利，可以选择"约定"。

Article 2：Both parties shall accept the quality and price of the goods exchanged between the former importers of the two countries.

译文：商品的品质和价格，一定要让进出口双方都能接受。

Article 3：This Agreement，its validity，explanation，enforcement and resolution shall be governed by the relevant laws of the PRC.

翻译合同的订立、生效、解释、履行和争议的处理都由中华人民共和国的法律规定。（shall 没有翻译出意思）

（3）should：一般在合约中仅用于表达一个不那么有说服力的假定，一般被译为"万一"或者"如果"，很少被译为"应该"。

Article 4：The board meeting shall be convened and presided over by the Chairman. In the absence of the Chairperson，the Vice-Chair shall，as a general rule，convene and chair a meeting of the Board.

译文：董事长应当召集和主持董事会的会议；董事长不在的情况下，会议应当由副董事长主持。

（4）will：通常用于不受法律约束的场合，也用于表达责任，但是语气和强制力都不如"shall"。

（5）"may not（或 shall not）"：指禁止的责任，也就是"不能做某事"。

二、用词正式、准确

商业合同的法律效果是非常正式和规范的，避免使用口语。如：The Licensee will notify the Licensor and shall assist the Licensor in taking such action as the Licensor deems appropriate。很明显，与"inform""help""think"相比，这个句子中的"assist""deem"更加正规。若在句子中连续出现这样的词组，则其文风自然而然地显得庄重、严肃，具有很强的

文风。又比如："Effective date"，这句话是什么意思？"execute"在句子中比"sign"更正规。

（一）注意介词或介词短语的翻译

为了体现其形式化和严谨的风格特点，商务英语在非正式语言中往往采用较为繁复的介词和连接语来替代。

Article 1：The Participants of the Joint Venture shall enter into negotiations on extending the duration of the Joint Undertaking and, if they agree to extend the duration of the Joint Undertaking, this Agreement shall be documented in a written document signed by all Members at the latest 3 years before the end of the current term.

译文：关于延长合资公司的期限，双方应当商讨；双方一旦同意，将会在合同有效期届满前三年签署一份书面协议。

将"about""in case of""before"替换为"with regard to""in the event of""prior to"。当然，在商务英语词汇的选择上，正规和非正式只是一个相对的概念，并没有什么优势和劣势，完全取决于具体的应用情况。

Article 2：These articles shall apply to documentary credits, including standing by letters of credit, in so far as they apply, and shall be binding on the parties, unless the parties have explicitly agreed otherwise.

译文：此条款适用于所有的跟单信用证，并包含在其适用范围之内的备用信用证。

与"if not""otherwise"相比，这个句子中的"unless otherwise"表示了正式。它包括"unless"与"otherwise"这两个同义词，"otherwise"是一个代词，通常在它的后面加上动词的过去分词，意思是"除非另……"；又比如"unless otherwise specified in the Contract/the Letter of Credit"，可以翻译成"除非合同/信用证另有约定"。

Chapter 3：On a FOB basis, the Purchaser shall make a reservation according to the delivery date stipulated in the contract.

译文：按FOB条款，买方应按合同约定的交货日期协商舱位。与"pursuant to""under"类似，在以前的案例中，"in accordance with"在法律文书中经常使用，两者都是"根据"和"按照"的形式，而不是"according to"。

（二）注意词语并列的现象（juxtaposition）

在国际商业合同中，尽量做到正规和精确，以避免误会和不一致。一般都会使用同义词（近义词）来表示，因此，在国际商业合同中，一般都会使用同义词（近义词）。有时是为了谨慎起见，避免出现任何纰漏，有时也是一种惯例。例如，在合同中"terms"通常是指支付或费用（有关货币的手续费、佣金等），"conditions"表示其他情况，但"terms and conditions"通常是以固定的形式出现在合同中，因此，把它翻译为"条款"时不合适。

Article 1：This Agreement is made and concluded by Party A and Party B.

Article 2：This Agreement shall not be amended or modified until it has been signed by the Parties and approved by the original approving agency.

Article 3：If the contract is properly performed and complied with all the terms，clauses，conditions and stipulations of the said contract，it shall be fully effective and effective.

在合同中存在的同义词、近义词、相关词的并列现象，在翻译过程中要充分考虑词语的内涵、合同文体、语法等相关因素。这里我们可以借鉴奈达的"动态对等"思想。动态对等是指译文和原作在效果（或功能）方面的对等，也就是说，译者的理解和感觉与原作的读者大致相同（与动态对等的是形式对等，也就是强调语言形式的对等）。在上面的三个句子中，"amendments to and alteration of""force and effect"是数个同义词的集合，其中"made and entered into"是"terms，provisions conditions and stipulations"。按照动态对等的译法，他们的译文可以分为"签订""修改""各项规定""生效"，如果不按照这样的译法，只逐字逐句地翻译，就会使译文变得晦涩难懂。

类似的表述还有：any and all 全部、any duties，obligations or liabilities 所有的责任、customs 和 usages（惯例）、import duty and tax（进口税捐）、keep secret and confidential（保密）、licenses 和 permits（许可）、importduty 和 tax（输入税捐），keep secretand confid（许可），license and permit（授权）、support and maintenance（维护）、use and wont（习惯，惯例）

第三节　合同英语的句法特点及翻译

商业合同的措辞既专业又准确，又正式，所以商业合同的句法结构严谨，句式较长。句中的副词（从句）、定语（从句）等附加成分存在，而且常常处于明显的位置，解释、限制或补充主句的意义，一方面能反映出这种风格的庄重、结构严谨、逻辑清楚；二是可以避免因误解、误会而产生的纠纷，从而保护当事人的合法权利。尽管英文商务合同具有多种句法特征，例如：多用陈述句、多用现在时、多用被动语态、多用名词结构等。

一、长句及其翻译

与一般英语相比，商业合同英语的句法结构在长短、从句的连贯性等方面更为复杂。对合同长句的分析主要有：第一，确定主语、谓语、宾语，也就是句子的主干部分；其次，要对句中的谓语结构、非谓语结构、介词短语、从句的引语进行考察，并对它们的作用进行分析，如：主语、宾语、表语、状语等，以及它们的相互关系。最后，对句子中的固定搭配、插入语等进行了分析。

Article 1：The Buyer may，within 15 days of the arrival of the goods at the destination，make a claim against the Seller for short weight，supported by an Inspection Certificate from a reputable Public Surveyor.

译文：在货物到达目的地后15天之内，买方可以向卖方提交一份由有声誉的公检员出具的检验证书。（no later than 15 days after the goods arrive at the place of destination），方式（certified by an Inspection Certificate from a reputable public surveyor）和理由（for short-weight）。

这是一条简单的长句，它的主干是"The Buyer may...lodge a claim."修饰谓语动词的副词有三个，它们分别代表着时间（no later than 15 days after the goods arrive at the place of destination）

虽然许多状语在原文中的位置是灵活的，但是在翻译时，还是要根据汉语的标准来做适当的调整：形式状语通常应该放在动词前面；其他的副词也可以灵活地使用，比如这个句子中的时间状语可以提早到句子的开头。

Section 2：If a Party breaches any of the representations or warranties provided by it under Article 18.1 or repeated in paragraph 18.2，it shall compensate and retain compensation to the other party and to the Company，in addition to the other means of redress available to the other party or the company pursuant to the Applicable Laws.

译文：如一方违背了其在18.1或18.2条下的任何声明、保证或重新叙述，则对方除了按照本合同或有关的法律寻求任何补救以外，对对方或合营公司造成的任何损失、损失、费用、费用、责任或索赔，均应予以补偿。

本句的主干是"it shall indemnify and keep indemnified...against...the other Party and the company"。"If"引导的是条件状语从句，条件状语从句的宾语部分跟随后置定语（given by it in Articles 18.1or repeatedin18.2）。"in addition to"引导的是增补成分，其核心词"remedies"也跟了后置定语（available to the other Party under this contract or under Applicable Laws）。"that"引导定语从句修饰紧邻的五个名词。基于以上分析，再结合汉语的行文习惯（条件在前，结构在后以及定语在所修饰的核心词之前），即可翻译成文。

综上所述，在翻译合同长句的时候，不管属于何种类型，译者都应在对原句进行分析的基础上，根据汉语行文习惯，适当变换修饰成分的顺序，才能准确翻译原文。

二、条件句及其翻译

商业合同的主体是指当事人的权利和义务，但是，由于这些权利的行使和履行都具有一定的条件，因此，它的大量使用就成为商业合同的一大特色。条件句通常是通过以下的连结来进行的：if, in the event of, in case（of）, should, provided（that）, subject to.

Article 1：If the third party claims that the party has infringed the contract，the party B will accept the case...

译文：若第三者告之侵犯，则由乙方承担责任。

Article 2：In case of loss due to delay in delivery, the agent may request reimbursement from the Manufacturer by means of a certificate and a detailed list recorded by the administrative department of the representative's website.

译文：如果由于交货延迟而造成代理方的损失，代理机构可以根据所在地的行政部门提供的损坏清单，要求其提供证据。

Article 3：In the event of early termination, the Contract Appendices shall also be terminated.

译文：如果合同提前结束，那么合同的附加条款也将被终止。

Article 4：If the contract cannot be performed in whole or in part because of a fault on the part of one party, it shall assume the liability accordingly. If there is any mistake on the part of the two parties, they should assume their own responsibility in accordance with the actual situation.

如果因一方的过错而导致合同无法完成或者无法完全履行，则由一方承担违约责任。如果是双方的过错，那么，按照实际情况，由当事人各自承担违约责任。

Article 5：Either Side may substitute its designated representatives, provided that it notifies the other Party in writing.

译文：一方可以在双方以书面形式通知另一方时，替换其指定的代理人。

Chapter 6：Subject to the following conditions, Party B shall protect...

译文：如果发生以下情形，乙方将向甲方承诺：

例7：The terms CFR, Or CIF is governed by the International Chamber of Commerce's International Rules for Trade Terms (INCOTERMS 2000), unless otherwise specified in this Agreement.

译文："CFR""CIF"均适用于《2000年国际贸易术语解释通到》，除非有特别说明。

总结以上的例子，将条件句放在主句前面，在英译汉语时，可以把它翻译为"如果"或者"若"。如果把条件句放在主句后面，则可以根据实际情况对其进行翻译，而不是照搬照抄。在译例5中，"provided that"指的是需要进一步的说明或在作出说明时的语调转换，所以应该用"但是"来翻译，以使译文的过渡更加自然，更符合汉语的表达标准，从而实现功能上的对等。

第四节　商务合同的翻译原则和策略

商业合同是一种法律语篇，而法律语篇则是强调"规约"，因此，翻译的语言既要满足文本的类型特点，又要考虑到具体的读者的反映。在我国商业贸易中，通常使用中英两种语言的合同，并具有同样的法律效力。一般认为，在商务合同中，应注意四个方面：

第一点，要忠实于原文。也就是说，译文必须忠实地表达原文的意思，不得有丝毫的违背或遗漏，特别是在前面的合同中，以及在本文中所规定的特定条款和有效期的翻译方面，要格外谨慎。特别是价格条款、数量、单价等重要资料，不能翻译错误，否则就会导致严重的经济损失。

第二，要与国际贸易保持一致。合同双方通常对另一国的传统解释知之甚少，在双方之间经常发生误解、纠纷和诉讼。为了实现这一目标，许多国际组织都制订了国际通行的通用规则，其中最具代表性的就是贸易术语。同时，英语合同的格式、条款、用词、符号等也要遵循本行业的国际贸易惯例，力求使合同的翻译与一般的商业习惯相一致。

第三，尽可能地使用法律术语。因为法律上的契约是有法律效力的，所以，在起草契约的过程中，商务人员往往会用到一些法律词汇，以显示其准确、规范和威严的特点。因此，在翻译时应尽可能地使用精确的术语和用语，以保证译文的精确、不模糊、严密、不留空子。比如，下面的句子是：

In the event that one of the parties wishes to sell or dispose of all or some of its investment debentures, the other has a right of pre-emption.

如果一方希望将其全部或部分的投资卖掉或转移，则对方有优先购买的权利。（"assign"和"preemptive"都是法律术语）

第4，在英文合同的翻译中，最好使用"半文半白"的翻译。如此，既能使译文更易于阅读，又能简洁而有力。

一、商务合同的翻译原则

一般来说，在翻译商务合同时应遵循以下三个翻译原则：

（一）准确性

准确性是商务合同翻译的灵魂。王宗炎先生指出，"辨义是翻译之本。"辨义就是对合同文字字斟句酌，深刻理解，把握原文的确切含义，紧扣合同的文体与格式，忠实地再现原文，争取在内容和文体风格上达到最贴近的对等。

但是，对等绝非单纯的字面对应，绝非机械的生搬硬套。例如，汉语中"打白条"的翻译，如果盲目追求形式上的对等，逐字对应翻译成"to issue blank PaPer"，外国人看了就会觉得莫名其妙，不知所云。而如果用"to issue IOUs"（IOU 是"I owe you"的缩略词）来表达这一意思，让人一看就明白。

在国际经贸活动中经常会遇到商务合同翻译方面的错误，而且，因翻译问题引起的纠纷或官司也屡有发生。合同文字的错译、漏译，有时看似小小的问题，并不起眼，却常常失之毫厘，差之千里，会给国家、企业或个人带来损失，所以翻译时需慎之又慎。在两种语言的转换中，译者需要具备相应的法律和文化知识，正确理解对应表达的含义范围，以"求信"为标准，在准确的基础上力求译文通顺。

（二）严谨性

合同翻译要在结构上和语言上体现严谨的原则。结构上要严格按照法律文件的程式和文体，语言上要使用正式的法律语言，使用专业的法律词汇、术语和句型结构，表达清楚明确，措辞严密，避免用模棱两可的词句或多义词。

曾经有这么一个案例，大致讲的是甲、乙双方为一方出具的一张凭据"还欠款一万元"打起了官司，因为这张"还欠款一万元"的凭据有两种解读方式：既可以理解为"一方仍然欠另一方1万元"的欠条，也可以理解为"一方收到了另一方归还的欠款1万元"的证明。为此双方各执一词，闹得很不愉快。因此，用语严谨、表达清楚、结构严密会避免很多麻烦，不让他人有可乘之机。

（三）规范性

翻译商务合同时应遵照合同文体和语言的规范，按照约定俗成的范式，以另一种语言再现原法律文本的权威性和规范性，不允许文字上的随意性。译文不仅要做到语言上的规范化，还应做到专业上和风格上的规范化。由于商务合同是双方维护自己权益的书面法律依据，因此，它的措辞都要求运用庄严的语言或正式文体，只有经双方同意后，才能对合同的语言文字进行变动或修饰。译者翻译时必须严格按照原文，避免随意性。例如，专利许可协议中的"特许权使用费"用"royalties"一词表达，还款或专利申请的"宽限期"对应的英文为"grace"，等，这些均为合同中常用的规范用语。

二、商务合同的翻译策略

（一）转换法

转换法是英汉翻译中常用的一种方法，即一个词在目标语言中的词性可能不一定相同。翻译商业合同就是将英语合同中的一个组成部分转换成汉语合同的一个组成部分，或者将汉语的一个组成部分转变为英语的其他组成部分，而不是逐字逐句地按照原文的顺序和句型，而是按照译文的上下文和特定的商业环境来进行正确的翻译。在翻译过程中，可以根据不同的语法、句子结构等因素进行适当的调整，从而达到更好的翻译效果。

1. 主语转换为谓语

在主体为动物性名词和被动语态的情况下，主语转化为谓语。翻译时，须将英语的被动语态调整为汉语的主动语态，进行转换翻译。

2. 主语转换为宾语

主语转换为宾语，原文的主语一般是名词，且采用被动语态。翻译时，须将英语的被动语态调整为汉语的主动语态，主语转换为宾语。

3. 表语转换为谓语

在介词词组做表语时，可以把介词语转化成汉语的谓语，使译文更流畅。

4. 定语转换为状语

英语中，把一个具有动作意义的名词转化成汉语动词时，可以把原来名词前面的形容词和分词作为定语转化成汉语副词。

除以上几种转换方式外，商务合同的翻译中还存在宾语转换为谓语、表语转换为主语、状语转换为主语等形式。

在商业合同中，包装，装运，保险，付款，检验，争议解决等方面，多数条款都是被动句。在这类被动句的翻译中，一般采取"转化"的方法，即把原语的被动语态转化为目标语的积极语态，从而使其更好地反映出合同文本的得体、严谨等特点。

（二）长句的翻译

英汉语思维和表达方式的不同，使商务合同中的长句不能按句法直接译，而要正确地理解短语、修饰词、连接词所传达的意思，掌握句子的核心和各个段落的逻辑联系，采取顺译、分译、合译、语序调整等方法来处理原文。

一般说来，英语重形合，句子的各个成分由连词、介词或起连接作用的各种词组组合起来，句子结构较为严谨，句型常呈树枝状展开，长句较多；而汉语重意合，句子成分主要靠意思串联，句子结构较为松散，多以连锁式的短句呈现。因此，在商务合同的英汉互译中，要特别注意体现两种语言在结构上的差异。

（三）酌情使用公文语惯用副词

商业合同是一种法定文件，因此，在英译过程中，要注意使用一些英语常用的副词，这样可以使译文结构严谨，逻辑严密，言简意赅。然而，从英文翻译的角度来看，这些文本中的副词往往被常用的词汇所取代，这会对翻译质量产生一定的影响。

事实上，此类官话中的惯用副词数量较少，其结构也比较容易记忆。这种类型的副词通常包括：here、there、where、after、by、in、of、on、to、under、upon、with 等副词，组成完整的公文语副词。

（四）谨慎选用极易混淆的词语

在英译商业合同中，往往会因措辞不当而造成词语不达意、意义含糊，有时还会产生截然不同的意义。所以，理解和掌握容易混淆的词汇非常重要，也是提高翻译质量的一个重要因素。

1. hipping advice 与 hipping instructions

hipping advice 是指"装运通知"，它是由出口者（卖方）向进口商（买方）发出的。但是，"装运须知"是指由进口商（买方）向出口者（卖方）发出的。此外，要小心区别买家和卖家，发货人和收货人。以上三组词在英译中很容易出现笔误。

2. abide by 与 comply with

abide by 和 comply with 均表示"遵守"，但如果主语为"人"，英译文中"遵守"应使用 abide by，而在主语为非人称时使用 comply。

3. change A to B 与 change A into B

英译本中的"把 A 改为 B"是"change A to B"，英译本是"将 A 转换为 B"，而"change A into B"则是不能混为一谈的。

4. ex 与 per

拉丁语中的介词 ex 和 per 都有各自的意思。英译：当货物从一艘轮船上"运来"时，用 ex；另一艘船将货物"运走"用 per，而另一艘船则"承运"用 by。

5. in 与 after

英译的"几天以后"通常是指"几天以后"的具体日期，因此，一定要使用介词 in，而不要使用 after，因为 after 表示"几天以后"这个不确定的日期。

6. on/upon 与 after

在英译文中，使用介词 on/upon，而非 after，因为 after 表示"……之后"。

7. by 与 before

英译结束时，例如"在某个月或某个日子以前"，若包含了所述日期，则使用介词 by，若未包含所述日期，亦即所述日期的前一天，要用 by。

（五）慎重处理合同的关键细目

事实表明，在英译本合同中，最易出错之处往往不在于大型的陈述条款，而是在于某些重要的细节，例如金钱、时间、数量等。英译本中经常采用具有限制功能的结构，以确定具体的范围，以防止出现错误。

1. 限定责任

众所周知，在合同中，当事人应明确各自的义务。在英译中，通常采用连词、介词等固定的形式来解释双方的职责。下面列举一些最常见的这种结构。

（1）And/或 or。在英译本中，and/or 是指 A、B+A 或 B"的意思，以防止遗漏。

（2）by and between。最常见的是 by and between 强调了"双方"之间的合同。所以，

双方都要严格地履行自己的义务。

2. 限定时间

英译与时间相关的文本，由于契约中的时间规定是精确的，因此必须认真对待。因此，在英译开始和结束的时候，通常使用下列结构来确定确切的时间。

（1）on and after/on or before。

包含当日日期的双介词英译。

（2）not（no）later than。

用"not（no）later than+日期"的英文翻译为"不晚于某个月或某个天"。（3）include 的相应形式。

通常定义包含当天的时间，包括 inclusive、including 和 included。

3. 限定金额

为了防止数量上的错误、伪造或涂改，英译经常采用下列方法进行严格的审查。

（1）重复性的大写字母。英文翻译的数额应在方括号中以大写形式重复，即便原始合同中没有大写，英译时也要加大写。把"SAY"放在大写字母前面，表示"大写"；在结尾处加上"整"的"ONLY"。请注意，小写和大写数字是一样的。

（2）货币符号的正确运用。翻译时要注意区别和正确地使用多种货币的名称。比如，"＄"可以是"美元"，也可以是其他国家的货币。

第九章　商标、品牌跨文化翻译的技巧与实践

第一节　英文商标、品牌概述

一、商标和品牌的概念与区别

首先，我们来看一看商标和品牌。在 WIPO 的解释中，"商标"是一种标识，用以区分某个行业或商业公司的产品。菲利普·科特勒教授，知名的市场营销学家，在他的《营销管理》中，把品牌界定为"一种名称、标记、符号或设计或其结合使用，其目的在于识别一个销售商或一群销售商的商品或服务，并将其与其他竞争者的产品或服务区分开来。"

从表面上看，商标和品牌并无差别，但实际上，它们所涵盖的范围和应用领域也不尽相同。根据美国行销协会的观点，"A brand is a name, a term, a sign, a symbol, a design, or a combination of various combinations to distinguish a company's products from competing products." "Trademarks are those that have been legally protected and granted exclusively to their owners." 可以看出，品牌和商标的涵盖范围是不同的。商标是品牌的一种标识，也是一种容易被消费者辨认的名称。而品牌的内涵则远远不止于此，它不只是一个简单的名字与标志，更是一种整合的标志。而且，他们所擅长的领域也是不同的。商标是一个法定的概念，而品牌是一个市场的概念。在合法的情况下，品牌的一部分被登记，并在法律上得到了保护。商标的设立、转让、争议、仲裁等法律途径保障其合法权利。品牌是一种无形的合同，是消费者对产品的选择。所以可以说，商标是公司的，而品牌是消费者的。

二、英文商标、品牌的构成

尽管商标和品牌在概念和使用领域上存在差异，但它们在构成方法、翻译原则上具有相同的一致性。英文商标及品牌的主要来源，无非是三类：源自专有名词；源自一般词汇；源自虚构词语。

（一）源于专有名词的商标和品牌

英文商标与品牌的大量名称源自人名、地名等专用名称，以及某些具有特定符号性的专用名称。

1. 源于人名的商标和品牌名

（1）英文商标和品牌，尤其是较早的，许多都源自公司的创立者或产品的创造者的名字。比如……

Goodyear—固特异（Charles Goodyear）

Benz—奔驰（Karl Benz）

Colgate—高露洁（William Colgate）

Ford—福特（Henry Ford）

Du Pont—杜邦（E. I. Du Pont）

（2）上面提到的那些商标和品牌都是从公司的创立者或者是产品的创造者的姓氏中选择的，还有一些是从全部的名字中来的，比如：

Vidal Sassoon—沙宣

Mary Kay—玫琳凯

Gianni Versace—范思哲

Calvin Klein—卡尔文·克莱

Pierre Cardin—皮尔·卡丹

（3）一些商业或产品是两个人联合创作或发明的，所以，一个商标或一个品牌就是以两个人的名字结合起来的，比如：

Rolls-Royce—劳斯莱斯（Charles Rolls 和 Henry Royce）

HP—惠普（Bill Hewlett 和 David Parkard）

Black&Decker—百得（James L. Black 和 George Decker）

Marks&Spencer—玛莎（Michael Marks 和 Tom Spencer）

Bausch&Lomb—博士伦（John Jacob Bausch 和 Henry Lomb）

（4））一些商标和品牌是通过对名字的轻微改变而形成的，比如：

Pond's—旁氏（Theron. T. Pond）

Wal-Mart—沃尔玛（Sam Walton）

McDonald's—麦当劳（Richard McDonald 和 Maurice McDonald）

Revlon—露华浓（Charles Revson）

Ken wood—建伍（Kenneth Wood）

（5）一些商标和品牌不使用发明家或创立者的名字，而使用一些有特别意义的名字，例如神话人物、电影、文学、历史人物等等。比如……

Nike—耐克（胜利女神，来自希腊神话）

Daphne—达芙妮（月桂女神，来自希腊神话）

Ariel—碧浪（莎士比亚剧本《暴风雨》中的精灵）

Chevrolet—雪佛莱（瑞士赛车手、工程师）

Lincoln—林肯（美国第十六届总统）

2. 源于地名的商标和品牌名

（1）有些商标和品牌的名称是公司的所在地，著名的风景景点，或者产品的原材料来源，比如：

Avon—雅芳（莎士比亚的故居 Stratfort-on-Avon 的河流名）

MURANO—穆赫拉（意大利东北部威尼斯）

Marlboro—万宝路（美国新泽西州的 Marlboro 城）

Longines—浪琴（瑞士的 Longines 市）

Kentucky—肯德基（美国的 Kentucky 州）

（2）除这些真正的地名外，一些商标和品牌还使用了一些文学或神话故事中的虚构地名，比如：

Shangri-La—香格里拉（美国作家詹姆斯·希尔顿的小说《洛城之家》中的一个地名，景色优美，宛若仙境）

Avalon—亚洲龙（亚瑟王及其圆桌武士安息的小岛，是西方神话中的天堂。）

Olympus—奥林巴斯（希腊神话中神居住的地方）

Eden Park—易登帕克（Eden 是《圣经》中的先民们的天堂）

Utopia—乌托邦（英国作家托马斯·莫尔提出的一个理想的公有制社会，源于希腊语中的两个单词：ou "没有"，topos 是 "地方"，两者加起来就是 "不存在"）。

3. 其他专有名词

有些商品使用特定的符号或名称，以唤起消费者的联想，起到促销的效果。比如桂格燕麦（Quaker Oats）的商标来源于基督教的教友会（也被称为 "教会" 或 "教友派"）。卡尔顿曾经是英国保守党的一个俱乐部，因为它的奢华而出名，所以它被选为 Ritz-Carlton（丽嘉）的品牌。

（二）来源于普通词汇的商标和品牌

一般词语的使用给商标和品牌带来了更多的创造性和选择空间，但是由于受到商标法的制约，一般词语的使用只能通过间接的方式来体现商品的质量、效用和实用性。英文中的名词、动词、形容词、数词等均可独立或结合而成。

（1）商标和品牌使用名词组成，例如：

Diamond—钻石（手表）

Apple—苹果（电脑）

Ivory—象牙（香皂）

Tide—汰渍（洗衣粉）

Crown—皇冠（轿车）

（2）用动词构成的商标和品牌，如：

Safeguard—舒肤佳（香皂）

Rejoice—飘柔（洗发水）

Whisper—护舒宝（妇女卫生用品）

Pampers—帮宝适（纸尿片）

Joy—喜悦（香水）

（3）用形容词构成的商标和品牌，如：

Paramount—派拉蒙（影业）

Extra—益达（口香糖）

Smart—醒目（饮料）

Universal—环球（影业）

Continental—欧陆（汽车）

（4）由数词构成的商标和品牌，如：

555—三五（香烟）

Mild Seven—万事发（香烟）

Channel No. 5—夏奈尔 5 号（香水）

7-Up—七喜（饮料）

Doublemint—绿箭（口香糖）

（三）来源于臆造词汇的商标和品牌

国外企业为了吸引顾客，往往会编造出一些词汇作为商标、品牌的名称，以追求新颖、独特的商标名称来吸引顾客，从而激起顾客的购买欲望。比如阿迪达斯、IKEA、宜家等。这些单词一般都是短小精悍，发音清晰，令人难忘。知名的国际品牌 Kodak 就是一个很好的例子。品牌创始人乔治·伊斯特曼曾表示，他喜欢"K"这个字母，因为这个字母看起来很有力量，很有气势，所以他在设计时，所有的商品都要先用"K"开始，然后再用"K"结束。Kodak 是照相机的标志，发音清晰，就像是按下快门声，生动地诠释了产品的特殊性质，激发了消费者的无限遐想。

另外，有些虚构的词语是设计师通过结合、缩小、变化、词缀等方法来创造的。它们易于在国际市场上进行登记，并且更具弹性，大多起到了提示商品信息、品牌形象等作用。在许多知名的国际名牌上，都有很多这样的新发明。

（1）组合法是将两个或多个单词组合在一起而形成一个新的单词。使用组合方法所产生的商标和品牌，例如：

Microsoft—微软（软件）

Maidenform—媚登峰（女士内衣）

Clean&Clear—可伶可俐（化妆品）

Beauty rest—睡美人（床垫）

Sunmaid—阳光少女（食品）

（2）缩写是把原有的字或短语合并起来，把它的一部分缩写出来，组成一个新的字。商标和品牌由以下简称组成：

（3）IBM—International Business Machines（计算机）

BMW—Bavarian Motor Works（汽车）

NEC—Nippon Electric Company（电器）

FIAT—Fabrica Italiana Automobili Torino（汽车）

Mobil—Mobile（润滑油）

（4）拼缀是指由两个或多个能够描述商品用途、性能和特点的词语，按照特定的规律将其组合起来。在假冒商标和品牌设计中，这是一种常用的方式，很多成功的设计都是这样，比如：

Duracel—金霸王，电池（durable+cell）

Sunkist—新奇士，橘子（sun+kissed）

Tampax—丹碧丝，卫生用品（tampon+packs）

Quink—昆克，墨水（quick+ink）

Contac—康泰克，药品（continuous+action）

（5）为了凸显产品的特性，商标往往会选择能够直观地描述其特性的词语。但是，在商标法中，设计者往往会使用"变位"的方式来改变这些词语的拼写和书写。经常出现的新单词和原来的单词是有关联的。比如……

Cuccess—臣功再欣，药品（success）

Reeb—力波，啤酒（beer）

Kompass—康百世，机械仪器（compass）

Up2U—由你，化妆品（up to you）

Nufarm—新农，农药（new farm）

（6）有时，生产厂家还会使用词语的前缀或后缀来创造新的词语，这些词语还具有表达特定含义的作用。比如……

Ultra-Brite—尤特白（牙膏）

Unilever—联合利华（日用品）

Kleenex—金佰利（纸巾）

Nutrilite—纽崔莱（保健食品）

Band-Aid—邦迪（创可贴）

第二节 英文商标、品牌翻译的原则

从表面上看，商标和品牌的结构是简明的，不受句子、段落、篇章等因素的制约，因此，它的翻译看似容易，其实并非如此。商标、品牌的译名既要体现其商品的特性，又要兼顾其民族文化特征，满足消费者的心理需求，同时又要做到文字简洁、易于上口、易于记忆等。

一、等效原则

在英汉语言中，商标、品牌等特有的翻译方式，尤金·奈达的"功能对等"理论更为适合。"功能对等"是指从语意到语体，以最接近、最自然的形式再现原文的信息。同时，读者的反馈也可以作为衡量其功能等值的标准。奈达认为，翻译是以读者为目的的，要判断译文的好坏，就要从读者的反应来判断；也就是对译文读者与原作读者的感觉是否相同。由于商标和品牌的传播特征（主要是通过媒体传播）和其商业属性（以销售产品为最终目标），因此，商标名称的翻译应与原有商标名称同样具有吸引力，从而激发消费者购买的欲望。也就是说，在商标名称的翻译过程中，要尽量保持与原有商标名称的"等效性"。在此，"等效性"的具体体现有：

（一）听觉感受等效

众所周知，商标的最大作用就是要吸引客户，激发消费者的购买欲。所以，语音是一种吸引顾客的方式。商标词语通常都有很好的音韵和朗朗上口的感觉。比如，OMO 的英文名称，其译文简洁、清晰、易于记住、构思精巧、寓意深刻。而若把它的英文读音翻译成"鸥眸"，就会比"奥妙"的发音和意义更差。

（二）理解反应等效

在商标词语的翻译中，应实现对其语义的等值。商标和品牌名称的翻译不仅要达到字面上的等值，还要具有功能上的等值；不但要把它的意思翻译出来，而且要根据原有的意思进行拓展翻译，也就是联想性和象征性。译名应该让使用者在阅读后得到与原文读者同样或类似的感觉。因此，商标、品牌的名称在源语中的意义往往不那么明确，它的独特性才是最关键的，它必须能够体现出产品的特征。一个更好的例子是可口可乐的译名，它强调了饮料的特点，同时也充分地体现了人们在饮用它之后的喜悦。如今"可乐"已成了当今世界里的一种代名词，可见一个好的翻译对人们的影响有多大。一个好的品牌名字会使人想起产品的优良质量和优秀的性能，它能满足人们对美好事物的向往，使人对产品有一种认同和购买的愿望。比如 Pepsi-Cola 的英文商标是一种类似于汽水的气泡，si 是一种类似于汽水的"嘶"响，听起来就像是听到了什么东西，恨不得立刻就把它买下来喝上一口。

二、简洁原则

"简洁"意味着要简短、容易识别和记住。汉语的商标音节构成存在着"双音化"现象。这是由于汉语构成成分的复合词多为两个音节，而以单一音节词为主要成分的古代汉语词汇，在近代汉语中，绝大部分都是双音节。现代汉语中有很多常用的三个字，现在已经被两个字代替了。汉语商标的发展趋势主要体现在汉语商标的两个音节上，比如美的，海信，波导等。英语中的商标词语在构成音节方面不受约束、不受限制，具有很强的自主性。比如：

1 个音调：Nike，Sharp，Peak

2 个音调：Avon，Cerox，Sunkist

3 个音调：Darmane，Pizza Hut，Safeguard

4 个音调：Motorola，Electrolux，Pierre Cardin

英汉商标词语在构成音节数量上存在差异，因此，在英语商标及品牌的翻译中，应尽量将其译名与汉语特征相适应，并对其音节长度的外文词语进行适当的修改。在实际应用中，大部分的外国商标或品牌的翻译都在 2-3 个音节以内，其中以双音节居多，符合汉语的最佳音长范围。比如，把"麦克唐纳"改成了三个字母的缩写"麦当劳"，因为它既能让人感觉简单，也能与中国人的姓氏相适应。德国著名的汽车梅赛德斯-班兹，最初被译为"莫塞得斯·本茨"，之后又被译作"奔驰"。这个名字简单明了，充分体现了它出色的驾驶性能和超高的速度。同样地，Rolls-Royce 被翻译成"劳斯莱斯"，这一点要比"罗而斯·罗依斯"的翻译更加清晰易懂。此外，洗发水 Head&Shoulders（海飞丝）、宝洁（Procter&Gamble）等品牌，也都是以简约为主，省略了一些名字。

三、审美原则

商标翻译的正确与否，将直接影响到产品在世界范围内的定位，从而影响到企业文化的交流。在当今世界经济与文化的激烈竞争中，商标的翻译必须具有鲜明的个性、丰富的内涵和美感。因此，商标和品牌的翻译必须遵循审美的基本原理，使其达到音形意韵的完美结合。

（一）音美

音韵美是指商品名发音响亮，节奏清晰，富有乐感，能使人在听觉上获得愉悦。商标词语的英译应注重其音韵之美。从美学的角度来说，人在欣赏和感受韵律的时候，就会有一种期待的感觉。商标和品牌的英译要充分利用汉语的独特的声调方法。例如"登喜路"

"佳洁士""斯沃奇"等与音强度相关的四个音节，让这个品牌的发音抑扬顿挫、铿锵有力、朗朗上口；还有与声韵一致相关的双声、叠韵，例如 TaTa（大大），使得商品名称的译名发音清晰、节奏协调、富有音乐感觉。

（二）形美

在商标和品牌词语的翻译中，"形象美"是指商标、品牌的译名要保留原有商标的形态特点，并使用优美的词语。比如 Flora（芙露）、佳美（Camay）等。同时，译者应针对不同的商品，选择具有鲜明特征的词语，例如：美国 Polaroid 公司的摄像机被翻译成"拍立得"，而具有同样商标的眼镜被翻译成"宝丽来"，这充分说明了这个商标在不同的产品中的应用。类似地，Dove 在用作品牌的肥皂时，翻译成"多芬"，让人联想到水嫩如丝；而在巧克力的商标中，也被翻译成"德芙"。

（三）意美

商品的翻译不仅要有良好的读音，还要能使品牌的内涵更加生动、更加具有其独特的魅力和意境，从而引起消费者的想象与联想。比如美国著名的"Cutex"（源自拉丁语"表层"，以及商标中常用的后缀-ex），就代表着光彩照人，被翻译成"蔻丹"，音意兼备，在市场上取得了良好的效果。内衣品牌 Maidenform 的意思是"少女体态"，中文翻译成"媚登峰"，充分体现了女性的美。再看看 Marlboro，让人联想到万宝路，就是一条生命的道路，充满了无限的财富。还有"海飞丝""利步"，这些名字一听就知道是什么牌子。

四、合法原则

目前，世界上许多国家都已出台了商标法，以保护商标专用权，并对其进行规范。中国于一九八二年八月二十三日，第五届人大常委会第二十四次会议通过《中华人民共和国商标法》。一九九三年二月二十二日，七届三中全会、九二、二十四次全会，修正、修改《商标法》。《商标法》明确指出：①与中华人民共和国的国家名称、国旗、徽章、军旗、勋章相同或者相近，或者与中央国家机关所在地的具体场所的名称、图形相同；②除非经政府许可，否则与外国的国家名称、国旗、国徽、军旗相同或相近；③在得到组织许可的情况下，与政府间国际组织的名称、旗帜、标志相同或相似，但不会使公众产生误解；④除了授权以外，与表明实施控制和保证的官方标志、检验标志相同或相近；⑤在名称、标志上与"红十字""红新月"相同或相近；⑥具有民族歧视的；⑦夸张的，具有欺骗性质的；⑧）对社会主义道德风尚造成损害或造成其他不良后果。

毫无疑问，商标的翻译也必须严格遵循商标法，否则将受到法律和市场的制裁。比如，法国塞诺菲公司生产的"Opium"男士香水，在中国市场上被翻译成了"鸦片"，这意味着这种香水一旦被试过，就会像鸦片一样，永远不会停止。然而，这个牌子的香水非但没有吸引到顾客，反倒成为了众矢之的，受到了严厉的批评，被工商部门禁止销售。

这是由于历史原因，中国人对鸦片深恶痛绝，被视为西方势力入侵中国、残害中国民众的一种手段。鸦片战争就像法国人的"滑铁卢"一样，在中国人的心里留下了永久的伤痕。法国公司在商业上遭遇了严重的失败，因为它无视了中国"鸦片"的文化意义，也违背了中国商标法。

第三节　商标、品牌翻译的方法

在商标和品牌的翻译中，译者不仅要精通英汉两种语言，还要具备市场、广告学、消费心理学等方面的基础知识。同时，还要考虑到民族、文化差异等因素的影响，使得商标和品牌更符合汉语文化的表现方式，满足人们的审美心理，因此，商标和品牌才会被人们所接受。通常，商标和品牌的翻译方式有：

一、音译法

音译就是根据英文商标词的读音，用与其语音接近或相同的汉语词语来进行翻译，而不会违反译语的语音规范，避免产生错觉。通常，这种方法主要是指英文商标的翻译，如专有名词、造词等。通过音译的方式，大多数商标都能保持原有的音韵美感，同时也能反映出商品所蕴含的异域风情。比如：

Icarlus—伊卡璐（洗发水）

Addidas—阿迪达斯（体育用品）

Louis Cardi—路易·卡迪（皮具）

L'oreal—欧莱雅（化妆品）

Motorola—摩托罗拉（手机）

然而，音译并不要求将英文的读音与汉语的读音完全一致，而要依据上述四项基本原理，特别要从货物的性质出发，对译入汉语后的语义进行适当的调整与灵活。英文商标的音译，在选择汉字时，既要考虑其产品特征，又要考虑中国消费者的心理，使其产生良好的联想。例如："Pantene"这个词的音义是"潘婷"，它的意思是简单、有意义，使人想起一个亭亭玉立、长发飞舞的姑娘。Clean&Clear的音译是"可伶可俐"，它保持了原有的品牌的原创性和清脆的发音，同时也迎合了活泼的年轻人的喜好，使其具有清新可爱的感觉，因此深受消费者的喜爱，起到了宣传的作用。

二、意译法

商家在确定商标、品牌名称时，往往会赋予其特定的含义，以使其更好地反映其产品的性能与质量。举例来说，日本电力公司拥有一家知名的电子产品"Pioneer"（先锋），这是一款具有锐意进取、高品质的产品。在这种情况下，我们往往采取意译的方法，即在保留原有的商标含义的前提下，采取灵活、创造性的方法，以使译文尽可能地与目标语言的语言习惯相适应。苹果、骆驼、鳄鱼、花花公子，都是意译。意译又可分为直接翻译和创造性翻译两种。

（一）直译法

直译法就是在不违反译文的语言规范的情况下，保持原文的意思，避免产生错误的联想。比如，原文中的比喻、原文的形象、原文所蕴含的文化特征等。这种方法可以用于一般的术语和一些虚构的词语组成的商标。比如：蓝色小汽车的品牌，就是"蓝鸟"。Bluebird 是比利时戏剧家莫里斯·梅特林克创作的"Bluebird"的神话，象征着幸福、光明和爱情。而汉人也有类似的故事。中国的"青鸟"是西王母的信使，相传西王母曾经向汉武帝写过一封信，而这封信的人是一只青鸟，它将这封信带到了汉宫的承华殿。此后，"青鸟"又被称为"信使"。在中国古代，有很多优美的诗句，比如唐代李商隐的《无题》："蓬山无路，青鸟来寻。"杜甫《丽人行》中的"杨花雪下盖白苹，青鸟来接红绫"；李璟在《浣溪沙》中作了一首诗："青鸟不在云外信，丁香在雨中结。""青"在汉语里和"蓝"是同义词，所以即使是直接翻译成"蓝鸟"，中国消费者也可以清楚地理解它所包含的美丽含义。英文商标也有许多相似的直译，例如：

Microsoft—微软（软件）

Shell—壳牌（润滑油）

Diamond—钻石（手表）

American Standard—美标（洁具）

Blue Ribbon—蓝带（啤酒）

（二）创意译法

一些英文商标和品牌，若被直接译成中文，其汉语含义就会与其商品的性质格格不入，或者是完全没有意义。创造性翻译是指在翻译过程中，突破原有商标的字面含义，以汉语的形式，通过语义的扩展，达到翻译的效果。比如，"Sprite"这个词的原意是"精灵、妖怪"，但如果用这个名字，中国人可能不会理解和接受。通过创造性的译法把它译成"雪碧"，使它的晶莹剔透、清凉爽口的特性更加形象地展现出来，因此受到广大消费者的青睐。类似地，宝洁的洗发水品牌 Rejoice，其原意是"快乐、高兴"，将其翻译成"飘柔"，它突破了原来的"原意"，将其与柔软、飘逸的头发联系起来，从而体现了产品的特性。还有许多其他的翻译方法，比如：

Crest—佳洁士（牙膏）

BMW—宝马（汽车）

Ariel—碧浪（洗衣粉）

Scott—舒洁（纸巾）

Sport life—魄力（口香糖）

三、音意结合法

音意结法是指在译语中，根据原商标或品牌的特点，寻找与原语相同或相似的音节，同时又能反映商品的某些特点。这是一种把音译和意译结合起来的一种翻译方式，它既要保证名称与本名的同音，又要包含含义，能体现商品的一些特点，从而让消费者从译名的发音和词义中产生与其有关的联想。该方法适用于专有名词、普通词汇和虚构词汇。在实际生活中，音意兼备的品牌数不胜数。比如，美国著名的品牌化妆品 Revlon，取自其公司创始人查尔斯·雷弗森的名字，取自李白《清平调》中的一首诗："云穿一件衣服，一朵花开，一朵春意盎然。"Nike 是一种著名的运动品牌，最初的意思是希腊的胜利女神，翻译为"耐克"，象征着坚强、坚韧、无敌、必胜的意义，这也符合"胜利女神"的原意。美国西蒙公司也是如此。这家公司生产的"Simmons"，中文翻译是"席梦思"，它不但发音和原意相近，还结合了产品的特点，给人一种甜美的梦境般的感觉。还有一个例子，那就是：

Timex—天美时（手表）

Tide—汰渍（洗衣粉）

Safeguard—舒肤佳（香皂）

Benz—奔驰（汽车）

Head&Shoulders—海飞丝（洗发水）

四、半音半意法

半音半意法是指商标和品牌词语的一部分是音译，另一种是意译。通常，在翻译过程中，翻译的结果往往是基于其他翻译的结果，并以其象征意义为指导。例如，在日用消费品公司 Unilevel 中，"uni"的意思是"联合"，"level"是"利华"。"联合利华"的翻译，隐含着一种"中外合作，对中华有益"的意味，以迎合大众的心态，对中国的产品也是有益的。还有一个通信设备的商标 Truly，它是用"true"和词缀"ly"结合在一起的，"true"是"真实的"，所以它的意思是"信"，"ly"是"利"，它的意思是，这个牌子的质量是值得信任的，而且是一个吉祥的意思。类似的例子还有中国的Oil of Ulan（玉兰油），现在英文商标 Oil of Olay 和 Goldlion（金利来）在全球范围内被统一使用。

五、零译法

顾名思义，就是将英文商标和品牌的汉语翻译过程原封不动地移植到汉语中。该翻译方法简便易行，特别适用于英文商标名，如名字太长，难以用汉语进行清晰的说明。比如美国的IBM，几乎没有人把它叫做"International Business Machine"，而直接称呼其为"IBM"；类似的，韩国企业LG也很少以英文名称来称呼乐喜金星集团。像SKII（化妆品）、H2O（化妆品）、555（香烟）、JVC（音响）等等。

第十章　商品说明书跨文化翻译的技巧与实践

第一节　商品说明书的结构和语言特征

一、商品说明书的内容

商品说明书，又称为"商品使用说明书"，是对商品的结构，性能，规格，用途，使用方法，维修保养等的文字说明。本手册是由厂家提供的销售手册，用以指导顾客正确地使用所购买的物品，避免由于使用不当或保管不当而导致的不良结果。英语中的商品说明书一般有三个意思，分别是：结构，直接，描述。商品说明书具有以下特征：内容科学、说明结构、风格多样、语言通俗、文字广告等。下面按实际需求有选择性地或重点地解释如下：

（1）产品的基本情况。包括商品名称，规格，成分，产地等。

（2）特性，性能，特点。

（3）如何运用。有些配有图片，介绍各部件名称、操作方法和操作要点。

（4）维护和保养。附有图表，说明维护、排除一般故障及特殊的维护办法。

（5）一组货物的详细情况。仅在一批货物中列出该项目，并以其名称及数量为准。

（6）辅助零件和刀具。

（7）随函附上《客户意见》或《系列产品订购单》。

二、商品说明书的结构

商品说明书通常分为两大类：一是标题，二是主体。本手册内容繁复，可印制成折子、书本等，故有封面、目录、前言、正文、封底等。这种书籍型的机械和成套设备的出口已广泛使用。

（一）封面

通常有"说明书"和工厂名称，有些还印有商标，规格型号，商品的标牌和图样，为了加深客户的印象，可以附有商品图片、图案、表格。封面的题目，要有很大的吸引力。

（二）前言

在序言中，有些是以信件形式出现，有些则是以简略的形式出现。

（三）标题

通常，一个说明书的标题没有一个广告的标题那么重要。因为对于一个顾客而言，不管购买什么商品，哪怕没有说明书，他都会仔细地读一遍。所以，在英文的产品说明中，有时候不会出现标题。当然，这并不意味着商品说明书的题目是无关紧要的。因为从广告的效果来看，说明书的标题还是很重要的。

（四）正文

这是本手册的主要内容。通常是商品的性能，规格，使用和注意的问题。由于不同的产品的特性和使用不同，所以不同的说明书中的描述的方法也不同。比如：药品的使用说明书一般包括成分、主治、用法和用量、注意事项、禁忌、副作用等。而在电子产品的使用说明书中，一般会包含产品的特性、性能、技术指标、操作程序和注意事项。对于一些特殊的商品，它的描述甚至包括包装，净重，体积等。因此，本说明书的正文应该包括哪些内容，要视产品的具体情况而定。一般而言，必不可少的是：适用范围，使用方法，以及使用时的注意事项。

（五）封底

为了便于使用者联络，通常在封底上注明厂址、电话号码、电报挂号等。三、商品说明书的语言特征

商品说明书的使用范围非常广泛，其形式和内容也各不相同。简单的印刷在产品的外包装上，文字简短，简洁；复杂的操作手册是一份与产品一起提供的手册。但是，它们的语言使用都表现出以下特点：

（一）准确性

说明书是科学地描述产品，要求用词精确、恰当、严谨、客观，以便为用户提供正确的指引。

（二）通俗性

商品说明书主要针对不同的读者，不同的读者具有不同的文化程度和不同的理解能力。所以，文章要易于理解，便于读者正确地使用某些产品。

（三）明确性

商品说明书的文字要清晰，不能含糊不清，不能说得模棱两可，否则会造成误会。所以，在句子的表述上，要做到简洁、精炼，避免使用长句，这样才能让人一看就明白。在形式和结构上，尽可能地使用分开的或条目的形式，或按要求使用表格、图表、图片、符号等人造语言符号，向顾客介绍商品的结构、功能、特点、维修保养等知识。

（四）说明性

商品说明书中的语言都是单纯的说明性语言，并不追求语言的生动和华美。制作人员要区分广告语，切忌描写，抒情，谈论，夸张，玄幻。

第二节　商品说明书的词汇特点及翻译

商品说明书是与产品一起寄来的一份书面资料。从药瓶上的只言片语，到介绍整个技术设备的使用情况，再到数万、数十万、数百万字的说明书。英文商品说明书中有关产品的描述通常涉及到特定领域的特定术语，所以在英文商品说明书中，专业术语的翻译是一个重要而又困难的问题。要做到正确的翻译，就必须要了解这些词语的组成和特征，正确地把握特定语境中的专业词语的含义，并根据实际情况灵活地使用各种不同的翻译方式来决定。

一、英文商品说明书的词汇特征

英语说明书是一门用以描述相关的产品英语。从词汇水平看，它和基础英语之间没有绝对的界限，但它是一种特殊的语言形式，它的结构特点是英语语言的特点。在科学技术英语中，除了一些专有名词以外，大多数都是以官方语言的形式存在。使用正规的文本，有助于规范产品的使用。译者应善于运用各种形式的词语，并在翻译过程中实现"忠实"，使原文的风格得以体现。另外，在运用英语构词法的时候，可以通过借用、组合、转换等多种构词方法来表达新的含义，因此，商务英语译者必须熟悉词汇的构成特点，从而准确地理解和翻译词汇。

（一）普通词汇专业化

商品说明书中的一些专门术语，是在给一般英语单词赋予一定的新含义之后才出现的。这些词语在英语中已经存在很长时间了，但其意义却不尽相同，因此，在英文产品手册中，一般英语词汇就变成了一个专门的名词，有着特殊的意义和习惯用法。举例来说，下列单词将出现在与电脑产品相关的说明书中：

英文单词	作为普通词汇的意义	作为专业词汇的意义
brick	砖	程序块
Bus	公共汽车	总线
Instruction	指导	指令
Memory	记忆，记忆力	（内）存储器
Monitor	班长	监视器
Mouse	老鼠	鼠标
Program	节目，规划	程序，编程
Package	包裹	软件包
Grandfather	祖父；外祖父	原始文件

在药物的使用过程中，我们经常会碰到一些常用的英语和具有特殊意义的词语。比如……

英文单词"poor"的意思更多，一般翻译成"贫穷"或"智力低下"，而"poor health"与"poor appetite"则可以翻译成"身体虚弱""食欲不振"。

（二）词汇的多专业化

也就是说，同一种英语中的通用词，不但被某一种职业所采纳，也被其他学科所采纳。例如：传输——发射、传输、透射、遗传；动力——电力，电源，动力，功率等。但是，汉语中并没有出现相同的词义多元化的倾向，汉语的传统趋向是专词专一性。这就要求译员在一定程度上能够准确地理解和翻译这些术语，并将它们与其所在的行业联系起来。

（三）借用外来语

科技英语中的一些词语来自于外来语。当今世界，新产品不断涌现，特别是高技术商品说明书中的技术名词也在不断增加。有些新兴技术名词（及其衍生词）常常从其他语言中借用，拉丁语和希腊语在英语技术词汇上有着悠久的历史。根据语言学家的研究，在10000个英语单词中，拉丁语的直接或间接的占46%，希腊语占7.2%。在英文的药物使用说明中，这个比例更高。英文药物使用的很多技术名词都是从拉丁语和希腊语中衍生出来的。例如：叶绿素（chlorophyll），静脉穿刺放血（pupuncture）。

（四）大量运用合成词

科技英语中大量的复合词是指在现有的词语基础上，通过结合词缀、拼缀等方法来形成新的词语。它不受英语语法对语序的限制，具有更大的灵活性。比如……

Transceiver（transmitter receiver）无线电收发器

Hi-tech（high technology）高新技术

high resolution（high+resolution）高分辨率

Radio photography（Radio+photography）无线电传真

Colori meter（Color+meter）色度计

On-and-off-the-road（多词合成形容词）路面越野两用的

（五）运用缩略词语

缩略语简单易记，在实用科技英语中普遍运用。英文说明书在对不同的商品进行介绍时，也会涉及到一些特定的缩略语。例如：

DNA（deoxyribonucleic acid）脱氧核糖核酸

IC（integrated circuit）集成电路

UPS（uninterruptible power supply）不间断电源

CAD（computer aided design）计算机辅助设计

RAM（random access memory）随机存取存储器

I/O（input and output）输入输出

FM（frequency modulation）调频

B. P.（blood pressure）血压

cap.（capsule）胶囊

F.（Fahrenheit）华氏

IU（international unit）国际单位

二、商品说明书中英文词汇的翻译

（一）词汇的翻译原则

翻译和商品手册的翻译一样，都是一个理解和表达的过程。英语术语的翻译应该把"含义"与"传达信息"放在首位。翻译的品质是能够正确地传递原文的内容、表达作者的意图、不扭曲原文、不误导读者。其次，英语术语的翻译也要注意语言的纯正和专业性，不能把译文的语言弄得平淡无奇。第四，英语手册的翻译要做到语言简洁、不拖泥带水。简言之，翻译应遵循三个基本原则：①要精确，即要能把原文的意思表达出来，这样，译者就可以从译文中获得更多的信息；②要地道，所谓地道，就是指翻译的文字要有一定的技术含量，是专业术语，并能与产品所在行业的语言特征相一致；③要精练，所谓精练，就是不含糊，是对原文的信息和思想进行提取和提炼。

（二）词汇的翻译方法

1. 意译

意译是指把英语中的技术名词原语的技术含义，采用具有相同意义的译文。翻译要做到恰到好处，名字和现实越接近。这种翻译方式与奈达的动态对等原理相吻合："译文接收者与译文信息的关系应当与原语接收者和原语信息的关系基本一致。" 所以，在英语技术术语的翻译中，我们应该尽可能地使用意译法。比如……

Power tool 电动工具

Power shaft 传动轴

Reduction gear box 减速齿轮箱

2. 字面译

在英语中，许多新词语都是从旧词语中获得了新的含义。这些词语往往具有隐喻的特征，在语音、形、义（包括客观事实和概念结构）方面都具有相似之处。比如：英语中的 "menu" "firewall" "window" 等词语的翻译，就是将汉语中的老单词，加上 "菜单" "防火墙" "窗口"。当读者对这些名词习以为常，也就是旧词新义得到了广泛的认可之后，就会自然而然地消失。

3. 音译

所谓音译，就是利用英语中的技术名词的读音，把目标语词汇的发音和译文进行比较。音译是指具有某种审美成分的译文。科技名词的音译有计量单位、新型材料、产品名称等。例如：索纳尔声纳、赫兹、gene 基因、克罗恩克隆、vaseline 凡士林。

4. 半音半意译

一些专门术语采取了部分音译和部分翻译的方式。例如：互联网，Monel metal 金属蒙乃尔合金，逻辑回路，多普勒多普勒效应。

5. 形译

在技术领域，通常使用外文或英语词汇来描述某些技术相关的图像。在翻译过程中，可以照抄、改译为具有相似字型或具有相似概念的汉字。形译可以分为三类：

第一种，是不翻译的原始字母。

例如：O-ring　　　　　O 形环

　　　S-turning　　　　S 形弯道

　　　X-ray　　　　　 X 射线

　　　A-bed plate　　　A 形底座。

第二种，翻译时使用汉语中的类似词语。

例如：steel I beam　　　工字钢梁

　　　T2bolt　　　　　丁字螺栓

　　　O-ring　　　　　环形圈

　　　L-square　　　　直角尺

第三种，翻译成能够描述它的图像的单词。

例如：U-bolt　　　　　马蹄螺栓

V-belt　　　　　三角带

T-bend　　　　　三通接头

twist drill　　　　麻花钻

6. 移植译

所谓移植译，就是按照字典中的词义，把单词中的每一个词素的意思，逐个翻译出来。在翻译衍生字和合成字时，常用的是"microwave 微波, information superhighway 信息高速公路"等。由于这些术语既冗长又繁杂，通常都是用科学英语的基础词素组合而成，因此，大部分都是移植翻译。

7. 采用外文缩写词

英语的缩略语是科学名词中的一大部分。如果把这些词语译为汉语，就会显得拖拖拉拉、冗长，所以往往不需要翻译。在计算机、化工、生物等领域，这些非翻译的英文缩略词尤其普遍，如：BASIC、ISDN、UFPP、DNA。

因此，在英文商品手册的翻译过程中，译者必须充分利用自己的专业知识和正确的翻译手段，对有关商品或产品的行业术语进行创造性的翻译。在选择一种特定的翻译方式时，译者必须充分了解本专业术语的意思，并尝试将其译成不同的译名，并进行对比，最后选择一种。英语商品说明书是一种技术类的产品，它的文体结构严谨，语言表达精确，具有自己的特色。要做好英文商品手册的翻译，除了英语基础扎实、汉语造诣高之外，还要具备丰富的专业知识。

第三节　商品说明书的句法特点及翻译

商品说明书是技术实用文体中的一种。科技英语在体例、用词、语用、修辞等各方面都有其独特的风格特点。其句式的特点主要有：多复句、多长句、多祈使句、n 句型。而在实用技术英语中，商品说明书是一种特殊的文体，它的内容、形式、格式和句子结构都与其他科技语言有着很大的不同。商品说明书起到了为顾客提供产品性能、功能、生产工艺和使用方法等方面的作用。它的主要内容包括：产品的安全使用，工作原理，技术参数，结构，安装和调试，操作和维护。因此，和其他科技论文相比，说明书上的语句都要短得多，很少有像"叠床架屋"这样的繁复句。英文商品说明书中使用的句子类型呈现出多样化的特征。首先，根据国内和国际相关标准文件的规定，在本说明书中，一个句子最好仅包含一个请求（One sentence）。所以，商品说明书的句子一般都是简洁易懂的，力求用简洁、准确的语言，客观、真实地介绍商品的性能、特点、使用方法和注意事项。说明书以使用简单句为主，较少使用长句及复合句。其次，经常使用祈使句和无主语的省略句。再次，广泛地使用被动语态。最后，商品说明书普遍采用非谓语动词结构即分词短语、动词不定式和动名词短语替代定语从句和状语从句。

一、祈使句的使用

祈使句可以用来表达请求，命令，建议等；在英文产品说明中，更多地被用来作为提示和指令，并起到了突出的作用，经常被用在 "Precautions"，"Warnings"，"Safety Instructions"，"Contraindications"（禁止使用），等等。所以，在英文商品说明句中普遍使用祈使句是一个显著的特征。这种祈使句通常不采用有动作的名词化结构，而是采用较多的表示清楚的动词，以体现"指示""叮嘱"的意义，并充分利用语言的"命令"和"告诫"的作用。如 install…，make sure that…，place…，turn…replace…check to see that…connect…，adjust…，remove…等加宾语的结构。

例 1：Ensure the correct alignment of the "+" and "–" marks.

译文：请确保在"+"和"–"之间的位置上。

例 2：Before servicing or cleaning the head, roll, etc., the AC supply lead is removed.

译文：断开交流电源，清洗磁头，压轮等零件。

说明书的表述通常较为简练，并且由于通用的商品说明书的篇幅有限，因此通常采用简单句、祈使句，甚至是句段。同时，汉语说明书的翻译要简洁、清晰，突出产品特点。此外，因为商品说明书往往要对所使用的环境、目的、条件或后果作出限定的解释，因此，有些祈使句往往还包括作目的状语的不定式、时间或条件状语从句等。

例 3：wash your hair well, After applying the mixture.

译文：在染发之后，一定要把头发完全清洗。

例 4：If you want to stop recording, press the Pause button.

译文：按"暂停"按钮，可以停止录制。

二、被动语态的使用

被动结构可收简洁客观之效。商品描述着重于说明，突出了客观性和准确性。第一个和第二个人称的次数太多，会给人一种主观的感觉。所以，应尽可能地运用第三人称的形式，而采取消极的语气。

例 1：Care should be taken of the machine's working temperature.

译文：要留意机器的工作温度。

例 2：The present stations and time retained for about 2.5 hours after the battery is removed.

译文：即使去掉电池，原有的电台和系统的时间也可以保持 2.5 个小时。

例 3：Absorbed by human body, it can promote bone cell synthesis.

译文：该产品对人体具有良好的吸收作用，可加速再生骨细胞的形成。

例4： The outer foil is very thin. If handled improperly，it is easy to break.

译文： 由于外网刀具很薄，如果操作不当，会导致刀片损坏。

三、非谓语动词结构的使用

产品说明需要尽可能清晰、简洁、精确。因此，只要有可能：

（1）在定语从句或状语从句中常用的分词短语；

（2）在副词或并列子句中，多采用分词独立结构；

（3）在不同的子句中，经常使用不定词组；

（4）经常用动词和动词词组来替代定语、状语等。

非谓语动词的结构使得说明书结构简洁、表述简洁、便于理解和可操作。这个结构在许多的商品说明书中都有，而且数不胜数。下面对一些在商品说明书中出现的各种非谓动词的句型以及它们的译例进行总结与分析。

（一）分词短语

1. 分词短语作定语

在定语中，分词通常遵循"分短先分"的原则。当一个-ing 或-ed 分词作为定语时，通常会放在它所修饰的名词之前，而-ing 分词或-ed 分词构成的分词词组通常会放在它所修饰的名词之后。在汉语中，不管是前面还是后面，通常都不需要把逗号分隔开来，而"的"则是被修饰的动词的前置定语。

例1： Fig. 8 illustrates a cell that is connected across a load.

译文： 图8 所示为一组电池的换装。

例2： Huan he brand quick-dissolved pearl powder is refined through modern biochemical technology from super fresh water pearls produced in Zhuji city

译文： 惠和牌速溶珍珠粉是以诸暨优质淡水珍珠为主要原料，经过现代生物化学工艺加工而成。

但是，有些情况下，作为定语的分词短语在汉语中要适应语境，才能使译文更流畅。一般情况下，用"这""这些""此""该"等词来代替分词；也可以翻译为"它""他""它们""他们"等人称代名词。如果前面两个句子的意义发生了变化，可以加上"但""却""然而""而""可是"等等。这些重复的名词或翻译出来的代词，在后面的句子里，都是作为主语的，而把分词翻译为句子的谓语。

例3： Let's take a good look at Figure 2，which shows how heat causes it to expand.

译文： 让我们近距离地看一看图2，这张图片展示了热量怎样使其膨胀。

例4： The electronic computer，which has a lot of merits，is unable to perform the creative work and substitute for the human.

译文：尽管电脑有许多好处，但是他们不能做创意工作，也不能替代人。

在包含明显条件、时间、原因、让步等状语意义的情况下，分词片语往往与其所修饰的名词相分离。除了用来表示"它"和"它们"的动词以外，还应该翻译为副词。按照整句话的含义和汉语的习性，可以在"如果……""假设··""当……时""……时""因为……"等词语中，让这段话变得流畅、通顺。

例5：The evaporation of water is transformed from a liquid into a gas.

译文：在汽化的过程中，水会由液体变为气体。

2. 分词短语作状语

在用分词短语做副语时，其逻辑主语通常是主句的主语，因此所确定的主语或过去分词与主语被动关系在理解和翻译中起着举足轻重的作用。分词短语做副词，用于修饰主句中的谓词，以修饰或说明主句中的动词，表明其发生的时间、条件、理由、让步、结果或伴随条件等。它的位置可以在句首、句尾和句子之间，通常以一个逗点和主句隔开。开头的句子往往表示时间，条件，原因；处于句子结尾的通常表示结果、方式或伴随情形等。一般情况下，汉语中的副词通常都是置于句子的开头。

例1：For dubbing, it is recommended that you use a new battery or that Set to the main source.

译文：在进行复印时，最好是采用新的电池，或是把它与 AC 的电源连接起来。

例2：It will not melt unless it is heated to a certain temperature.

译文：当它被加热到某一程度时，就会融化。

在做条件状语的时候，可以把它翻译为"如果……""只要……"如果在分词之前有一个连接词 if（如果），则可以根据它的意思直接翻译（除非，没有）；如果在分词之前加上一个"when"，包含了一个明显的条件含义，那么通常不把它翻译成"当……"，而是把它翻译成"如果……"。

例3：Cracks won't come out clean unless they are treated with ultrasound.

译文：只有用超音波，才能使裂缝干净。

例4：Taken by the pregnant woman, it is helpful to the development of fetal skeleton and the intelligent development of the baby.

怀孕妇女吃了，对胎儿的骨骼生长和智力发展都有很好的效果。

3. 独立主格结构

在分词或分词词组做副语时，其逻辑主语往往是主句的主语，而在某些情况下，分词结构也会有自己的主语，这种情况下，我们把它叫做"独立主格"。

在翻译过程中，独立主格和分词短语的翻译方法是一致的。

例1：Since the friction is so great, we must be careful not to wear them out too quickly.

译文：因为有较大的摩擦，所以要注意避免机械零件的磨损。

在此，应指出两个问题：第一，在表达伴随情形时，通常用来补充或对比主句的意义，其意义并不密切，翻译时往往不加词句，而是将其译为单独的句子。

例2：There are many types of steel, and each of them has its own industrial applications.

译文：钢的种类很多，每一种都有其不同的用途。

此外，一般情况下，诸如"Other conditions（factors，things）being"和"all Things considered"之类的"前提"，可以在翻译中加上"如果……""假若……""要是……"等等。

例3：The other conditions are the same, and the pressure is still constant.

译文：在其他情况相同的情况下，压强是不会改变的。

另外，在产品说明中，常用的是"with+名词+动词+其他元素"组成的片断，也是一个单独的主格。作为副词，表示伴随，条件，原因，方式等。在汉语中，通常情况下，with 是不翻译的。但如果开头是"without"，那就应该把 without 翻译出来。

例4：Check the temperature of a bowl of water with two hands held side by side.

译文：请将双手伸入水里，测试一下水温。

例5：It may be hot with out the motion in it being visible.

译文：虽然看不清里面的活动，但还是可以加热的。

（二）动词不定式

动词不定式可以作为句子的其他组成部分，但不能作为谓语。所以，
在商品说明书中广泛使用，经常用于替换不同的分句。

Note 1：To obtain the best performance and ensure that you will not be in trouble for years, please read this manual carefully.

译文：为了让机器的工作性能达到最好，使用寿命长，不会出现任何问题，请认真阅读使用说明。

例2：Titanium is so tough that it can endure a lot of heat.

译文：钛的硬度足以承受高温下的重载。

例3：The effort to control corrosion involves coating the metal with an inactive substance.

译文：在金属表面镀上一层惰性物质，防止生锈。

下面的句子就是专门的。

（1）"介词+which+动词不定式"的句型。

例1：In this situation, the optimal selection for the axis about which the torque is to be calculated is at the bottom of the ladder.

译文：在这个例子中，对于计算扭矩的旋转轴线来说，最好是在阶梯的下面。

例2：This type of meter is called a Multimeter with which to measure electricity.

译文：这个仪器叫做万用表，是用来测量电力的。

（2）"the ability（tendency 等）+of A to do B" 的句型。

例1：A few factors influence the storage capacity of a capacitor.

译文：电容的贮存容量受多种因素的影响。

例2：Interference from light waves places a limit on every telescope's ability to see the details of an object.

译文：光波对天文望远镜分辨事物的影响是有限的。

（3）表示"以便……"这个目标状词的一个不确定的构造。时间不确定性

逻辑主体并非作为后一句的主体，它可以作为非动词的副词。

例：In order for a transistor to function properly, it is necessary to apply an appropriate voltage to the electrodes of the transistor.

译文：要想让三极管工作，就得在它的电极上加一个适当的电压。

第四节 商品说明书的翻译原则

商品说明书的翻译实质上就是一种为了达到跨文化、跨语言的目的而设计的一种复杂的行为。在商品说明书的翻译中，译者扮演着三个角色：译者，它的功能是实现商品说明书翻译的目标；翻译用户，主要是指产品的生产者和卖方；翻译接受者，是指目标语言市场中广泛使用的用户。在商品说明书的翻译中，译文是一种跨文化的交流，它是在译者的协调下，以原文为出发点，面向不同地域的译文读者。它的基本目标是：依据顾客的心理、文化需要，向顾客传达基本的商品信息，以说服顾客，激起顾客的购买欲望，促进产品的销售，最终实现企业盈利。诺德的目的性理论认为，翻译是指通过翻译行为来影响目标读者，从而实现翻译目标。在商品手册的翻译中，译者必须将译文的目标对象——即一般的消费者相关联，从而达到沟通的目的，实现有效的沟通、促进销售、获得利润。因此，在翻译商品时，必须遵守下列准则。

一、"浅化"原则

"浅化"是对特定事物的泛化翻译。由于不同的文化、语言和民族对同一件事情的不同的心理感觉，使一种特定的概念往往在另一种语言中存在着语义上的空白和理解上的偏差。因此，为了使读者更好地了解文章或话语，我们只能把它"浅化"为泛泛的概念。看看以下示例：

其特征是酱香浓郁，典雅细致，协调丰满，回味悠长。

译文：It has a unique style and flavor and is a very enjoyable drink.

"醇香浓郁，优雅细致，协调丰满，回味悠长"，这是中文中最常见的描述，因为在西方，很多人都很少喝酒，也没有这么复杂的词汇来描述葡萄酒的味道，如果翻译成英文，

外国人肯定会觉得怪怪的。所以，译文把中文这个特别的术语翻译成"is an extensively enjoyable drink"，使西方读者觉得很清楚，也很简单。

二、"深化"原则

"深化"，如果对原文的理解和表述透彻、人情味，并不满足于传达表面的信息。看看以下示例：

绿源苔干有治疗心脏病、神经官能症、消化不良、贫血等疾病的作用。

译文：Lvyuan Taigan can be used in the treatment of patients with heart failure, neurosis, indigestion and anemia.

在中文里，我们通常把"治疗"这个词译成英语，意思是治病。然而，透过对商品说明书的了解，我们发现"绿源苔干"是一种绿色、健康的食物，并非药物，它不能治病，因此，译文中没有使用"cure"这个词，而与原文相关联，加深了对原文的理解，将"治疗"一词翻译成"can be served as a medical diet for those who are suffering from"，从而正确地解释了绿源苔干的"食疗"作用。

三、"淡化"原则

所谓"淡化"就是为了提高译文的可读性，对不完全适合用译入语表达的原文和对不符合读者欣赏习惯的描写进行必要的删节和改写。请看下面的例子：

本商品是根据中医理论"腰为肾之府""肾为先天之本""脾为后天之本"及"内病外治"的医理，采用高科技方法研制的保健药品。

译文：This product is a new kind of healthcare medicine developed on the basis of TCM theory about kidney with the latest high technology.

对于外国读者来说，这样烦锁的中文理论描述是似乎有点多余，因为一般消费者并不了解中医的这些理论，说了也等于白说，而且会引起人们的厌烦情绪，况且这种写法也不符合英文医药商品说明书的格式。因此，译文中将"腰为肾之府""肾为先天之本""脾为后天之本"及"内病外治"这类中医理论叙述统统删去不译，而代之以简洁的"TCM theory about kidney"这一通俗的缩略术语。

四、"等化"原则

"等化"指的是译语与源语在语义上的相等。在商品说明书的翻译中，"等化"的译法主要包括对关键名词的借译和音译。

这里的借用就是直接使用了没有翻译的外文缩略语。这就是一个术语的国际化。如：DNA、CT、CPU、FM、hif 等．音译是指在商品说明书中的人名，地名，公司名称，材料名称，机构单位，商标等。比如：基因、石油输出国组织、菲亚特。在翻译中应注意正确运用等值原理，以便使译文更符合国际标准。

五、"轻化"原则

"轻化"是指用通俗易懂的语言，将一些具有较强理论意义的文字或词语进行翻译，以适应普通译者的理解。请参考以下实例：绿源苔干具有清热降压，通经脉，强筋骨，去日臭，解热毒酒毒。

译文： It is believed that Lvyuan Taigan can have some therapeutic effects, that is, it can relieve heat and fever, relieve high blood pressure, regulate and enhance body functions, relieve bad breath and dispel the influence of alcohol. "通经脉、强筋骨" "热毒酒毒"，都是中医的专有名词，可以说是中医的一种理论，如果直接翻译的话，不仅会让西方人一头雾水，而且还会被这句话给震住。而翻译时，用简单易懂的"regulate and strengthen bodily functions"和"relieve halitosis and to dispel the effects of alcohol"进行英译，不仅能有效地传达原文的意思，而且还能使读者更好地了解原文的意思。

第十一章 商务名片跨文化翻译的技巧与实践

第一节 商务名片概述

现代名片是由西方传来的，是商业交际活动的产物。随着我国对外经贸、文化交流的日益频繁，名片在国际上的应用越来越广泛，尤其是在跨国商贸活动中，一张用词得体、表达准确无误的英文名片是跨国交际不可取代的中介。在现代商务活动中，与对方交换名片已成为一种常见的商务礼仪。

一、商务名片的定义

商务名片（business card，又称 name card，或简称为 card），是指商务交往中以名字为主体、用以介绍自我身份的小卡片。它带有关于公司和个人的商业信息，其中包括其持有者的姓名、身份、职衔和联系方式等有效信息。在与一个人的第一次会面中，除了要进行必要的口头介绍之外，名片也可以用作一个辅助的介绍工具。这样既能使交流双方更迅速地掌握彼此的身份信息，并且能辅助记忆，可以节省时间，强化效果。由此可见，名片既可作为自我介绍的重要手段，又可长期保存以备日后联系。

我们常说的名片，一般多指公司或企业进行业务活动中使用的商务名片，这是日常生活中最为常见的一种名片。此类名片大多数是在白色卡片上印上简单的黑色文字。商务名片的主要特征是：通常在名片上印有企业标志、注册商标、企业经营范围等，而大型企业的名片印刷则采用比较高级的纸张。

二、商务名片的内容

商务名片虽然千差万别，但是它们所包含的内容基本相同。归纳起来，名片的内容大致可以分为四个部分：①供职单位及部门名称（通常带有徽标）；②持有者姓名；③职衔；④联系方式，如街道地址、电话号码、传真号码、电子邮箱地址和网址等。有的名片还包括电传、银行账号、税号等。商业名片通常放在最前面的是客户的名字、公司的名字（或者公司的标志），从而凸显出客户的身份，同时也能增强公司的品牌形象。名片毕竟能包含的内容只有这么多，更多的内容要其他渠道来展现，如公司网站、社交平台账号、网络名片地址等也会出现在名片中。此外，有些名片会显示学术能力和专业能力。如果公司有较为悠久的历史，把公司成立的时间放入名片也是益处多多。

第二节 商务名片的作用与语言特征

随着对外经济交流的日益频繁，名片已成为日常交际中与外界交往的自我介绍卡，它是众多商务人员随身携带的必备品。名片，早已成了一种文化，名片怎么递、怎么拿、怎么放，都有一整套的礼节。然而，不管人们给名片再怎么有文化内涵，最基本的作用还是沟通和交流。

一、商务名片的功能

名片是一种简单的自我介绍，便于他人记忆的一种固定的方式，可以让传话者在极短的时间里，用一张小小的纸片，就能给对方留下比较清楚的、直观的印象。对商人而言，名片不仅能让初次见面时的言谈举止更加得体，而且还能为以后的交往提供必要的资料，成为商业交往的铺垫。有了这张名片，两人的关系才算是真正的开始。总结来说，商业名片的作用有如下。

（一）交际功能

商业名片的最大作用是交流功能。它是指在商业活动中，名片可以作为一种有效的沟通工具，可以最大限度地发挥其交流的作用。在商业活动中，如果想要结识别人，经常可以用自己的名片来表达自己的友谊。在这样的场合，一般都是"礼尚往来"，送上自己的名片，算是正式开始了。在第一次见面的时候，名片可以让人充分地利用自己的时间来进行思想和情感的沟通，而不需要忙着去回忆。

（二）宣传功能

名片还具有宣传持卡者及其所供职企业的功能。名片是持有者及企业形象的代表。它既是自我身份的简短介绍，同时也是企业的微型广告，可以作公司和品牌宣传。这是一种采用无声语言推销的好工具。在商业中，第一次见面就互相交换名片，这是一种最直接、最简洁的方式，也是一种身份的象征，也是成功的象征。商务名片一般把公司和企业名称、徽标（logo）、业务等放在比较重要的位置，主要是为了树立和推广企业形象。

（三）信息功能

信息功能是指在进行交流时，经常需要描述、叙述或说明某一事件。名片在业务往来、商务洽谈中传递信息最为直接，它可以提供今后联系所必需的信息。商务人士在相互交往中通过名片传递信息，这不仅仅是为方便初次相识，得体交往，更重要的是名片便于保存并能方便日后的联系。要确保联系的顺畅，名片上须有完整的联络资料。通过使用名片上所提供的联系方式，可以和他人保持联系，促进交流。

（四）特殊功能

除此之外，名片还有一些特殊功能。比如在这个快节奏的时代，名片可以代替正式的拜访，还可以起到信函的作用。在国际商务交往中，人们有时会以名片代替一封简洁的信函在你的社会名片的左下方，写上一段话或者一行字，把它装进一个信封，然后把它交给别人。

二、名片的语言特点

一张成功的名片能反映企业的总体形象，但是这往往很难做到，因为在名片小小的空间里不可能展示关于公司的整个故事。一般来说，名片应该展示容易为人们所记住的企业的专业形象名片中的语言表达很重要，它对公司形象影响很大。清楚简洁、通俗易懂、专业有效是名片的语言特色。对于名片语言的把握需要注意以下几点：

（一）清楚简洁

由于文字较多，版式上就要力求简洁。保持名片的简单，商务名片一般需要列明你的名字、职衔、公司、联系信息。除此之外的信息往往是多余的。不要在卡上塞满太多信息，不需要的东西尽量略去，个人职衔应择要而取。

（二）通俗易懂

名片是商务交际中自我介绍的简要方式，所以语言必须通俗易懂，在初次会面的时候容易给交际对方留下印象。同时要确保名字和公司名称容易辩认，名片内容直白、易读。

（三）专业有效

名片是企业和个人的微型广告，代表企业形象，名片的语言必须显示专业性和效率。同时要注意用词得体、表达准确、拼写正确、语法规范，这些都至关名片的专业有效性。

以下是一则名片译例，它清楚地展现了名片的语言特征。

例如：

Texas Pipe and Supply Company

Andrew Edwards

Marketing Dept. Manager

2330 Holmes Road, Houston,

TX77051-1098

Tel：001713-7999235

Fax：001713-7998701

Email：andrewed@ texaspipe. com

Website：http：//www. texaspipe. com

译文：

得克萨斯州管道产品供应公司

安德鲁·爱德华

市场营销部经理

地址：美国得克萨斯州休斯敦霍尔摩斯路 2330 号

邮编：77051-1098

电话：001713-7999235

传真：001713-7998701

电子邮件：andrewed@ texaspipe. com

网址：http：//www. texaspipe. com

第三节　商务名片翻译的原则

现代商务名片不仅制作精美，内容丰富，而且使用的语言也从原来的一种语言变成了多种语言。名片翻译或名片的本土化是指按照交际伙伴所在国的语言、风格、用法翻译名片，目前这已成为很多发展型国际企业的普遍做法。很多商务人士已经认识到提供翻译成目的语的名片不仅显示了尊重，而且是确保企业及职衔等重要信息传递、获得对方认可的有效方法。在我们生活的这个时代，涉及国际商务的人数众多，在参与国际会议、谈判和业务联系的过程中，人际交往不可避免，需要自我介绍、交流工作、完成一定的业务，为了确保在国际交往中占有一席之地，名片的正确翻译非常重要。

名片翻译并不等同于简单地把一种语言翻译成为另外一种语言。普通的名片用户，包括有一些英语基础的人，都不知道该如何翻译名片上的词汇，例如供职单位、部门、地址的正确翻译，职衔的对等表达等，都还存在着一些误解、误译的现象。商务名片的翻译要结合翻译的基本准则和商务交际的原则，充分体现名片的交际功能、宣传功能与信息功能。小小的名片看上去很简单，但是在它被翻译成另一种文字时，特别需要注意一些语言上的和文化上的因素，归纳起来要把握好以下几点要求。

一、遵循定译的原则

定译法（Traditional Method），意为固定的构件或方法。名片翻译时，无论是供职单位、持有者姓名、职衔，或译作地址，应先参考相关资料，以决定是否有一种已为一般人所认同的固定译法。如果已有定译，原则上应采用定译名，尤其是我国正式对外使用的译名，不宜重译或随便改换，否则译文不被大家接受。例如国家外汇管理局译为"State Administration of Foreign Exchange"，而不是译为"Foreign Exchange Administrative Bureau"；中国工艺品进出口公司（China Arts& Crafts Import& Export Corporation），简称"China National Arts and Crafts Import& Export Corporation"。它们的使用是被普遍认可的，并且通常不会被改变。由于英语的译名沿用了很长时间，已经形成了一个固定的词汇，所以我们应该首先继承它。在对外交流时，必须采取统一的译法标准，而对国际上公认的、已形成的译文，则应当按照"定译"来进行，不必再进行创造性的翻译。如果译文和原文的意义有很大的差异，那么，通常的翻译理论就会用注解和重译的方法来解决。但是，由于名片与其他语言的区别，它是不能加注释的，因此，在不影响日常交流的前提下，仍然可以使用定译的方法。

二、遵循简明准确原则

按照名片清楚简洁的语言特色，名片翻译时也应尽量简单准确，以减少困惑和误会的产生。

有的职衔很复杂、难以让人理解，翻译时尽可能简化，使职衔简单易懂。其次，翻译时依然要保持名片的简洁，只要让对方知道联系人的名字、职衔、公司和联系方式即可，其他信息是多余的，而且这还能降低翻译费用。总而言之，在翻译过程中，尽量将重要信息表达得简洁、准确，避免误读、误译等，造成语意模糊，给交际双方造成误会和误读。

例如：浙江吉利控股济南分厂

译文：Zhejiang Geely Holding Group，Jinan Branch 该公司名称的翻译准确到位，同时符合名片简明的特征。

三、遵循入乡随俗原则

要使译文达到翻译的目的，起到好的宣传效果，译者也必须遵循目的语国家商务应用文体所通用的规范格式和"习惯的语言表达方式"。名片的翻译需要入乡随俗，表达尽量地道。要考虑文化上的细微差别，确保名片在目的语文化中有同样的吸引力。在翻译名片的时候，经常会遇到各种各样的公司、企业的名字，在翻译的时候要注意把译文的准确性和规范性。此外，名片上的数字排列要正确，以免引起不必要的误会。

例如：宁波市弥州区东裕新村 18 号 302 室

译文 1：Ningbo，Yinzhou District，Dongyu New Village，No. 18，Room302.

译文 2：Rm. 302，No. 18，Dongyu Residential Quarter，Yinzhou District，Ningbo.

译文 1 不符合英文的表达习惯，英文中地址的表达是从小到大，正好与中文相反。其次，汉语中的"新村"指的是居民小区，而不是指农村，"New Village"的中文意思是

"新建的村庄"，英文中的"village"是个与"city"相对的概念。因此，可以采用入乡随俗的方法将"新村"译为"Residential Quarter"。

四、灵活翻译原则

如果在目的语中找不到语义、功能对应的词，出现词汇空缺时，翻译时一定要根据实际情况灵活把握。假如目的语中没有对应的职衔，有时不译是最好的策略。此外，必须注意源语文化与目的语文化的异同点，翻译时灵活处理。例如"办公室主任"一职就很难翻译，在英美等国家没有功能等值的词，因为英美等国家不存在"办公室主任"这一职务。在中国，"办公室主任"的首要任务就是帮助所在单位或部门的领导解决他们的日常工作，就像英语"secretary"一样。不过，办公室主任与秘书之间的职位差别很大，如果把它翻译成"office head"或"office director"，就会让外国人产生误会，而忽略了这位领导的身份。中文的"director"应为"总监"。被外国人误解为某单位或部门的领导。所以，我们可以根据功能等值原理，灵活地把这个职位翻译成"office manager"，因为"manager"这个词的基本意义就是一个部门的主管。

五、大量使用缩略语

简约而不简单，这是名片的特征使然。名片特殊的语体特征和有限空间使其译文不宜有过多的解释说明，再加上英文一般总比同等意义的中文来得长，因此，翻译时需要精益求精，其方式之一就是压缩语言量，增加语言载体的信息量。缩略语由于其自身的特点，看似简单，实则蕴藏着丰富的意蕴。简练就是用最小的文字来表述讲者想要说什么，但是不能暴露其他的写作法则。采用缩略形式缩短长度，以最简洁的语言表达最丰富的交际信息，达到节省时间和空间的目的。缩略语虽然经济，但是在跨文化交际中如果不知道它们的内涵就会造成理解和交流的障碍。例如名片中"e-mail"就是"electronic mail"（电子邮件）的缩略语。"telephone"常常缩写为"Tel."，"address"常缩略为"Add."，"road"则缩略为"Rd"。

例如：浙江东方集团有限公司

译文：Zhejiang Orient Holdings Co. , Ltd.

上述译文中采用了缩略的格式，"Co."是"Corporation"（公司）的缩略语，"Ld"是"Limited"（有限）的缩略语。

总之，名片虽小，蕴涵的内容却很丰富，翻译时小小的疏忽都会影响到商务交际的效率。成功的名片翻译能真正体现名片的价值，实现名片辅助记忆和建立持久关系的作用。就目前名片翻译的现状来说，名片的翻译质量仍然有待提高，翻译的技巧有待进一步的探索与研究。

第四节　翻译名片的基本方法

商务名片翻译的成功与否在社交场合发挥着越来越重要的作用。用词得体、语法规范、翻译准确的英文名片能真正体现名片的价值，并给人留下很好的第一印象。

一、供职单位及部门名称的翻译

英语中的"单位"和"部门"是专有名词，有自己的固定表述，通常情况下，"中国建设银行"的英译名"China Construction Bank"，缩写为"CCB"，不能作任何改动，但若直接翻译为"Chinese Construction Bank"或者"the Construction Bank of China"，则不能作任何修改。根据这一原则，译者在翻译时，应先参考相关的材料，以决定是否存在公认的标准，并优先选用一般公认的。根据英语的文法，专有名词的单词的缩写应该是大写的，但是虚词如 of，the，and，单位名称中包含地名或人名的，应用汉语拼音，如"宁波"应音译为"Ningbo"，而不能意译为"Peaceful Wave"。使用汉语拼音一般来说是较为简便及稳妥的方法。但是，也有的名片在翻译时不负责任地把公司的名称简单写成拼音，这非但不能让名片在国际交往中发挥其特殊功能，而且会产生负面的影响。例如把"四明眼镜公司"直接音译为"Si Ming Yan Jing Gong Si"，正确的译法应该是"SiMing Optical Company"。

单位与部门名称的翻译往往是名片翻译中令人感到头痛的问题。一般来说，在英文中都能找到与中文功能对应的词语，这种情况下翻译时就相对比较容易。例如"department"（部门）、"office"（办公室）、"market"（市场）等。但是有的词带有一定的社会和文化色彩，在翻译时很难在目的语中找到语义内涵都完全对应的词，出现词汇空缺的现象，这就给名片的翻译增加了难度。当单位和部门名称翻译为英语时，如果英语中没有相应的词语，则可以直接翻译，也就是将汉语的名称翻译为英语。当然，在某些汉语中，英语中很难找到与之相匹配的词，也就是词义上的空白，如果直接翻译，可能会对原文的意义造成一定的影响，因此可以采取功能对等意译的方法。如果把"开发"这个字翻译成"开发公司"，可以省略而不译，比如，房地产开发商可以把它译成"real estate corp."。在翻译过程中，一定要正确地把握，否则会造成错误的翻译。比如"公司"这个词在中文中的英文翻译方法多种多样，要想找到合适的翻译方法，首先要理解这个词的含义。"company"通常是"已经登记注册，具有法人资格的企业，主要是中小型企业，经营业务。""corporation"通常是"具有法人资格，能够独立经营的大型企业，通常用来指总公司"；英国人更喜欢"company"，美国人更喜欢"corporation"，而英美习惯用语也是如此。"incorporation"通常是"股份公司，突出了公司的股份制性质，可以简称为Inc."除此之外，还有"group""holding（s）"之类的"firm"。所以，我们不能盲目地把"公司"这个单词翻译为"company"或者"corporation"，而是要用一个合适的英语名字，以适应公司的特殊商业特点。"firm"指的是"商号""公司""事务所"等；"agency"表示"机构参与了代理经营活动；在中文中，"stores"通常是"百货公司"的意思；"services"在很大程度上是指"服务企业"。下面是公司、企业部门的常用名称的英文翻译。

（一）领导、决策层

Administration Dept. 行政管理办公室   Board of Directors 董事会

Branch Office 分公司   General Manager Office 总经理室

Head Office 总公司   Headquarters 总部

（二）生产环节

Engineering Dept. 工程部   Packing Dept. 包装科

Planning Dept. 企划部   Product Dept. 产品部

Production Dept. 生产部   Q&C Dept. 质检部

Project Dept. 项目部   R&D Dept. 研究开发部

（三）流通环节

Dispatch Dept. 发货部   Logistics Dept. 物流部

Materials Dept. 材料科   Purchasing Dept. 采购部

（四）销售环节

After-sales Dept. 售后服务部   Business Dept. 业务部

Customer Service Section 客户服务部   Import&Export Dept. 进出口部

Marketing Dept. 营销部   Order Processing Dept. 订单处理

Sales Dept. 销售部   Trade Dept. 贸易部

（五）服务及其他环节

Human Resources Dept. 人力资源部   Accounts Dept. 财务部

Advertising Dept. 广告部   Bookkeeping Room 薄记室

Finance Dept. 财务部   IT Dept. 信息技术部

Public Relations Dept.   公关部 Technology Dept. 技术部

Training Dept. 培训部

二、持有者姓名的翻译

在对外经贸往来中，名片的使用越来越频繁。当前，很多涉外人士在汉语名片上使用英文名片，或将英文的译文印刷在名片上，形成了一种中英文对照的名片。有些外国友人到中国时，往往会找翻译公司将名片翻译为汉语。名片是涉外、社交场合等与他人交往的窗口，名片的翻译尤其是姓名的翻译会直接影响到涉外交际。"名不正则言不顺"，这句话充分反映了在人际交往中姓名的重要性。姓名是人们为区别个体，通过语言信息赋予每个个体的特定符号。汉语和英语的共同点是姓名都是由姓氏和名字两部分构成，两者不同点是汉语人名的写法是姓在前、名在后，而英语人名的写法是名在前、姓在后。名字的不同与宗教、社会制度、价值观的不同有关。汉人的姓氏是祖先、家族和群体的象征，其地位远远高于人名；英语人则受到宗教的影响，他们的孩子在出生后一周就要去教会做洗礼，给他们起名字，因此名字是最重要的。在翻译过程中要注意掌握不同的文化。名片的翻译通常是在较为正式的交流环境中进行的，所以为了达到某种礼节，名片的翻译要做到名字完整。人名的翻译应遵循"约定俗成"与"名从主"两大原则。

（一）英文名字的汉译

英文名字的汉译要牵涉两种文化各自的语言特点。按照英文习惯，通常都是先名后姓，翻译成中文时要尊重英文的表达习惯，采用直译法，赋予其吉祥美好的含义，同时译名要注意体现人的性别。另外书写时在名和姓之间要加一点。如"Chris Gardener"（克里斯·加纳）。翻译时也要注意一些已有定译的名字，翻译前应查阅有关资料，首选约定俗成的译法。那些约定俗成、已经通用并为大家熟知的译名就采用原译。如果有定译而不用，一则吃力不讨好，二则翻译不地道。例如"Alice"（爱丽丝）、"Mary"（玛丽）、"Jack（杰克）、"Bruce"（布鲁斯）等。尽管译者可以主观地将译名译成英文，但是，在名片翻译中，人名的翻译是跨语言、跨文化的，源语和目标语及其所代表的文化系统不可避免地会限制这种自由，而且由于译文标准化的要求，译者不会支持这样的改名换姓。因此，在翻译名片时，首先要考虑的是顾客的需求，是否要用中文名称来翻译。有些外国人为自己取了中文名，翻译时要尊重他们的本意，但最常用的方法还是按照国家出版的《英语姓名译名手册》音译。

当英语人名中包含缩写时，通常采用部分翻译的方法，即汉化时不译、保留其字母缩写，其他部分采用音译的方法。如"D. H. Lawrence"汉译为"D. H. 劳伦斯"。

下面是名片翻译中英语姓名汉译的几个例子：

例1：Mark Zuckerberg

译文：马克·扎克伯格

例2：Larry Page

译文：拉里·佩奇

例3：Scarlett O'Hara

译文：郝思嘉

（二）中文姓名的英译

我国的姓氏源远流长，中文的姓与名有着丰富的文化背景，蕴涵取名者所赋予的美好含义。取名所用的词语一般都有吉祥、幸福、志向等象征意思。我国人名的英译，一般采用汉语普通话拼音，实际上是一种音译。由于拼音只是音译的指称人的符号，原有的语义信息没有传递出来。如"韩忠良"中的"忠良"二字，让人联想到"忠诚善良"，但是，采用音译后，"Han Zhongliang"中的"Zhongliang"无法向外国朋友传递中文名字中同样的文化信息。此外中文名字的英译体现不出性别信息。我国的人名一般用"丽""花""珍""娟"等字给女性命名，而"刚""军""强"等字则多用于男性名字中。例如"李晓娟"这个名字很清楚地传递出女性的身份，而"杜强"一般都用于男性的命名。但是，它们的拼音"Li Xiaojuan"和"Du Qiang"反映不出性别差异。

因为中国人家族观念很强，所以姓名的构成为姓在前而名在后，这就造成了翻译上的困难。比如，将林丽的名字改为"Li Lin"，很可能会和英语中的"李琳""黎林"混淆。汉语人名的拼写一般都是这样的：汉语中的名字次序是先名后姓；姓名与姓氏分别写，复姓和双名联写；姓名和姓氏的第一个字母必须是大写的。如："李华"译为"Li Hua"，"赵自成"可译为"Zhao Zicheng"，"欧阳琴"可译为"Ouyang Qin"。最近出现一种新的姓名拼写方法，即人名中的姓采用全部大写的方法，以起到突出醒目的作用，同时也表明是姓名中的"姓"，以免外国人将姓与名搞错。例如：翁镇宇的英译为"WENG Zhenyu"，约定俗成以后，就知道这个人的姓是 Weng。翻译中文姓名时，要留意连字和隔音符的使用。中文人名的名字有时含有两个或更多的单词，在翻译过程中会遇到一个以 a 和 e 开头的音节，容易导致读音的混淆，这时需要用连字符""或隔音符""隔开，以免引起误解。如"陈谷安"译为"Chen Gu-an"或"Chen Gu'an"。

（三）英语姓名的来源

据记载，古代英国人只有名，没有姓。1066 年诺曼人在侵入英国的时候，也带来了他们的姓。在之后的 500 年里，英国人逐渐建立起了他们自己的家族。英语国家的姓氏系统基本相同，都是以名字为先。尽管英语名称多种多样，种类繁多，但大致可以分成两种。

（1）名字（first name，given name），中间名（middle name）和姓氏（surname，family name 或 last name）。如 Ronald Wilson Reagan（罗纳德·威尔逊·里根），Victoria Caroline Adams（维多利亚·卡若琳·亚当斯）。一般情况下，人们只使用名字和姓氏，中间的名字省略或简称，例如：Ronald Reagan 或 Ronald W. Reagan。只在一些比较正式的场合，如公事或签字时使用全名。

（2）名字和姓氏。例如 Benjamin Franklin（本杰明·富兰克林），Thomas Jefferson（托马斯·杰斐逊）等。

英文名字主要来源大致有以下几种情况。

1）希腊罗马神话、古代名人或文学名著中的人名。例如古希腊神话中的 Iris（彩虹女神伊里斯），Athena（智慧女神雅典娜），Irene（和平女神艾琳），Daphne（大地女神达芙妮），古罗马 Diana（战争女神戴安娜），Juno（月神朱诺），Vista（灶神维斯塔），古代名人 William（威廉），Henry（亨利），Elizabeth（伊丽莎白）。

2）采用祖先的籍贯，山川河流，鸟兽鱼虫，花卉树木等的名称。例如 Ashley（来自穆树林的人），Lee（来自牧场之人），Stanley（来自牧草地），Wesley（来自西方草原）；Hill（山脉），Rose（玫瑰花），Apple（苹果），源自 Cat 的 Cathy 和 Kitty 等。

3）教名的不同异体。例如 Don（Donald），Tim（Timothy），Tony（Anthony），Andy（Andrew），Larry（Lawrence）等。

4）采用昵称（小名）。如 Will 是 William 的一个昵称，Kenny 是 Kenneth 的昵称，Ronald 的昵称就是 Ronny，Lincoln 的昵称就是 Linc。

英国人长久以来都是只有名而不是姓氏。11 世纪时，有些贵族家族才以封地或房屋命名一家之主，而英美人则是世世代代传下来的。姓氏原本有其意义，但经过岁月的流逝，大部分都失去了原本的意义，变成了一种象征。尽管英语姓的出现时间比较晚，但是它的数目要远远多于名称。英美人的姓氏有很多种，大致可分为下列几类。

1）直接借用教名。如 George（乔治），Henry（亨利），David（大卫），Clinton（克林顿），Macadam（麦克亚当）。

2）在教名中添加一个词缀，以表明其血缘关系。比如后面的-S，-son，-ing；前缀 M-、Me-、Mac-、Fitz-等都是指某人的后代。例如 Johnson，Thompson，Jones，Macdonald。

3）在教名前附加表示身份的词缀。例如 St. -，De-，Du-，La-，Le-等。如 St. Leger（圣·里格）。

4）地名，地貌或环境特征。例如 Hall-霍尔（礼堂）、Kent-肯特（英格兰东南部的郡）、Brook-布鲁克（小溪）、Churchill-丘吉尔（山丘）、Hill-希尔（山）、Lake-雷克（湖）、Field-菲尔德（田野、原野）、Green-格林（草地、草坪）、Wood-伍德（森林）、Well-韦尔（水井、泉）。

5）身份或职业。例如 Baker-贝克（面包师）、Smith-史密斯（铁匠）、Carpenter-卡朋特（木匠）、Miler-米勒（磨坊主）、Portman-波特曼（码头工人）、Hunter-亨特（猎人）、Carter-卡特（马车夫）、Cook-库克（厨师）等。

6）个人特征。例如 Black-布莱克（黑色）、Brown-布朗（棕色的）、White-怀特（白色）、动植物名称。例如 Bush-布什（灌木丛）、Hawk-霍克（鹰）、Bind-伯德（鸟）、Bull-布尔（公牛）、Fox-福克斯（狐狸）、Cotton-克顿（棉花）、Rice-（莱斯）、Reed-里德（芦菲）、Fish-费什（鱼）等。

三、职衔的翻译

职衔问题是个非常有趣而敏感的问题，体现个人资历和社会地位的职衔的翻译非常重要，但是要做到准确再现源语中的含义是十分困难的。有些职衔可以和国际接轨，翻译时相对容易处理。但由于中英两国政治文化的差异，英汉两种语言表达的职衔也同样存在着不对等的现象。一般而言，最好的方法就是首选约定俗成的翻译，不宜音译或随意更改。在翻译名片时，应参考相关的材料，以判断是否有公认的定译。在英文中，"副"字的翻译有多种方法，它们的翻译主要是依据惯用的词语来进行。Vice 通常与地位更高的单词，如：Vice-Chairman（副会长），Vice-President（副总裁）。Deputy 是指企业、事业和行政部门的副职，如：Marketing Director（营销部副主任），General Manager（副总经理）。Assistant 表示"助理"，例如：Assistant Manager（助理经理）。Sub 表示比较的意味，指级别较低的，例如：Sub-Agent（副代理人）。

英语中的很多职位、官职都是可以直接使用的。例如：秘书、推销员、经理、董事长等等。但是，在英语中，也存在着许多难以翻译的词语。名片翻译中的职称和职务名称的翻译很重要，汉语名称种类繁多，难以精确地重现其意义。在实际翻译中，我们多参考英语国家的现有名称，并采取了大多数国内公认的标准，例如总经理的翻译，General Manager，董事长译为 Chairman。

但是，由于我国机构众多，各类组织和工作人员的名称五花八门，各类职称、职务名称具有一定的含义和具体层次，因而在名片的翻译中不能机械照搬外国名称。由于中外文化回然不同，在翻译时一定要字甚句的，使名片的翻译准确规范，尽量让外国人明白。以下是一些常用职衔的英译。

（一）领导、决策层

Assistant Manager 副经理

CEO（Chief Executive Officer）首席执行官

Chairman 董事长

Deputy General Manager 副总经理

General Manager Assistant 总经理助理

President 总裁

Vice-Chairman 副董事长

（二）生产环节

Assistant Engineer 助理工程师

Chief Engineer 总工程师

COO（Chief Operating Officer）生产主管
Engineering Technician 工程技术员
Line Supervisor 生产线主管
Manufacturing Engineer 制造工程师
Manufacturing Worker 生产员工
Production Engineer 产品工程师
Production Manager 生产部经理
Quality Control Engineer 质量管理工程师

（三）流通环节

Distributor 经销商
Buyer 采购员
Purchasing Manager 采购部经理

（四）销售环节

Export Sales Manager 外销部经理
Import Sales Manager 进口部经理
Marketing Assistant 销售助理
Market Development Manager 市场开发部经理
Marketing Manager 营销部经理
Marketing Executive 销售主管
Marketing Representative 销售代表
Public Relations Manager 公关部经理

（五）服务及其他环节

Accounting Manager 会计部经理
Accounting Assistant 会计助理
Accounting Supervisor 会计主管
Administration Manager 行政经理
Cashier 出纳员
CFO（Chief Finance Officer）财务总监
Clerk 职员
Computer Operator 电脑操作员
Financial Controller 财务主任
General Auditor 审计长

Office Manager 办公室主任

Personnel Manager 人事部经理

Receptionist 接待员

Service Manager 服务部经理

Trainee Manager 培训部经理

四、地址的翻译

商务卡片的最大作用就是联络，因此在它上面要有一个详细的通讯地址是必须的。翻译地址时，首先查看相关资料，看有没有官方定译。如没有，再看看有没有最普遍的译法，尽量采用多数人使用的译法。有些英文地名、路名已经形成约定俗成的译法，在翻译时应首选这些固定的译法，以免产生歧义。如"Paris"在中文中对应的是"巴黎""New York"对应的是"纽约""Venice"对应的是"威尼斯"，这些一般都能在地名词典中找到。"上海金茂大厦"分别被译为"Jinmao Building""Jinmao Mansion"以及"Jinmao Tower"，首选译文应该是官方定译"Jinmao Tower"。一般由普通名词构成的地名采用音译法，如"Wall Street"被译为"华尔街"而不是"围墙街"；"Downing Street"被译为"唐宁街"而不是"下街"。也有一些普通名词构成的地名采用直译法，如"Times Square"直译为"时代广场"而非"泰姆士广场"。也有一些英文的名称是意译的，可以通过意译的名称来表示当地的地形和方向，比如"Oxford"代表"牛津"，而"The Pacific Ocean"则代表"太平洋"。

英文名片的地址和门牌的写法与英文信函书写的地址是一样的，即采用由小到大的原则，恰好与汉语的规则相反。在商务卡中，住址必须保留一些完整的信息。不要把招牌和街名分别书写，要排成一列，不得中断。中文地名、路名中的二个词，其第一个字母是由一个元音开头，两个单词必须用一个间隔音节分开，以防概念混淆。若为单一名称，则在英译时，常在此名称中加入代表一般意义的词语，以便于其所指。比如：北京街的 Beijing 大街、西安路的 XianRoad、华县 Huaxian County 等。翻译路名、地名时，要特别留意英文名的翻译，要考虑到不会汉语的外国人，翻译时要考虑到他们的立场，从他们的角度来考虑，考虑翻译的合适与否，能否被人们所接受和了解。

例 1：中山西路 287 号

译文 1：No. 287, Zhongshan Xi Road

译文 2：No. 287, Zhongshan West Road

译文 3：No. 287, WestZhongshan Road

"中山西路"如果把它译成"Zhongshan Xi Road"或者"Zhongshan Dong Road"，那么"中山东路"就是同一条街道的两部分。"Zhongshan West Road"或"Zhongshan East Road"，这会让外国人还以为是几条不相干的马路，应翻译为"West Zhongshan Road"和

"East Zhongshan Road"。地名翻译时，应先从方向词和中间数词开始翻译，然后是道路的名称，最后加上 Road，不可以颠倒。例如："天童南路"英译为"South Tiantong Road"。方位词包括东（East）、西（West）、南（South）、北（North）、中（Middle）。不要将"南"翻成"Southern"，也不可以将"北"翻译成"Northern"，也可以把"中"改为"Center"。具有号码的路名、地名等，通常可以用"序列号+路名"的形式来进行译文，路名中的数字应以序数词处理（但一般是这个数字前面已经有两个中文字的情况）。例如："中山东二路"可译为"Second East Zhongshan Road"，"高新一路"译为"First Gaoxin Road"，但是如果路名之前只有一个中文字，一般都翻译成拼音，例如"天一街"英译为"Tianyi Street"而不是"First Tian Street"。翻译三字路名时，一般前两个字翻成拼音，最后加上 Road 即可。例如："前小巷"英译为"Qianxiao Alley"，不能译为"Front Litle Alley"。路名一般不需要用到意译。例如"高新一路（First Gaoxin Road）"中的"高新"完全只用拼音来处理，翻译成"Gaoxin"，假如翻译为"High New First Road"则会贻笑大方。路名翻译时，只有最后一个道路词（即：路、街、巷等）才应使用意译。

表示道路最常用的词是"路"，英译为"Road"。在翻译地址时，"大街"和"街"都是一样的翻译为"Street"，"南大街"译为"South Street"而不是"NanDa Street"。"道"或"大道"一样译为"Avenue"。"巷"一般译为"Alley"。"里"译为"Lane"。"号"译为"No."，（道路名称中有门牌号码的，一定要写出来"No."，不可以直接写一个数字）。"室"译为"Room"或"Suite"。"楼"一般译为"F"，"喜庆大厦 3 楼"可译为"F3, Xiqing Building"。"大厦"英译为"Building"。"村"在英文中对应的词是"Village"。"镇"对应"Town"。"乡"对应"Township"。"区"对应词为"District"（与"小区"不同，"小区"指的是"生活小区"，不是城市中的"区域、地区"）。"小区"英译为"Residential Quarter"（与"区"必须区分开来）。例如："中兴小区"可译为"Zhongxing Residential Quarter"。

例 2： 高新技术产业开发区

译文： High-Tech Industrial Development Zone

另外，学习如何运用简写。在商业活动中，人们往往会使用一些简单的短语，因为在一个有限的范围里，要尽量多地传达更多的内容。例如 road（Rd）、street（St）、avenue（Av）、floor（F1）、room（Rm）、department（dept）等。下面是一些常见的住址和它们的简称：

室/房 Room	缩写：Rm.
村（乡）Village	缩写：Vil.
号 Number	缩写：No
楼层 Floor	缩写：FL

参考文献

[1] 翁凤翔. 论商务英语的"双轨"发展模式 [J] 外语界, 2014 (2)：10-17.

[2] 吴朋, 秦家慧. 构建商务英语学科教学知识的研究框架 [J]. 外语界, 2014 (2)：18-24.

[3] 俞建耀. 学生感知需求的调查分析：商务英语专业课程重构设想 [J]. 外语界, 2014 (2)：25-33.

[4] 江进林, 许家金. 基于语料库的商务英语语域特征多维分析 [J]. 外语教学与研究, 2015 (2)：225-236.

[5] 王立非, 叶兴国, 严明, 彭青龙, 许德金. 商务英语专业本科教学质量国家标准要点解读 [J]. 外语教学与研究, 2015 (2)：297-302.

[6] 仲伟合, 张武保, 何家宁. 高等学校商务英语本科专业的定位 [J], 中国外语, 2015 (1)：4-10.

[7] 刘法公. 论商务英语专业培养目标核心任务的实现 [J]. 中国外语, 2015 (1)：19-25.

[8] 吕世生. 商务英语学科定位的学理依据：研究目标、主题与本体 [J]. 外语界, 2015 (3)：76-82.

[9] 郭桂杭, 李丹. 商务英语教师专业素质与教师发展——基于 ESP 需求理论分析 [J]. 解放军外国语学院学报, 2015 (5)：26-32.

[10] 王立非, 葛海玲. 我国英语类专业的素质、知识、能力共核及差异：国家标准解读 [J]. 外语界, 2015 (5)：2-9.

[11] 郭晓燕. 商务英语翻译 [M]. 北京：对外经济贸易大学出版社, 2017：08.

[12] 程玉琴, 王惠, 张菊敏. 商务英语翻译 [M]. 北京：对外经济贸易大学出版社, 2017：08.

[13] 景志华, 张云勤, 杨国民. 商务英语翻译 [M]. 北京：对外经济贸易大学出版社, 2015：02.

[14] 王秋菊. 商务英语翻译 [M]. 重庆：重庆大学出版社, 2015：07.

[15] 顾渝. 商务英语翻译 [M]. 北京：对外经济贸易大学出版社, 2014：01.

[16] 王森林, 肖水来. 商务英语翻译 [M]. 武汉：武汉大学出版社, 2013：03.

[17] 曾媛媛, 刘胡蝶. 商务英语翻译教程上基本技巧 [M]. 重庆：重庆大学出版社, 2017：07.

［18］陈娟. 商务英语翻译实训教程［M］. 北京：电子工业出版社，2017：07.

［19］刘白玉，窦钰婷. 商务英语翻译研究［M］. 武汉：华中师范大学出版社，2012：06.

［20］邢丽华，杨智新. 商务英语翻译理论与实践应用探索［M］. 北京：新华出版社，2015：04.

［21］郭晓燕. 现代实用商务英语翻译［M］. 北京：对外经济贸易大学出版社，2013：11.

［22］刘荣. 商务英语翻译理论及其应用研究［M］. 北京：中国纺织出版社，2018：12.

［23］朱慧芬. 生态视域下的商务英语翻译理论与实践研究［M］. 北京：北京理工大学出版社，2013：10.

［24］祁景蓉. 功能对等理论指导下的商务英语翻译策略［J］. 创新创业理论研究与实践，2020，3（15）：168-169.

［25］陈静，何春莲. 基于功能对等理论的商务英语翻译研究［J］. 当代旅游，2019，17（4）：251.

［26］陈熙. 商务英语文本翻译中功能对等原则研究［J］. 现代交际，2019（5）：90，89.

［27］金芳. 功能对等翻译理论在英语翻译的应用［J］. 校园英语，2019（7）：243.

［28］胡茜茜，金成星. 基于功能对等的商务英语翻译研究［J］. 安徽工程大学学报，2018，33（6）：82-85.

［27］张松岩. 功能对等理论视角下的商务文本的翻译［J］. 课程教育研究，2018（45）：125-126.

［28］胡庚申. 生态翻译学建构与诠释［M］. 北京：商务印书馆，2013：93.

［29］胡庚申，孟凡君，蒋骁华，等. 生态翻译学的"四生"理念——胡庚申教授访谈［J］. 鄱阳湖学刊，2019（6）：26-33，125.

［30］王慧. 生态翻译学视阈下财会英语翻译研究［J］. 宁波广播电视大学学报，2020，18（4）：52-57.

［31］胡庚申. 生态翻译学的研究焦点与理论视角［J］. 中国翻译，2011，32（2）：5-9，95.

［32］宁博. 生态翻译学视角下疫情中经典语句的英译研究［J］. 海外英语，2020（15）：183-184.

［33］胡庚申. 例示"适应选择论"的翻译原则和翻译方法［J］. 外语与外语教学，2006（3）：49-52，65.

［34］黄琴. 高职商务英语翻译教学中融入中国文化的路径探析［J］. 英语广场，2022（34）：52-55.

［35］吴明茜. 商务英语翻译问题解决策略研究［J］. 英语广场，2022（30）：11-14.

［36］沈璟. 功能主义翻译理论视角下的商务英语翻译实践分析［J］. 湖北开放职业学院学报，2022, 35（19）：178-179.

［37］苏雪莲. 跨文化语境下商务英语翻译中文化意象的传递［J］. 哈尔滨职业技术学院学报，2022（05）：139-141.

［38］宋艳华. 商务英语与日常英语翻译语体特征的差异性研究［J］. 哈尔滨职业技术学院学报，2022（05）：154-156.

［39］左梦楠. "一带一路"背景下商务英语翻译教学与人才培养问题探究［J］. 英语广场，2022（21）：7-10.

［40］欣妍妍. 基于信息不对称理论下商务英语翻译市场探析［J］. 安徽冶金科技职业学院学报，2022, 32（03）：84-87.

［41］李靖航. 跨文化视角下商务英语翻译研究［J］. 海外英语，2022（11）：21-23.

［42］邹榕，蒋雷雷. 跨境电商背景下商务英语翻译技巧研究［J］. 海外英语，2022, 484（24）：50-52.

［43］田珺. 商务英语专业翻译类课程教学模式的九个转变［J］. 英语广场，2022, 216（36）：67-70.

［44］张艳. 跨境电商视角下商务英语与农村电商发展研究［J］. 湖北开放职业学院学报，2022, 35（23）：183-184.

［45］肖成章，潘冰冰. 跨境电商商务英语翻译的问题与策略［J］. 英语广场，2022, 215（35）：3-7.

［46］黄夏昕. 商务英语口译教学方法与应用技巧分析［J］. 齐齐哈尔师范高等专科学校学报，2022, 189（06）：148-150.

［47］王惠琼. 基于学生评价的高职商务翻译课程教学改革策略——以四川省部分高职院校为样本的调查［J］. 成都师范学院学报，2022, 38（10）：59-64.

［48］吴明茜. 商务英语翻译问题解决策略研究［J］. 英语广场，2022, 210（30）：11-14.

［49］胡若曦. 浅谈商务英语在国际电子商务中的综合应用［J］. 商场现代化，2022, 976（19）：31-33.

［50］杨舒涵，袁佳欣. "一带一路"背景下商务英语语言的特点和翻译的策略［J］. 海外英语，2022, 479（19）：53-54.

［51］苏雪莲. 跨文化语境下商务英语翻译中文化意象的传递［J］. 哈尔滨职业技术学院学报，2022, 165（05）：139-141.